KB160431

SOCIAL WELFARE DICTIONARY

개정판 사회복지사를 위한

사회복지
용어사전

SOCIAL WELFARE DICTIONARY

개정판 사회복지사를 위한

사회복지 용어사전

서강훈 지음

이 책은 대학에서 연구를 하고 있는 교수, 학생 및 사회복지 기관에서 근무하는 실무자를 위하여 사회복지의 개념을 정리한 용어사전이다. 본서의 궁극적인 목적은 현장에서 쓰이는 다양한 용어들을 정리해서 사회복지에 대한 폭넓은 이해를 돕고자 하는 것이다. 현재 사용하고 있는 대부분의 사전들은 외국의 용어들을 사용하고 있는 실정이기에 전공과 관련된 용어에 대한 이해를 돕기 위해 우리나라 실정에 맞게 용어들을 재해석하였다.

지난봄부터 머리를 짜면서 준비해 온 『사회복지사를 위한 사회복지 용어사전』이 한국학술정보(주)를 통하여 세상의 빛을 보게 돼서 기쁘게 생각한다. 아직도 본서에 대한 만족보다는 아쉬움이 큼과 동시에 앞으로 사회복지와 관련한 용어들의 대한 논의와 정리가 계속되어야 함을 절감하면서 독자제현(讀者諸賢)의 질정(叱正)을 바란다.

마지막으로 이 용어사전이 만들어지기까지 옆에서 마음속 깊이 힘이 되어 준 나의 아내 홍선애와 개구쟁이 아들 정민이, 우리 가족에게 웃음을 주는 딸 민경이, 시험기간에도 본서를 예쁘게 교정해 준 제자 이은미 군에게 고맙다는 인사를 남긴다. 나의 영원한 스승이자 학문에 밑천이 되어 주신 박순임 여사에게도 사랑을 전하며, 항상 조언과 격려를 해 주신 동료 교수님들에게도 감사의 마음을 전한다. 또한 책이 출판될 수 있도록 도움을 준 한국학술정보(주) 채종준 대표이사님과 임직원 여러분께 감사를 드린다.

서석골에서
서강훈

목차

▦ ㅂ ▦

ㅅ

ㅋ

ㅎ

[ㄱ]

가격차별 price discrimination

물건이 지니고 있는 교환 가치를 화폐의 단위와 둘 또는 여럿 사이에 차등을 두어 구별함. 사이에 차등을 두어 구별하다.

가격통제 price controls

정부가 경제를 안정시키기 위해 상품이나 생산 요소의 가격을 조절하는 일.

가계대출 budgeting loans

기업 활동이 아닌 개인의 생활과 관련된 대출.

가계도 genogram

가계도(genogram)는 가족을 사정하는 데 널리 사용되어 왔으며, 여러 세대를 살펴볼 수 있다는 장점을 가지고 있다. 특히 가계도는 주요한 사건, 가족구성원의 출생과 상실, 의사소통과 관계유형, 그리고 직업 등 가족에 관한 연대기적 청사진을 보여 준다(Kirst-Ashman & Hull, Jr., 1999). 적어도 3세대 이상에 걸친 가족관계를 묘사한 가족치료(family therapy)에서 사용되는 도표. 그 도표는 결혼을 표시하는 수평선을 비롯하여, 여성을 원으로 묘사하고 남성을 나타내기 위해 사각형을 활용한다. 수직선은 결혼선에서 아동을 나타내는 다른 원과 사각형까지 그려진다. 이 도표는 사망, 이혼 및 재혼 등과 같은 중대한 사건을 표시하고 재발된 행동양식을 나타내기 위한 다른 기호 또는 문자해설을 포함하고 있다.

가석방 parole

형벌의 집행 기간이 끝나지 않은 죄수를 일정한 조건 아래 미리 풀어 줌. 형벌의 집행 기간이 끝나기 전에 일정한 조건 아래 미리 풀려나다.

가설 hypothesis

어떤 사실의 원인을 성명하거나 어떤 이론체계를 연역하기 위해서 가정적으로 설정한 것을 가설(hypothesis)이라 한다. 즉, 검증되지 않은 2개 이상의 변수 간의 관계를 검증 가능한 형태로 서술해 놓은 문장이다. 많은 경우 선정된 문제가 너무 일반적이거나 추상적이어서 이를 구체화할 필요가 있는데, 이러한 구체화는 가설을 동해서 이루어진다. 즉, 가설은 연구 주제를 조사 가능하게 구체적으로 세분한 것으로 문제에 대한 잠정적인 해답이다.

가정건강서비스 home health services

환자의 집에서 환자를 위한 의료, 간호, 사후보호를 제공하는 프로그램. 이런 서비스의 대부분은 제3부문 지불(third-party payment)을 받아 유료 건강보호 또는 사설 간호서비스 보호 등으로 제공된다. 환자의 가정에서는 공공서비스를 이용할 수도 있다. 이것은 입원 또는 요양원 보호보다 환자에게 더 안락하고 경제적인 체계를 제공하기도 한다.

가정방문 home visits

사회사업에서 전문적인 사회서비스를 제공하기 위해 클라이언트의 가정을 방문하는 행위. 가정방문은 우애방문자(friendly visitors)가 활동하던 시대 이래로 사회사업 레퍼토리의 한 부분이 되어 왔고, 많은 이유 때문에 행해진다. 어떤 사회복지사들은 클라이언트들이 장애가 있거나 기관으로 올 수 없을 때, 또는 클라이언트에게 익숙한 환경에서 조력과정이 행해질 때 더 효과적이고 효율적일 경우에 가정방문을 한다.

가정보호 home care

가정 내에 있는 클라이언트에게 건강, 가정조성자, 사회적 서비스를 제공하는 것.

가정폭력 family violence

가정폭력이란 동거관계인 배우자 또는 내연관계의 사람이나 부모, 자식, 형제 또는 친척 등의 가족 간에 행해지는 폭력을 말한다. DV(Domestic Violence)라고도 한다.

가족 family

가족은 대체로 혈연이나 입양, 결혼 등으로 관계되어 같이 생활하는 사람들의 집단(공동체) 또는 그 구성원을 말한다. 집단을 말할 때는 가정이라고도 하며, 그 구성원을 말할 때는 가솔이라고도 한다.

가족계획 family planning

출산에 대한 의도적이고 자발적인 의사결정. 가족계획을 실천하는 부부는 경제적 여건, 생활목적, 출산과정, 산아제한(birth control) 방법을 고려한 후에 특정한 수의 자녀만 낳기로 한다.

가족규칙 family rules

어떤 가족 내에서 반복된 행동유형과 어떤 행동을 구제하는 상호기대를 말하는 가족치료(family therapy)의 용어. 예컨대 어떤 가족은 구성원들이 애정을 겉으로 표출해서는 안 된다는 상호 기대를 가질 수도 있고, 또 다른 가족은 모든 불화에는 체벌을 가한다고 위협하거나 실제로 체벌하는 규범을 지닌 경우도 있을 것이다.

가족력 family history

환자의 가족이나 친척 또는 같이 사는 사람들의 의학적 내력.

가족복지 | family welfare

가족복지는 목적 면에서 국민의 생활권의 기본이념에 입각하여 가족의 행복을 유지시키고자 하는 것이며, 주체 면에서 가족을 포함한 사회구성원 전체가 되며, 대상 면에서 가족구성원 개개인을 포함한 '한 단위로서의 가족 전체'가 되며, 수단 면에서 제도적·정책적·기술적 서비스 등 조직적인 제반 활동이 되며, 범위 면에서 사회복지의 한 분야가 되고 있음을 알 수 있다.

가족수당 family allowance

미국을 제외한 많은 나라에서 지급하는 인구학적(demogrant) 형태의 급여. 이는 재정적인 욕구에 상관없이 모든 유자격 가족이 일정한 돈을 할당받는다. 가족수당은 각 나라의 사회정책 목적에 따라서 여러 가지 방식이 있다. 이는 아동이 많으면 돈을 더 주는 것, 미리 정한 아동 수를 넘을 때는 지급액이 줄어드는 것, 일정한 소득액을 초과한 가족은 가족수당을 다시 세금으로 내는 것 등이 있다.

가족신화 family myths

사실이나 역사의 왜곡에 기초하여, 가족구성원들이 공유하는 일단의 신념을 말하는 가족치료(family therapy) 용어. 이러한 신념은 가족구성원이 상호작용하는 방식에 영향을 주고 가족의 일체감과 안정성을 보장하는 가족규칙(family rules)을 강화하는 데 기여한다(예컨대, 어떤 가족은 남자식구가 여자식구보다 덜 독단적이라는 시각을 믿고 이야기할 것이다). 그 가족성원은 이러한 이데올로기가 불명확하다는 것을 알지라도, 현재의 가족구조를 보존하기 위해서 그것들을 문제 삼지 않고 허용한다.

가족정책 family policy

현재의 가족생활양식에 영향을 주거나 변화를 주려고 의도한 국가적 원리와 계획된 절차. 기술적으로, 한 나라의 모든 사회정책(예컨대, 소득유지, 주택, 교육, 방위정책 등)은 가족에 영향을 준다. 그런데 일반적으로 '가족정책'이란 낱말은 출산율, 가족크기, 일하는 부모를 위한 아동보호, 노인보호, 양연보호 프로그램, 가족수당(family allowance)과 같이 가족을 위한 소득유지 프로그램 등과 같은 사안에 보다 더 초점을 맞춘다. 한 국가의 가족정책은 명시적이거나 함축적일 수 있다.

가족치료 family therapy

하나의 관심 단위로 여겨지는 가족집단에 대한 전문 사회복지사나 기타 가족치료사의 개입. 전형적으로 이 접근 방법은 개개인, 개인 간 유형, 의사소통 유형의 전체 체계에 초점을 맞춘다. 가족치료는 가족성원 속에서 역할과 상호 의무를 명확히 하고, 성원 간에 더욱 적합한 행동을 북돋아 주려고 한다. 가족치료사는 언어적·비언어적 행동에 관심을 갖고, 가족사보다는 '지금 이곳(here and now)'에 초점을 맞춘다. 다양한 가족 치료 기법은 심리사회적 접근, 행동적 접근, 체계적 접근, 그리고 다른 접근의 지지자들이 실천하였다. 보다 영향력이 있는 가족치료 '학파' 중 일부는 미누친[Salvador Minuchin; 구조적 가족치료(structural family therapy)], 할리[Jay Haley; 전략적 가족치료(strategic family therapy)], 사티어(Virginia Satir)와 팔로 알토 그룹(Palo Alto Group), 보웬(Murray Bowen), 휘태커(Carl Whittaker), 딕스(Henry V. Dicks), 셀비니 패러졸리(Mara Selvini-Palazzoli), 팹 (Peggy Papp) 등 많은 사람들의 영향을 받았다.

가치 있는 빈민 worthy poor

한때 과부, 장애인이나 기대하지 않은 경제적 변화 때문에 가난했던 사람들을 묘사하는 데 사용된 용어. 그들은 정직했으며, 무엇인가에 공헌하도록 동기화되었고, 기본적으로 근면했다고 생각되었다. 이 용어는 20세기 이전에 원조를 받을 만한 가치가 있는 사람들과 그렇지 못한 사람들 혹은 무가치한 빈민(unworthy poor)을 구별하기 위해 이용되었다. 비록 이 용어가 오늘날 거의 사용되지 않는다 할지라도 많은 사람들은 아직까지도 그 개념을 믿고 있다.

가학성 성격장애 sadistic personality disorder

정신의학자 또는 정신과 계통의 전문인들이 사용하는 진단 용어. 이것은 타인에게 정신적·신체적 고통을 줄 기회를 찾는 사람의 성격장애(personality disorders)를 설명할 때 쓴다.

가학성애 sadistic

상대방에게 고통을 가함으로써 쾌락을 얻는 성격.

가학피학성애 sadomasochism

한 개인 또는 부부 사이에 내재하는 처벌적인 행동 또는 자아 파멸적인 행동. 예를 들면, 가학피학성의 관계에서 파트너 가운데 하나는 상대방에게 계속 고통을 가하고 그 고통의 대상자(또는 피해자)는 관계를 계속 유지시킬 뿐만 아니라 가해자가 더 심한 고통을 가하도록 조장하는 경우다.

간접비 indirect cost

즉시 예상되거나 분명하게 쓰이지 않는 결과나 산출, 지출, 또는 어떤 행동을 일으킨 사람들에 의해 쓰이지 않은 결과나 산출. 여러 가지 제품의 생산에 공통적으로 소요되는 비용. 간접재료비, 간접노동비, 간접경비 따위가 이에 속한다. 간접생산비·공통비용.

간접질문 questions, indirect

클라이언트가 대답을 하는 데 심리적 압박과 충격을 덜 받도록 해 주며, 응답을 원하지 않을 경우 이를 허용해 주는 유연성 있는 질문방법.

갈등 conflict

집단 혹은 공동체에서 2개 혹은 그 이상이 모임이 반대되거나 상호 배타적인 목표를 성취하기 위해 노력하는 것. 칡과 등나무가 서로 얽히는 것과 같이 개인이나 집단 사이에 목표나 이해관계가 달라 서로 적대시하거나 불화를 일으키는 상태. 예를 들면, 노사 간의 갈등, 고부간의 갈등, 세대 간의 갈등 등이 있다.

갈등관리 conflict management

조직의 발전단계에서 갈등을 해결하는 절차. 여기에서는 조직 성원들이 그들의 상호 관계 성격을 규정하고, 의사소통의 장벽을 제거하며, 그들의 상호 의존적인 곳을 규정하고, 문제와 자원을 확인하며, 특별한 문제를 해결하기 위해 함께 노력하도록 도움을 받는다.

갈등이론 conflict theories

사회는 서로 다른 이해관계를 추구하는 개인과 집단으로 구성되어 있으며, 이들이 대립과 경쟁, 갈등과 변화의 관계에 있다고 주장하는 이론.

감정이입 empathy

감정이입은 수용과 매우 밀접한 관계가 있다. 감정이입은 타인이 경험한 것을 이해하기 위하여 타인의 감정과 생각에 자신을 투사시키는 능력이다. 감정이입은 동정심이나 통찰과는 다른 개념이다. 그것은 사회복지사가 클라이언트의 상황에 동정하면서도 그들의 정서적 상태를 경험하도록 놓아두는 것을 말한다.

강화 reinforcement

조건형성의 학습에서 자극과 반응의 결부를 촉진하는 수단, 또는 그 수단으로써 결부가 촉진되는 작용. 만약 강화제가 행동에 따라 주어지면, 그 행동을 반복하게 될 가능성이 높아진다는 것이다.

개방입양 open adoption

입양이 진행되기 이전이나 진행되는 동안, 그리고 그 이후 입양된 사람의 생활에 이르기까지 낳아 준 부모와 입양부모 사이에 정보가 교환되고 접촉이 이루어지는 것. 그 개방의 정도는 매우 다양하여 이름, 신상명세, 건강기록 등을 교환할 수도 있고, 대면하거나 지속적인 만남을 가질 수도 있다. 이러한 절차의 궁극적인 장점과 단점에 대해서는 상당한 논쟁이 있다.

개방체계 open system

체계이론(systems theories)에서 외부로부터의 투입을 받아들이고 상이한 조건에 기반을 둔 변화에 순응하는 체계. 예를 들어, 개방가족 체계가 구조화되면 가족성원들이 외부인들과 접촉하고 그들의 생각을 가족에 끌어들여 가족구원의 상호작용하는 방법에 변화를 가져오게 한다.

개방형 질문 open-ended questions

개방형 질문은 클라이언트가 자신의 방법으로 광범위한 표현을 할 수 있도록 하여 다양한 정보를 필요로 할 때 유용하다. 예를 들어 "기분이 나쁘셨나요?"는 폐쇄형 질문이고, "기분이 어떠하셨어요?"는 개방형 질문이다. 폐쇄형 질문은 "예", "아니요"로 대답할 수 있는 질문으로 화제를 규정하고 클라이언트의 단순한 대답, 제한적 반응을 나타낸다.

개별화 individualization

각 사람은 각기 다른 생활의 경험과 각기 다른 외적·내적 동기를 가진 존재로서 구별되고자 하는 욕구를 가지고 있다. 개별화란 클라이언트 개개인의 독특한 자질을 알고 이해하는 일이며, 보다 나은 적응을 위한 원조에 있어서 각 개개인마다 상이한 원리나 방법을 활용하는 것이다.

개별사회사업 individualization service

사회사업실천에서 행해지는 고유한 전문적 방법의 하나이다. 개별사회사업, 개별처우, 개별지도 등으로 번역하여 사용하기도 한다. 사회복지기관과 시설에서 개인이나 가족이 사회생활에서 직면하는 문제의 해결을 개별적으로 원조하는 데 사용하고 있으며 그 적용분야는 광범위하다. 가정 케이스워크 등으로 불리고 있는 각기 특유한 측면을 갖고 있다. 케이스워크는 종래에 카운슬링이나 치료에 중점을 두는 개인연금 치료적 기능이 강조되면서 한정된 느낌도 있지만, 최근에는 매개적·의뢰적·대변적 기능도 중요시되고, 또 자문 등의 기능이 포함되면서 각각의 기능에 대한 의의와 특성을 충분히 이해하고 상호 연관시키면서 전개해 갈 필요가 대두되었다.

개업사회사업 private practice

사회사업에서 충분한 교육과 경험을 통하여 얻은 사회사업상의 가치관, 지식 및 기술을 서로 합의한 금액지불의 대가로 자율적으로 환자에게 전달하는 과정. 바커[Robert L. Barker(Social Work in Private Practice, New York: National Association of Social Workers, 1984, 20~31쪽)]에 의하면, 사설업자에게는 10가지 규준이 적용된다고 한다. ① 사설업자는 기관이나 조직보다는 개인 환자에게 1차적인 진료의무가 있다. ② 사설업자는 누구를 클라이언트로 할 것인지 결정한다. ③ 사설업자는 사용될 기술을 결정한다. ④ 사설업자는 관료적 방법이 아닌 전문적인 방법으로 운영해야 한다. ⑤ 사설업자는 직접 환자나 환자 대리인 또는 보호자로부터 치료비를 받는다. ⑥ 사설업자는 사회복지사로서 충분한 교육을 받아야 한다. ⑦ 사설업자는 경험이 풍부해야 한다. ⑧ 사설업자는 사회사업 가치관이나 기준을 지켜야 한다. ⑨ 사설업자는 법령이 정하는 인가 또는 허가를 받아서 영업을 해야 한다. ⑩ 사설업자는 직업에 대한 책임의식이 있어야 한다.

개입 intervention

집단, 사건, 기획활동 또는 개인의 내적 갈등 사이에 끼어드는 것. 사회사업에서 개입이란 의사의 '치료'라는 말과 유사하다. 많은 사회복지사들은 개입이 치료를 포함하고, 또한 사회복지사들이 문제를 해결하거나 예방하기 위해 또는 사회개선을 위한 목표를 달성하기 위해 사용하는 다른 활동들도 포함하기 때문에 개입활동을 선호한다.

개혁자 reformer

제도적 구조나 인간행위를 변화시키고자 노력하는 사회행동가(social activist).

거부 rejection

수용할 수 없는 사고, 감정, 희망 등을 부인하거나 무시함으로써 불안이나 죄의식에서 인성을 보호하는 방어기제(defence mechanism)를 말한다.

건강 health

세계보건기구(WHO)의 헌장에는 "건강이란 질병이 없거나 허약하지 않은 것만 말하는 것이 아니라 신체적·정신적·사회적으로 완전히 안녕한 상태에 놓여 있는 것"이라고 정의하고 있다. 사람은 인종·종교·정치·경제·사회의 상태 여하를 불문하고 고도의 건강을 누릴 권리가 있다는 것을 명시한 것이다.

건강보험 health insurance

넓은 의미로는 피보험자가 상해·질병·임신·출산·사망 등 인간의 생물학적 사고로 활동능력을 잃거나, 의료처치로 인해 불이익을 받거나 수입 감소가 있을 경우, 그 치료를 위한 비용이나 수입 감소액을 보상하는 것을 목적으로 하는 보험의 총칭이다. 따라서 일반보험의 상해·질병보험 및 사회보험으로서의 재해·질병·건강보험도 이 개념에 포함된다.

사회보험의 하나인 건강보험을 말한다. 민간기업 중심의 각종 사업장의 근로자를 피보험자로 하여 그들의 업무 외의 질병·부상·사망 및 출산에 대해 보험급여를 하는 동시에, 그 피부양자의 이러한 사고에 대한 보험급여도 하는 제도이다. 정부가 보험자 역할을 하는 공적 건강보험과 민영보험에 의한 민영건강보험으로 크게 나누어 볼 수 있다.

국민의 건강한 생활을 보장하기 위해, 질병에 수반하는 의료비의 부담과 소득상실 등의 위험을 공동 부담하는 사회보험 형태의 의료보장 제도를 말한다. 건강보험 정책은 빈곤화의 원인을 질병으로 보고 빈곤과 질병의 관계를 단절하기 위해 이중의 압박에 대한 대책으로 형성된 것이다.

격리 segregation

분리 또는 격리란 고통스러운 생각이나 기억을 그에 수반된 감정 상태와 분리시키는 것이다.

결손가정 broken home

부모의 한쪽 또는 양쪽이 죽거나 이혼하거나 따로 살아서 미성년인 자녀를 제대로 돌보지 못하는 가정. 결손 가족.

결혼왜곡 marital skew

남편이나 부인이 서로 지배하고 관계를 통제하려 하고, 건전하거나 비건전한 관계를 유지하는 데서 서로 우위에 서서 리드하려는 것을 가리키는 가족치료(family therapy) 용어.

경계선 borderline

두 범주 사이에 위치한 어떤 현상을 설명하는 용어. 사회복지사와 정신건강 직원은 흔히 비공식적으로 이 용어를 정신병과 비정신병 혹은 정상과 정신병의 분할선 사이 근처에 있는 사람들을 가리키는 데 사용한다. 경계선 성격장애(borderline personality disorder)와 혼동하여서는 안 된다.

경제불황 depression, economic

산업 활동이 상당 기간 동안 저하되고, 실업률이 높으며, 구매력이 크게 감소되는 사회경제적 상태. 스태그플레이션(stagflation)(203쪽 참조)과 일시적 경기침체(recession).

경찰사회사업 police social work

경찰서, 법정 그리고 교도소 내에서 피해자, 범죄자 그리고 그들의 가족에게 여러 가지 사회서비스를 제공하는 전문적인 사회사업실천. 이 분야의 사회복지사는 직업에서 스트레스를 받는 경찰관 또는 그들의 가족을 상담하며, 때때로 경찰들을 위한 옹호자, 홍보자 그리고 경찰과 여러 지역사회 집단들을 중재(mediation)하는 역할을 한다. 주요한 활동은 경찰을 불러야 하는 지역 내의 문제들을 해결하는 데 도움을 주는 것이다. 경찰사회복지사는 시민, 전문 사회복지사뿐만 아니라 경찰 등으로 구성된다.

경청 hearing

상대의 말을 듣기만 하는 것이 아니라, 상대방이 전달하고자 하는 말의 내용은 물론이며, 그 내면에 깔려 있는 동기(動機)나 정서에 귀를 기울여 듣고 이해된 바를 상대방에게 피드백(feedback)하여 주는 것을 말한다. 이러한 효과적인 커뮤니케이션은 중요한 기법이다.

경험치료 experiential therapy

활동, 갈등과 상황 밖의 행동, 역할연기, 대결, 클라이언트의 현재 생활경험과 유사한 상황설정을 강조하는 심리사회적 개입 혹은 임상치료의 형태. 경험치료는 '지금 이곳(here and now)'에 초점을 두고 클라이언트를 단지 과거 상황으로만 기술하는 것을 경시한다. 경험치료는 흔히 집단치료(group therapy)나 가족치료(family therapy)에서 행해진다.

계약 contract

계약은 서면계약과 구두계약, 암묵적 계약이 있다. 서면계약
은 계약을 공식적으로 서면화하여 구체적 목표와 누가-무엇
을- 언제 할 것인지의 내용을 명확히 기재한다.

계절적 실업 seasonal unemployment

어떤 산업의 생산이 계절적으로 변동하기 때문에 일어나는
단기적인 실업을 말한다. 산출량에 영향을 미치는 2개의 중
요한 계절적 요인은 기후와 양식의 변화이다. 이러한 계절적
실업은 생산뿐 아니라 수요면의 사정에 따라 발생하게 된다.

고령사회 an advanced age society

총인구 중에 65세 이상의 인구가 총인구를 차지하는 비율이 7%
이상인 사회. 65세 이상 인구가 총인구를 차지하는 비율이 7%
이상이면 고령화 사회(Aging Society), 65세 이상 인구가 총인구
를 차지하는 비율이 14% 이상이면 고령사회(Aged Society)라고
하고, 65세 이상 인구가 총인구를 차지하는 비율이 21% 이상이
면 후기고령사회(post-aged society) 혹은 초고령사회라고 한다.
고령이란 용어에 대한 정의는 보편적으로 일정한 것은 아니
다. 한국의 「고용상 연령차별금지 및 고령자고용촉진법에 관
한 법률 시행령」에서는 55세 이상을 고령자, 50~54세를 준
고령자로 규정하고 있으나 UN은 65세 이상의 인구가 총인구
에서 차지하는 비율이 7% 이상일 때 고령화 사회라고 보고

있다. 인구의 고령화 요인은 출생률의 저하와 사망률의 저하에 있다. 평균수명이 긴 나라가 선진국이고 평화롭고 안정된 사회를 상징하는 의미에서 장수(長壽)는 인간의 소망이기도 하지만, 반면 고령에 따르는 질병·빈곤·고독·무직업 등에 대응하는 사회경제적 대책이 고령화 사회의 당면 과제이다.

고립 isolation

타인과 분리되어 멀어진 상태. 심리적으로는 타인에 대한 반감이나 접촉공포를 말한다. 정신역학(psychodynamic) 이론에서는 기억이 한때 가지고 있었던 감정에서 멀어지는 방어기제(defense mechanism)라고 표현된다.

고아원 orphanage

고아를 거두어 기르는 사회사업 기관. 부모가 없거나 가난한 아동을 위한 거주시설을 의미하는 용어로 쓰였다.

고용 employment

돈과 노동력의 교환으로 일하는 상태.

고용계약서 indenture

노무자와 사용자 사이에 서로 일정한 조건을 이행할 것을 약성하는 계약. 노무자는 노무를 제공하고, 사용자는 그 노무에 대하여 보수를 치른다.

고용보험 employment insurance

근로자가 실직한 경우에 생활안정을 위하여 일정기간 동안 급여를 지급하는 실업급여사업과 함께 구직자에 대한 직업능력 개발·향상 및 적극적인 취업알선을 통한 재취업의 촉진과 실업예방을 위하여 고용안정사업 및 직업능력개발사업 등의 실시를 목적으로 하는 사회보험. 원래 전통적인 실업보험제도는 실직된 근로자의 생활안정을 위하여 실업급여를 지급하는 소극적 노동시장정책으로 도입되었으나, 고용보험제도는 실직근로자의 생활안정과 함께 고용촉진 및 실업예방을 목적으로 하는 적극적 노동시장정책으로 전환하여 다양한 보험사업을 실시하고 있다.

고용정책 employment policy

한 국가 또는 기관이 실제적 또는 잠재적으로 노동인구(work force)를 다루는 방법에 관한 원리, 지침, 목표와 규정. 고용정책의 양상들에는 고용과 해고규칙 및 절차, 급료와 급여구조, 직업의 안정과 건강시설, 더 많은 일자리의 창출을 자극하는 경제적 계획 등이 있다.

고용훈련 프로그램(ET프로그램) Employment training programs

공적 부조 수혜자들에게 일자리를 얻고 업무를 수행하도록 훈련시킴으로써 경제적 자립을 하게 하고, 시장성 있는 기술을 배우도록 하는 것으로 여러 주에서 시행되는 고용훈련 프

로그램. 고용훈련 프로그램이 있는 주에서, 수혜자의 자녀들
은 부모가 훈련을 받고 있는 동안에 보건서비스와 탁아서비
스를 받는다.

고의적 자산 축소 spending down

특정 자산조사에 의한 사회보험급여의 자격을 얻기 위해 전
체 자산이나 수입(소득)을 감소시키려는 한 개인의 의도적인
노력. 예를 들면, 은행에 많은 돈을 넣어 둔 사람의 의료보호
에서 부적격자이므로 적격자가 되기 위해서 그 돈을 처분한다.

고정자산 fixed assets

즉시 현금화될 수 없는 땅, 건물, 재산과 같은 조직이나 사회
기관의 자산. 고정자산에서 현금, 직원의 전문성, 기관의 명
성 또는 신용은 제외된다.

고착 fixation

어떤 사람이 현재 여건에 대해 부적절한 행동, 사고를 유지하
거나 부적절한 정서적 반응에 집착하는 것. 정신역학(psychody-
namic) 이론에서는 정신성적(psychosexual)의 한 단계에서 성격
발달이 부분적으로 또는 완전히 멈춰 버리는 것을 말한다.

교도소 prison

징역·금고·구류 등 자유형(自由刑)의 선고를 받고 그 형기
(形期) 중에 있는 자를 수용하여 행형(行刑)과 교정처우(矯正

處遇)를 시행하는 장소이다.

교도소는 그 본래 기능인 수형자에 대한 구금과 교정처우 외에 부수적인 기능으로서 미결수용자를 수용하는 거실, 즉 미결수용자 거실을 두어 형사피의자·피고인으로 수사 또는 재판의 대상이 된 자를 수용하고 처우하는 경우도 있고, 사형 집행을 하는 교정시설이다. 교정시설의 또 다른 축인 구치소는 형사피의자나 피고인을 구금하여 재판이 종결되기 전까지 수용하는 시설이므로 이 점에서 교도소는 구치소와는 구별되는 개념이다. 다만, 구치소에도 기결인 수형자가 일부 수용되어, 시설 운영에 필요한 작업을 수행하고 있기도 하다.

한국은 교정주의 이념을 철저히 구현하고자 1961년 행형법을 고쳐 종래의 형무소라는 명칭을 버리고 교도소로 부르게 했으며, 종전의 형무관이라는 명칭도 교도관으로 고쳐 부르기로 하였다. 일반적으로 행형학상 교도소는 피수용자의 연령을 기준으로 소년교도소와 성인교도소, 피수용자의 성별에 따라 남성교도소와 여성교도소, 피수용자의 신분에 따라 민간교도소와 군교도소, 경비(警備)의 경중(輕重)에 따라 중경비교도소와 경경비교도소, 그리고 기능의 전문성을 기준으로 영농교도소·특수직업전문교도소·의료교도소(나병 등의 치료)와 인격장애자치료교도소 등의 구분이 가능하다.

한국에서는 교도소를 법무부장관 소속하에 설치·운용하며, 법무부에는 그 주관국으로 교정국이 있다. 각 교도소는 소장 1인(큰 교도소에는 부소장도 있음) 아래 수 개의 과(課)를 둔다. 과의 명칭은 총무과, 보안관리과, 작업훈련과, 교화교육과, 보건의료과, 복지지원과 등이다. 교도소에 근무하는 교정직 공무원은 교정부이사관(矯正副理事官), 교정감, 교정관, 교감(矯監), 교위(矯尉), 교사(矯査), 교도(矯導) 등의 계급으로 나뉜다. 이 밖에도 특수직으로 의무관과 기술직 등이 있고 잡급직까지 있다. '형의 집행 및 수용자의 처우에 관한 법률(약칭 형집행법)'에 따라 수형자의 교정교화와 건전한 사회복귀를 도모하기 위하여 법무부 산하의 국가시설로서 교도소와 소년교도소를 두고, 교도소에는 19세 이상의 수형자를, 소년교도소에는 19세 미만의 수형자를 수용하고, 미결수는 구치소에 수용한다. 한국에는 안양·여주·의정부·영등포·춘천·원주·강릉·대구·청송1·청송제2·청송제3·부산·마산·포항·진주·안동·김천·경주·대전·청주·공주·홍성·광주·전주·순천·목포·군산·제주·장흥 등지에 29개 교도소가 있고, 청송과 화성에 직업훈련교도소 각각 1개, 천안에 개방교도소 1개와 소년교도소 1개, 청주에 여자교도소 1개가 있다. 이 밖에 구치소 10개소(서울·수원·성동·인천·영등포·부산·대구·울산·통영·충주), 지소 4개소(평택·서산·천안·논산) 등 총 48개의 교정기관이 운영되고 있다.

교량직업 bridge job

이전에 종사하던 직업에서 은퇴한 후 완전히 은퇴하기 이전에 새롭게 갖게 되는 직업으로, 일반적으로 이전 종사 직종에 비해 지식과 기술, 임금수준이 낮고 노동환경이 열악한 직업이 대부분이다.

공공복지 public welfare

국가가 시민들을 보호하고 성취감을 주는 정책을 수행함으로써 현시적으로 나타나는 사회와 그 구성원들의 상대적 안녕을 말한다. 대부분의 사람들에게 이 용어는 이제 사회복지 및 공적 부조(public assistance)와 동의어가 되었다.

공공주택 public housing

정부가 예산이나 국민주택기금을 지원해 건설하는 공공주택 가운데 일정 기간 임대한 후 입주자에게 분양해 주는 전용면적 18평 이하의 소형주택이다. 1992년부터 시행하고 있으며 공급 후 5년간 임대하다가 분양해 준다는 점에서는 기존의 장기임대주택과 비슷한 성격이지만 미리 분양 시의 공급 가격을 결정해 주는 것이 다르다. 이는 차후 분양가를 둘러싸고 입주자와의 분쟁을 막기 위해 채택된 것이다. 또 분양대상자의 부담을 덜어주기 위해 20년간에 걸쳐 분양금을 상환토록 하고 있다. 저소득 청약예금가입자가 입주대상이다. 재원부담은 정부재정 30%, 주택기금 20%, 입주자 30% 수준이다.

공동면접 joint interview

1명 이상의 면접자와 단독 피회견자가 만나는 면접(interview) 형식의 변형. 한 가지 형태에는 사회복지사나 다른 전문가가 클라이언트와 관련된 타인, 예를 들면 교사, 지도상담자, 반 친구 같은 사람과 함께 회동한다. 또 다른 하나는 사회복지사가 서로는 전혀 관계가 없을 수도 있는 몇 명의 다른 클라이언트를 동시에 만난다. 마지막 것은 클라이언트가 동시에 둘 이상의 사회복지사와 만난다.

공동모금회 Community Chest

1994년 지방자치단체의 잘못된 성금 모금과 사용을 막기 위하여 공무원의 모금행위 금지와 성금의 용도를 불우이웃사업에 한정하는 내용의 조례가 제정되고 「사회복지공동모금회법」이 개정됨에 따라 1998년 11월 중앙과 전국 16개 시·도 지회의 통합 모금단체로 설립되었으며, 보건복지부장관의 지도·감독을 받는다. 주요 활동은 사회복지공동모금, 공동모금재원의 배분·운용·관리, 사회복지공동모금에 관한 조사·연구·홍보 및 교육훈련, 사회복지공동모금과 관련된 국제교류 및 협력증진, 다른 기부금품 모집자와의 협력 등이다. 모금액은 전국의 사회복지시설과 사업체의 지원신청을 받아 배분하는데, 배분의 투명성과 효율성을 높이기 위해 경제계·언론계·종교계·노동계 및 사회단체 등 각계 전문가로 구성된 이사회와 위원회의 심사를 거쳐 배분한다. 배분은 자유주제 공모형태의 신청사업과 주요한 주제에 대한 공모형태의 기획사업, 기부자의 목적과 의도에 맞게 지원하는 지정기탁사업, 긴급지원사업, 기금사업으로 나누어진다. 배분신청 자격은 사회복지법인, 비영리법인·단체 또는 개인이 운영하는 사회복지시설이다.

공동치료 conjoint therapy

치료자 혹은 치료자 팀이 정기적인 시간을 갖고 회원들과 만나면서 가족을 치료하는 개입 형태. 또한 남편과 아내가 한 단위로서 치료되거나 부부치료자 혹은 치료팀과 함께 면담하는 개입 형태.

공리주의 utilitarianism

19세기 중반 영국에서 나타난 사회사상으로 가치 판단의 기준을 효용과 행복의 증진에 두어 '최대 다수의 최대 행복' 실현을 윤리적 행위의 목적으로 보았다. 공리주의(utilitarianism)는 공리성(utility)을 가치 판단의 기준으로 하는 사상이다. 곧 어떤 행위의 옳고 그름은 그 행위가 인간의 이익과 행복을 늘리는 데 얼마나 기여하는가 하는 유용성과 결과에 따라 결정된다고 본다. 넓은 의미에서 공리주의는 효용·행복 등의 쾌락에 최대의 가치를 두는 철학·사상적 경향을 통칭한다.

공동생활가정 group home

공동생활가정이란 지역사회 내 소수의 아동, 장애인, 노인, 사회적 취약계층들이 일정한 경제적 부담을 지면서 일반가정과 같은 가정을 이루어 공동생활하는 유사가정시설로, 보다 정상적인 가정환경 속에서 자립적인 생활기술을 키우는 데

목적을 둔다. 미국과 같은 선진국에서는 정신지체인이나 중
증장애인을 위해 설립된 거주지(시설) 중에서 가장 인기 있고
보편화되어 있으며, 우리나라에서도 1992년 10월부터 실시하
기 시작하였으나, 거주지 마련이 우선적으로 전제되어야 하
는 경제적인 문제로 인해, 소수의 기관에서만 이 프로그램을
실시하고 있다.

공인 accreditation

어떠한 조직(교육시설, 사회기관, 보호시설과 같은)이 분명한
기준들을 충족시킨다는 검증과 승인. 예를 들면, 미국사회사
업학교는 사회사업교육협의회(Council on Social Work Education:
CSWE)에 의해 주기적으로 평가받고, 그 학교가 CSWE의 기
준을 만족시키면 신용을 인정받는다.

공유주택 shared housing

경제적 이유나 기타 이유로 집이 필요한 노인들이 만나서 한
주택에서 같이 생활하는 유형

공적 부조 public assistance

공공부조라 함은 빈곤계층의 기본적 생활욕구 해결을 위해
소득보장, 의료보호, 교육, 주택 등 기타 서비스를 제공하기
위한 국가의 책임하에 무기여급부를 제공하는 제도다. 우리
나라의 「사회보장기본법」 제3조 제3호는, "공공부조라 함은
국가 및 지방자치단체의 책임하에 생활 유지능력이 없거나

생활이 어려운 국민의 최저생활을 보장하고 자립을 지원하는 제도를 의미한다"라고 정의하고 있다. 공공부조의 특징으로는 다음의 네 가지 요소를 들 수 있다. 첫째, 국가나 공공단체가 주체다. 둘째, 재원은 일반조세로 조달된다. 셋째, 무능력자, 빈곤자 등에 대해 무기여급여가 지급된다. 넷째, 신청이나 요구 및 자산조사 등을 통해 해당자가 결정된다.

공중보건 public health

질병을 예방하고, 생명을 연장하고, 건강을 증진시키는 것을 목적으로 하는 프로그램, 정책, 건강보호 요원으로 구성된 체계. 이러한 목적을 달성하기 위해 다양한 노력들이 이루어지는데 위생설비 점검, 전염성 질병의 통제, 보건위생에 대한 대민교육, 조기진단 및 질병예방을 위한 의료 및 간호 서비스 조직의 운영, 건강보호시설의 개발과 이들 시설의 이용방법 등과 같은 공중보건 조치를 통해 이루어진다.

공포장애 phobic disorder

공포장애란 불안장애의 한 유형으로 예상치 못한 특정한 상황이나 활동, 대상에 대해서 공포심을 느껴 높은 강도의 두려움과 불쾌감으로 인해 그 조건을 회피하려는 것을 말한다. 자신이 느끼는 공포가 불합리하고 그 공포가 자신에게 위협적이지 않다는 것을 알면서도 공포심을 느끼면 발작과 같은 다양한 증상을 동반하면서 스스로 제어하기 어려운 상황에 처한다. 증상으로는 숨이 가빠지고 오한이나 발열, 경련이나 어지러움, 두근거림, 구역질 등이 나타난다.

과잉보상 overcompensation

실제 혹은 상상된 결손을 메우기 위한 개인의 지독한 노력으로 그것이 무의식(unconscious) 중에 생길 때 정신분석 이론가들은 그것을 하나의 방어기제(defense mechanism)로 간주한다.

과잉보호 overprotectiveness

부모나 대리 부모가 심리적 혹은 신체적으로 해가 있다고 생각되는 상황을 피하게 하려고 지나치게 아이들을 보호하려는 경향을 말한다. 그 결과 종종 이런 아이들은 독립적인 인간이 되는 것을 충분히 배우지 못하게 되는 것을 볼 수 있다. 이러한 과잉보호는 부부 사이 혹은 다른 가족구성원 사이에서 발생할 수 있다.

과정기록 process recording

과정기록은 사회복지사와 클라이언트가 면담하는 동안 일어난 모든 것들을 대화형태 그대로 기록하는 것이다. 이러한 기록은 교육 및 지도감독 시에 매우 유용하게 사용되나 시간과 비용이 많이 소모된다는 한계를 가지고 있다. 과정기록은 사회복지사와 클라이언트의 상담전개과정을 시간적 흐름에 따라 기술하는 방식으로 클라이언트가 말한 내용, 행동한 것, 사회복지사가 말한 내용과 느낌을 포함한다. 즉 기록의 정리

방식이 연극의 대본과도 유사하다.

과정으로서의 퇴직 process as retirement

퇴직준비, 퇴직결정, 퇴직사건, 밀월단계, 안정단계, 재지향단
계, 종결단계 등의 단계적 절차를 의미하는 퇴직의 하위 개념.

관계망 network

친구, 선후배, 동료 등 지인들과의 관계망을 구축해 주고 이
들의 정보관리를 도와주는 서비스를 말한다. 즉 인터넷상에
서 다른 사람들과 친구 또는 사회적 관계를 맺는 서비스이다.
소셜 네트워크 서비스는 1995년 PC통신 기반 채팅 위주의
커뮤니티로부터 출발해 발전했다. 이후 PC통신에서 월드와이
드웹(WWW)으로 진화하면서 이 같은 소셜 네트워크 환경
역시 크게 변화했다.

관계망 형성 networking

클라이언트와 그 관계자들, 즉 가족이나 친구, 동료들 사이에
존재하는 사회적 결연을 고양하고 발전시키려고 그 연결망
안에는 클라이언트의 목적을 달성하는 데 도움이 되는 효과
적인 사람들이 있을 수 있다. 이 용어는 전문가들이 사회체
계를 통한 행위를 촉진하기 위해 다른 전문가들과 함께 이루
어 내는 관계를 지칭하여 사용하는 말이다.

관료화 bureaucratization

사회기관과 조직이 엄격히 규정된 규칙과 의사소통 통로에 따르도록 더 집중화된 통제와 강요된 복종으로 나아가려는 경향.

관선변호인 public defender

법원이 직권으로 피고인의 이익을 위하여 선임하는 변호인으로, 사선변호인과 대립되는 개념.

관음증 voyeurism

옷을 벗고 있거나 성행위를 하는 사람을 반복적으로 보는 특징이 있는 정신성적 장애(psychosexual disorder). 일반적으로 엿보기(Peeping Tomism)로 알려진 이러한 행동은 관음증이 있는 사람들이 성적 흥분을 일으키는 좋은 자원이 된다. 보통 때에 다른 사람을 보거나 관찰하는 것을 즐기는 사람은 종종 비공식적으로 관음증이 있는 사람으로 언급된다.

권한부여 모델 Empowerment model

권한부여 모델은 1970년대 이후 사회복지에서 일반체계이론과 생태학이론을 활용하게 되면서 나타난 일반사회복지실천에서 오랫동안 존재해 왔던 강점 중심의 실천모델이라고 할 수 있다.

권한부여모델은 클라이언트를 문제 중심이 아니라 강점 중심으로 봄으로써 클라이언트의 잠재력 및 자원을 인정하고 클라이언트가 건강한 삶을 결정할 수 있도록 권한 혹은 힘을 부여하고자 하는 것이다. 따라서 이 모델에서 클라이언트와 사회복지사는 동반자관계에서 문제해결 과정에 함께 참여하는 협력자이다.

권한부여(empower)란 누군가에게 권한을 주는 것, 혹은 힘을 부여하는 것, 능력을 주는 것이다. 권한부여는 사람들이 개인적 이유이든 혹은 사회구조적인 이유이든 또는 개인과 사회환경 등의 복합적인 원인으로 그들의 권리, 기회, 자원을 박탈당하거나 상실한 경우에 이를 회복시켜 주는 노력이다.

권한부여이론 및 접근에서는 권한부여를 힘이나 자기결정을 구하는 사람들 스스로에 의해서만 개시되고 유지되는 반성적 활동과정으로 규정하면서 타인들은 이러한 과정을 단지 도와줄 수 있는 존재로서만 간주하고 있다.

따라서 권한부여모델의 개념은 다양한 클라이언트 집단과의 사회복지실천에서의 개입 및 전략, 중요한 기술, 또는 클라이언트를 돕는 일련의 과정으로 정의되고 있다.

권한부여 접근법은 개인이 지니는 고통을 사회경제적 지위, 성역할, 연령, 성정체성, 육체 혹은 정신적 기능 등의 차별성에 근거한 외부적 억압에서 비롯되는 것으로 이해하고자 하며 이러한 차별성으로 인한 장벽들에 개인이 직면하도록 하는 데 원조의 초점을 둔다. 이러한 점에서 이 접근법은 개인의 잠재력 발현과 관련한 개인의 변화와 함께 정치·사회적 측면에서의 변화를 추구하는 이중 초점적 특징을 지닌다. 개인 차원의 임파워먼트를 정치·사회적 수준과 연계시키기 위해서는 광범위한 이론 및 기술의 종합이 필요하며, 이를 위해 권한부여 접근은 다양한 관점들 포괄하는 개념적 틀을 제공한다. 그중에서도 특히 Germain의 생태계적 관점은 모든 생명체와 무생물체계들의 상호 의존성 및 관계의 상호 교류적 본질을 이해하도록 함으로써 개인과 개인을 둘러싼 사회구조 간의 연결을 가능하도록 도왔다. 개인과 환경 간의 조화가 이루어질 때 개인은 힘의 근간이 되는 잠재력을 발전시킬 수 있으나, 빈곤하고 사회적 억압을 받는 사람들은 이러한 조화를 이룰 기회를 거의 가지지 못하면서 잠재력 또한 억눌리게 된다. 이러한 상황을 변화시키기 위해 사람들은 억압의 근원세력들을 검토하고 거론하면서 이들에게 직면하고 비슷한 상황에 놓인 사람들과 함께 연합하면서 도전해야 할 것이며, 이 과정을 원조하는 것이 권한부여 접근의 핵심이다. 권한부여과정은 사회복지사가 클라이언트(개인, 가족, 집단 또는 지역사회)의 개인적, 대인적, 사회경제적 및 정치적 강점을 증가시켜 그들의 환경을 개선하는 방향으로 영향을 주기 위하여 그들에게 관여하는 것이다.

사회복지실천에서 권한부여는 환경, 클라이언트 그리고 집합적 행동과 이들을 연결하는 중재구조를 중심으로 이해할 수 있다. 이들 각 체계 간의 연결은 사회복지시에 의해 이루어지며, 사회복지사는 각 체계들을 중재하고 조정하는 역할과 권한부여 체계를 연결시키고 통합을 추진하는 역할을 수행할 수 있다.

구빈법 poor law

중세의 빈민구제는 교회·수도원·장원(莊園)·길드 등에서 하였으나, 16세기 엔클로저법(法)과 물가상승의 영향으로 거지와 부랑자가 늘어나고 또, 수도원이 해산되었기 때문에 교구(敎區)가 구빈사업을 책임지게 되었다. 그리하여 구빈세(救貧稅)가 과해지고 구빈위원회도 설치되었는데, 이들 제도가 1601년 구빈법으로 통합되었다. 1662년 정주법(定住法)에서는 떠돌이 빈민을 출생지로 돌려보내도록 규정하였으며, 1723년에는 빈민을 구빈원(救貧院)에 수용하여 일을 시키고, 거부하는 자는 구제하지 않아도 된다고 하였다. 1782년 원외구조(院外救助)가 인정되었고, 1795년 스피남란드제도에서는 일정 임금 이하의 사람에게는 구빈세에서 생활보조금을 주기로 하였으나, 1834년 개정법에서는 원외구조가 전폐되었다. 그후 구빈사업은 차차 주(州)와 국가기관으로 이관되었고, 20세기에 와서는 사회보장제도가 발달하여, 1946년 국민보험법 및 1948년 국민부조법이 제정됨으로써 구빈법에 갈음하는 새로운 복지제도가 완성되었다.

구빈원 almshouse

생활 능력이 없거나 가난한 사람들을 수용하여 구호하는 공적·사적인 시설. 20세기 이전에 널리 유행한 원내구호(indoor relief) 형태의 빈민을 위한 시설. 박애주의자들이 기금을 모아 설립한 이 보호소는 빈곤 가족이나 개인에게 피난처를 제공하였다. 최근 수십 년이 지나면서 구빈원은 원외구호(outdoor relief) 프로그램으로 바뀌었고, 이 프로그램으로, 빈민들은 자신의 집에 머물면서 돈, 재화, 서비스 등을 제공받는다.

구타 battery

물리력 혹은 상해를 포함하는 비합법적인 학대의 한 형태.

국가중심이론 state center theory

사회복지정책의 산출이 집단의 요구를 반영한 것이 아니라 독립된 위치에 있는 정부 관료제 등 국가가 문제를 인식하고 대안을 찾는 일련의 정책과정으로 보는 이론으로, 스카치폴 (T. Skocpol) 등이 대표적 학자이고, 국가의 리더 역할을 강조하는 이론이라 할 수 있다.

국민기초생활보장제도 National Basic Livelihood Security Act

1999년 9월 7일 제정되고, 2000년 10월 1일 시행된 빈곤층 대상 공공부조제도의 공식명칭. 공공부조제도란 개별가구의 소득이 국가가 정한 일정 기준선에 미달하는 빈곤층을 대상으로 생계, 의료, 주거, 교육 등 기초적인 생활을 영위할 수 있도록 현금 또는 현물을 지원하는 복지제도를 지칭한다.
국민기초생활보장제도는 1997년 말 외환위기로 인해 실업과 빈곤문제가 심각했던 상황에서, 빈곤층의 인간다운 삶을 보장하기 위해 시민단체들의 청원과 여야 국회의원들의 공동발의로 1999년 9월 7일 제정되었다. 이 제도는 빈곤층에 대한 소득보장을 '사회권'의 하나로 규정하였으며, 근로능력 유무와 무관하게 모든 빈곤층에게 소득보장을 하도록 규정하였으며, 자활사업을 통해 근로연계복지(workfare)를 실시하고 있다는 점에서 한국 사회보장제도에서 매우 상징적인 의미를 갖고 있다.

국민보건서비스 national health service

국민들에게 무상의 포괄적인 의료서비스를 보장해 주는 국민보건서비스(the National Health Service: NHS)를 시행하고 있음에도 질병으로 인한 소득의 중단에 대처하기 위한 현금급여(건강보험) 프로그램을 별도로 운용하고 있다.

국제사회사업 international social work

전 세계에 걸쳐서 사회사업을 실천하는 것을 말하며, 모든 사람의 복지욕구를 충족시키는 데 도움이 되는 사회사업 지식, 가치, 기술의 사용을 말한다. 실제로 모든 나라에는 사회복지 사업의 몇 가지 면을 책임지고 있는 국내 부서와 이러한 부서의 기능을 수행하는 요원이 있다. 국제사회사업 기구들은 사회복지사들이 복지욕구는 충족되어야 한다는 확신을 갖도록 교육시키는 노력을 강조한다. 또한 국가 간에 지식이나 효과적인 방법 등을 교환하려는 노력도 강조한다. 국제사회사업에서 활동하고 있는 기구에는 유니세프(UNICEF), 미주기구, 국제노동기구, 국제사회보장연맹과 유네스코(UNESCO)

가 있다. 적십자사(Red Cross)와 기독청년회(YMCA), 기독교여
자청년회(YWCA), 국제아동복지연합, 국제가톨릭자선회 등이
포함된다. 국제사회사업의 주요 토론장(포럼)인 국제사회복지협
회(International Council on Social Welfare: ICSW)는 자발적 기
구이다.

군대사회사업 military social work

현역군인과 그 가족을 위해 개입하는 전문 사회사업. 미국 육
군 및 공군에는 사회복지사 장교들이 주로 이 서비스를 수행하
고 있다. 또한 민간 전문 사회복지사들도 육군, 해군, 공군 등
에서 서비스를 제공한다. 군대사회복지사들은 정서적으로 문제
를 지닌 군인이나 그 가족을 치료하거나 평가해 주며, 사회자
원을 발견하고 개발해 주고, 군인들 간의 의사소통과 군인들과
다른 지역에 사는 친지들과의 의사소통을 원활하게 해 준다.

권력집단 power group

사회적 신분이나 지위를 이용하여 지역사회의 어떤 결정에
영향력을 발휘하거나 여러 가지 자원을 손쉽게 얻을 수 있는
구성원들. 권력집단의 구성원들로는 정치지도자, 금융 및 산
업계의 중역, 성직자 또는 지방유지 등을 들 수 있다.

권리 rights

특정의 생활 이익을 누리기 위해서 법에 의하여 부여된 힘.
권리라는 말은 법적인 개념으로서만 쓰이는 것이 아니라, 윤

리적 기타 여러 가지 뜻으로 쓰인다. 법은 사람에게 특정한 행동을 허용하기도, 금지하기도 하는데 이처럼 법에 의하여 허용된 법적 힘이 곧 권리이다.

법과 권리는 법 생활을 다른 관점으로부터 파악한 것으로, 보는 관점에 따라서 법이라고 부르기도 하고 권리라고 부르기도 한다. 일반적으로 권리가 있으면 이에 대응하는 의무가 있는 것처럼 법률관계는 대체로 권리·의무관계라고 말할 수 있다. 현대사회에 있어서의 법질서는 결국 이러한 권리·의무관계를 상세하게 조직화한 체계인데, 이것을 그 사회에 속하는 개개인의 주체 측에서 보면 권리·의무이고 사회 측에서 보면 법인 것이다. 결국 권리는 법에 의하여 부여되는 것이기 때문에 법 이전에 존재할 수 없으며 기본적 인권은 천부의 것이라고 주장되기도 하지만, 이것 역시 민주주의 국가의 기초가 되는 것으로서 그 국가가 인정한 것에 지나지 않는다.

권리·의무관계는 권리의 면으로부터 파악할 수도 있고 의무의 면으로부터 파악할 수도 있으나, 근대법은 개인의 자유를 그 이념으로 삼는 만큼, 법률관계를 권리의 면으로부터 파악하고 법체계도 이것을 권리의 체계로 구성하고 있다. 이러한 태도를 '권리본위'라고 한다.

한편, 성질상 권리와 비슷하면서 권리와 구별해야 할 용어들이 있다. 첫째는 권능(權能)인데, 이는 권리의 내용을 이루는 개개의 힘을 의미한다. 물건을 사용하는 권능, 수익하는 권능, 처분하는 권능 등이 그 예로 소유권이라고 하는 통일적인 권리로부터의 개별적 권능이다. 둘째는 권한(權限)이다. 공법상 또는 사법상의 법인 또는 단체의 기관이나 개인의 대리인이 법률상 또는 계약에 의하여 할 수 있는 일의 범위를 뜻한다. 공무원의 권한, 법인의 권한, 대리인의 대리권 등이다. 셋째는 권원(權原)인데, 어떤 법률상 또는 사실적 행위를 하는 것을 법률상 정당하게 하는 원인을 말한다. 타인의 토지에 물건을 부속시키는 권원은 지상권(地上權)과 임차권(賃借權)이다. 권리는 여러 가지 기준에 따라서 분류할 수 있겠으나, 그 권리를 부여하는 근거인 법이 공법이냐 사법이냐에 따라서 공권과 사권으로 나눌 수 있다. 공권이란 공법상의 권리, 즉 공법관계에서 인정되는 권리이다. 그 주체가 국가나 공공단체인 경우를 국가적 공권이라고 하고, 국민 개개인인 경우를 개인적 공권이라고 한다.

국가적 공권은 그 내용에 따라 명령을 내리는 하명권, 신체나 재산에 강제력을 행사하는 강제권, 법률관계를 설정·변경·소멸하게 하는 형성권 등으로 나누어진다. 개인적 공권은 국민 개인이 공법관계에서 국가에 대하여 가지는 권리로서 참정권·수익권·자유권 등이 있다.

우리나라 헌법은 이들 개인적 공권을 보장하고 있으며 그 밖에 생활권적 기본권(생존권)으로 인간다운 생활을 할 권리, 교육을 받을 권리, 근로의 권리, 근로자의 단결권·단체교섭권 및 단체행동권을 보장하며, 끝으로 환경권, 즉 깨끗한 환경에서 생활할 권리를 보장하고 있다. 사권은 사법상의 권리로서 개인 상호 간에 인정되는 권리인데, 관점에 따라서 여러 가지로 나눌 수 있다. 우선 그 내용이 무엇이냐에 따라 인격권·신분권·재산권으로 나눌 수 있다.

인격권은 개인의 인격에서 따로 떼어낼 수 없는 권리로서, 생명·신체·자유·명예 등에 대한 권리이다. 이러한 인격권은 대체로 다른 사람의 침해를 배제하거나 그 손해의 배상을 주장하는 것으로 나타난다.

신분권이란 가족법상의 일정한 신분적 지위에서 발생하는 권리로서 친족권·상속권이 그것이다. 친자관계로부터 나오는 부모의 자녀에 대한 친권(親權), 부부 사이의 동거청구권, 후견인의 후견권, 친족 상호 간의 부양청구권 따위는 친족권의 예이다.

신분권은 대체로 의무적 성격이 강하며, 일정한 신분적 지위에 부속된 것이기 때문에 양도할 수 없고, 거래의 대상이 될 수도 없다. 이와는 달리 재산권은 경제적 이익을 내용으로 하는 권리로서 거래의 대상이 된다.

실제로 일상생활에 있어서 권리라고 하면 대부분 이 재산권을 말한다. 재산권의 분류도 학자에 따라 차이가 많지만, 크게 지배권과 형성권으로 나눌 수 있다.

지배권은 어떤 재화 또는 사람에 대하여 지배를 미치는 권리인데, 이는 다시 그 지배를 미치는 범위 여하에 따라서 절대권과 상대권으로 나누어진다. 절대권은 객체에 대하여 배타적 지배를 하고 다른 모든 사람의 침해를 물리치는 권리이다.

절대권의 가장 대표적이고 가장 완전한 예가 소유권으로, 소유자는 자신이 갖고자 하는 목적물에 대하여 직접 자유로이 지배를 미칠 수 있으며, 모든 다른 사람의 침해는 배제된다. 다른 사람이 물건을 침해하는 경우에는 소유자에게 그 침해를 물리치기 위한 물권적 청구권이 생긴다.

한편, 절대권에는 권리자가 권리의 객체에 대하여 스스로 지배를 미치는 것이 아니고, 그 지배가 오로지 모든 사람에게 특정(特定)한 행위를 금지하는 것뿐인 경우도 있는데, 예를 들어 토지에 일정한 높이 이상의 건물을 짓지 못하게 하는 권리가 그러한 예이다. 이것을 소극적 지배권이라고 한다.

절대권은 그 객체에 따라서 사람을 객체로 하는 것과 재화를 객체로 하는 것으로 나뉜다. 사람을 객체로 하는 절대권은 인격권과 같이 권리자 자신을 객체로 하는 것과, 부부 사이의 권리, 친권자의 자녀에 대한 권리, 후견인의 피후견인에 대한 권리와 같은 다른 사람을 객체로 하는 것으로 나눌 수 있으며, 또 채무자를 객체로 하는 채권도 그 예이다.

재화를 객체로 하는 절대권으로는 물권과 같이 물건을 객체로 하는 것과 무체물을 객체로 하는 무체재산권이 있다. 물권의 가장 대표적인 것이 소유권이지만, 그 밖에 지상권·지역권·전세권과 같은 용익물권과 유치권·질권·저당권과 같은 담보물권 및 점유권이 있다. 무체재산권으로는 저작권·특허권·실용신안권·상표권·의장권 등이 있다.

상대권은 특정인이 권리자에 대하여 일정한 행위를 할 의무를 지는 지배권이다. 이 경우 권리자는 그 특정인에 대해서만 자기의 권리를 주장할 수 있다. 상대권의 가장 중요한 것은 채권이다.

채무자가 어떤 재화에 관하여 일정한 행위를 할 의무를 지는 경우 채권자는 이 재화에 대하여 직접적인 지배를 하는 것은 아니고, 다만 채무자의 행위를 통하여 간접적인 지배를 할 뿐이다. 따라서 채권자는 거래목적물에 대하여 권리를 가지는 것은 아니고, 다만 채무자에 대하여 목적물에 대한 권리의 이전을 요구할 수 있을 뿐이다. 채권은 채무자에 대해서만 주장할 수 있는 상대적인 권리이므로 오로지 채무자에 의해서만 침해될 수 있고 제삼자에 의해서는 침해될 수 없다는 것이 일반적인 견해이다.

절대권은 배타성이 있고 그 효력이 모든 사람에게 미치므로, 그에 대한 권리가 있다는 것을 공시(公示)하는 방법을 갖추는 것이 요청된다(물권공시의 원칙).

채권에 관하여는 일반적으로 이러한 공시방법이 요구되지 않지만, 예외적으로 채권이 등기와 같은 공시방법을 갖춤으로써 물권과 마찬가지로 제3자에 대한 대항력을 가지게 되는 수가 있다(채권의 물권화). 부동산임차권이 등기함으로써 제3자에 대한 대항력을 가지는 것이 그 예이다.

권한 부여 empowerment

지역사회 조직(community organization)과 사회행동 사회사업에서 한 집단 및 지역사회로 하여금 정치적 영향력 또는 적법한 법적 권위를 달성하도록 도와주는 과정.

권위 authority

권위는 권한과 유사한 개념으로, 정당한 권력(legitimate power)을 의미한다. 여기서 권력이란 타인을 움직일 수 있는 능력을 의미하며, 정당성이란 권력의 행사를 종속자가 수락한다는 것을 뜻한다. 이러한 심리적 수락을 바너드(C. I. Barnard)는 무관심권(zone of indifference)이란 개념으로 표현했으며, 사이먼(H. A. Simon)은 수용권(zone of acceptance)이라는 개념으로 표현했다. 일반적으로 권위의 근원(sources)으로는 전문성, 정당성, 보상, 처벌, 정보, 존경, 선호 등이 지적되고 있다.

귀화 naturalization

한 나라의 시민이 되거나 국적을 공식으로 취득하는 것.

규범 norms

어떤 문화나 집단, 단체, 사회가 집단적으로 소유하고 있는 공식, 비공식 행위나 기대척도.

그레이마켓 입양 gray market adoption

합법적인 사회기관 및 법성시설 이외의 부양아동의 입양. 이러한 입양은 종종 의사, 변호사 또는 입양을 하려는 부부와 자녀를 어쩔 수 없이 단념하려는 부모를 개인적으로 알고 있는 다른 전문가가 주선한다. 이들 주선은 그것이 체계적인 평가 및 합법화된 입양과정에서의 지속적인 가정조사를 거의 포함하고 있지 않기 때문에 문제가 된다. 하지만 많은 관할 구역 내에서 그 실제는 불법입양(black market adoption)의 경우와 같은 엄연한 불법은 아니다.

근친상간 incest

근친상간은 가족이나 가까운 친척들 사이의 성관계 및 이에 준하는 성적 행위를 말한다(단, 유전적 관계가 없는 부부 사이의 성관계는 제외된다). 이는 세계의 대부분의 문화권에서 터부시되고 있으나, 그 범위와 정도는 문화에 따라 다르다. 이떤 문화권에서는 핏줄에 따른 유전적 관계가 있는 이들 사이의 관계만을 금하나, 다른 문화권에서는 입양이나 부모의 결혼 등을 통해 한 가족이 된 이들 사이의 관계도 금지한다.

금단 withdrawal

괴로움을 준다고 인정되는 다른 사람이나 상황으로부터 자신을 신체적으로나 정신적으로 떼어놓는 것.

금단증상 withdrawal symptoms

중독되거나 습관화된 특정 약물이나 알코올의 사용을 중단한 사람의 신체적·정서적 반응.

긍정적 강화 positive reinforcement

반응에 따라 자극을 줌으로써 기대했던 행동이나 반응을 강화시키는 것. 강화제는 원하는 물건이나 칭찬 등을 비롯한 반응을 더욱 강화시킬 수 있는 여러 자극이 될 수 있다.

급여 benefits

현금이나 현물을 구입할 수 있는 증표의 형태로 지급하는 현금급여와 서비스나 재화와 같은 현물급여가 있다. 현물급여는 식료품, 농산물, 주택, 개별상담, 증서(무료식권) 등을 포함한다.

공무원, 근로자 등의 봉급·수당·연금 기타 근무에 대한 대가를 말한다. 급여가 일정한 근무에 대한 대가라는 의미에서 고용주가 피용자에게 지급하는 대금까지 포함하여 쓰이기도 한다.

기금 endowment

개인 또는 기관(예를 들면 사회운동, 사회복지기관)을 위하여 설립된 돈이나 재산으로 구성된 자본. 어떤 특별한 목적을 달성하기 위하여 쓰일 수입.

기금 조성 funding

어떤 기간에 어떤 조직의 프로그램을 수행하기 위해서 사용될 돈 중 할당된 일정량.

기능 손상 functional impairment

일시적이거나 영구적인 신체적 혹은 정신적 무능력 때문에 어떤 기대나 책임을 충족시키지 못하는 개인의 무능력. 이 용어는 일부 사회복지사에 의해서 개인이 단지 부분적으로만 장애가 있고 정상적으로 기대된 모든 기능을 수행하지는 못 하더라도 대부분을 효과적으로 수행하는 상황을 언급하는 말이다. 또한 이 용어는 어떤 사람이 어떤 치명적인 기능을 통제하는 능력이 결여된 경우에도 사용된다.

기독교여성청년회 YWCA

기독교여자청년회(Young Women's Christian Association)는 세계적인 조직을 가진 기독교 민간단체이다. 흔히 YWCA라고 부른다. 19세기에 설립되어 세계에서 가장 오래된 대형 여성 단체로 남아 있다. 명칭이 비슷하여 혼동되기 쉬운 기독교청년회(YMCA)와는 완전히 별도의 독립적인 단체이다.

기독교청년회 YMCA

기독교청년연합회(Young Men's Christian Association) YMCA는 구한말 개화파 청년들과 미국 선교사들이 주축이 돼 1903년 10월 28일 설립한 '황성 기독교 청년회'가 모태다. 초창기부터 YMCA의 멤버들은 근대적 사회개혁 의식에 고취돼 있었기 때문에 직업교육, 농촌운동, 기독교 민권운동에 정열을 쏟았다. YMCA는 체육활동에도 노력을 기울여 1905년 야구를 처음으로 보급했다. 이어 농구(1907년), 스케이트(1908년) 등을 이 땅에 도입했다. 1912년부터 일제가 '105인 사건' 등으로 탄압을 시작했지만 1919년 2·8독립선언과 3·1운동을 선도했고 1922년부터 물산장려운동, 농촌강습소개소운동 등으로 자립 경제 운동을 펼치고, YWCA 및 보이스카우트, 신간회 등의 단체도 지원, 창설했다. 현재 서울YMCA는 회원 5만 명에 지회 15곳, 상근 직원 250명에 달하는 조직으로 성장했다.

기록 recording

사회사업에서 클라이언트, 문제, 예측(진단), 개입계획, 치료의 진전사항, 클라이언트의 상황에 영향을 주고 있는 사회적·경제적 및 건강상의 요인들, 그리고 종결이나 다른 기관 의뢰를 위한 절차 등에 관한 정보를 기록하고 그 서류를 보존하는 과정. 기관의 요구사항, 사회복지사의 스타일, 개입의 형태에 따라 기록에는 여러 가지 형태들이 있다. 기록의 종류로는 서술적 요약체기록(narrative summary), 심리·사회적 사정기록(psychosocial assessment), 행동사정기록(behavioral assessment), 문제중심기록(problem-oriented record: POR), 소프기록방법(SOAP charting method) 등이 있다.

기원가족 family of origin

혈통이나 유전적 유사성으로 묶인 친척집단.

기회비용 opportunity costs

어떤 재화의 여러 가지 종류의 용도 중 어느 한 가지만을 선택한 경우, 나머지 포기한 용도에서 얻을 수 있는 이익의 평가액.

기획 planning

어떤 대상에 대해 그 대상의 변화를 가져올 목적을 확인하고, 그 목적을 성취하는 데에 가장 적합한 행동을 설계하는 것을 의미한다. 이에 대해 계획(plan)은 기획을 통해 산출된 결과를 의미하며, 사업계획(program)과 단위사업계획(project)은 계획의 하위 개념으로 볼 수 있다.

길버트 법 Gilbert Act

길버트(Thomas Gilbert)가 제안하여 통과된 법안으로서, 작업장에서의 빈민의 비참한 생활과 착취를 개선할 목적으로 제정되어 새로운 인도주의적 구빈제도라고 평가된다.

[ㄴ]

나 - 전달법 I-Message

솔직한 자기 의사 표현, 상대방이 나를 명확하게 이해할 수
있게 해 주는 기술, 효과적인 조력관계는 인지적인 수준을
넘어 정의적인 수준에서 의사소통을 촉진시키는 기술이다.
나-전달법은 비단 부정적인 감정표현뿐만이 아니라 긍정적
인 감정을 전달하는 데에도 효과적인 방법이다. 나-전달법
은 상대방을 비난하지 않고 문제가 되는 상대방의 행동과 그
행동의 결과를 구체적이고 객관적으로 기술함으로써 그 행동
이 나에게 미친 영향을 구체적으로 상대방에게 전달하는 표
현법이다. 상대방의 행동이 문제가 되어 나 자신의 감정이
불쾌해질 경우, 우리는 대부분 너를 주어로 사용하여(You-Message)
문제해결을 시도하려고 한다. 이때 상대방의 비난하는 입장에서
말하는 것을 '너-전달법(You-message)'이라고 한다.

이럴 경우 문제가 해결되기보다는 오히려 문제를 악화시키는

경우가 있다. 너-메시지는 의사소통에서 걸림돌이 되는 대표적인 방법이다. 그러나 나-전달법을 사용하여, 나의 마음을 상대방에게 전달하게 되면 문제해결뿐만 아니라 두 사람의 관계도 진일보하게 된다.

낙인 labeling

관찰된 특질과 행위유형에 근거해서 한 사람(개인)이나 한 사람의 문제에 이름을 붙이는 것. 어떤 사회복지사는 낙인을[예를 들면 수동-공격적(passive-aggressive)과 같은 정신과적 진단용어] 사람들에 대한 상투적이며 개별화(individualization)와는 거리가 먼 욕설 또는 일반화의 한 형태로 본다. 다른 사회복지사들은 그것을 길고 자세한 설명 없이 개인의 문제에 대한 연구와 의사소통을 촉진시키는 데 필요한 것으로 여긴다.

낙태 abortion

자연분만기 전에 자궁에서 발육 중인 태아를 인공적으로 제거하는 일. 의사의 지시에 따른 적법한 것도 여기에 포함되나, 대개 좁은 의미로 불법적인 임신중절만을 뜻한다. 이것에는 임신부 스스로 행하는 것이든, 타의에 의하여 시행되는 것이든 간에 모두 해당된다.

남근기 phallic stage S.

프로이트의 소아성욕 발달단계에서 항문기와 잠재기 사이에 있는 시기. 정신분석학상의 용어로, 성기기라고도 한다. 대개

3~5세의 시기를 말하며 남녀의 구별이 없다. 남자 아이는 성기에 관심을 가지게 되고, 배뇨 때 이외에도 성기에서 쾌감을 얻으려고 하며, 성기를 스스로 자극하기도 한다(성기를 만지거나 자위행위를 한다). 또 남녀 성기의 다른 점에 대하여 관심을 가지게 되며, 아이를 어떻게 낳는가를 질문하기도 한다(성적 호기심). 이 무렵의 남자 아이들은, 여성도 이전에는 페니스가 있었는데 무엇인가 원인이 있어서 페니스가 잘렸다는 생각을 하게 되고, 자기도 너무 자주 성기를 만지면 그것이 잘릴 것이라는 공포감을 갖게 된다(거세공포). 여자아이들도 마찬가지이다. 자기들도 페니스를 가지고 있었는데 그것이 잘렸다고 생각하며 페니스를 가지고 싶어 한다(페니스 선망). 남근기에 대한 이러한 사고방식은 '신프로이트파'로부터 그것이 프로이트의 '생물학적 편향'이라 하여 심한 반발을 샀다. 이 시기를 특히 '남근기'라고 하는데 이 시기의 아이들이 남성의 성기밖에는 알지 못하기 때문에 붙인 이름이다.

내면화 internalization

개인의 사고 및 감정, 행동 등이 여러 가지의 사회적 영향을 받아 내부로 흡수되는 현상.

노년학 gerontology

가령현상, 특히 노화에 대하여 연구하는 학문. 시간의 경과와 함께 생체에 일어나는 진행적인 변화를 뜻하며, 이 변화는 생체의 모든 부분, 곧 세포조직과 장기 등에서 볼 수 있다.
미국의 노년학자 N. 쇼크는 노년학의 연구대상으로서 고령자
의 증가에 따른 사회경제학적 제 문제, 노화에 관한 심리학
적 고찰, 노화의 생리학적 및 병리학적 제 문제, 생물계 전반
에서의 노화 등을 들었다. 세계 각국은 이러한 문제를 해명
하고자 연구기관을 설립, 1950년에는 국제노년학회를 결성하
여 4년마다 총회를 개최하고 있는데, 총회는 생물학·임상의
학·심리학·사회학 및 사회복지의 네 부문으로 이루어져 있다.

노동빈곤자 working poor

자산과 직업 소득이 너무 낮아 빈곤선(poverty line) 밑에 있는
직업을 가진 사람.

노동유인정책 workfare

건강한 사람들이 복지급여를 받지 못하게 하기 위해 여러 경
제학자, 사회계획가, 정치가들이 계획하는 것. 이것은 건강한
사람들이 급여 일부를 노동을 통해 얻을 수 있도록 공적·사
적 부문에 프로그램과 시설들을 마련하는 것이다.

노동인구 work force

노동을 할 의지와 능력을 가진 만 14세 이상의 인구. 학생,
가사 노동자, 노약자를 제외하고 취업자와 휴업자 그리고 완
전 실업자를 합한 인구수이다.

노인부양비 old-age dependency ratio

유년부양비 = 14세 이하 ÷ 인구 15~64세 인구 × 100

노인부양비 = 65세 이상 ÷ 인구 15~64세 인구 × 100

총 부양비 = 유년부양비 + 노인부양비

노동조합 labor union

노동자가 주체가 되어 자주적으로 단결하여 근로조건의 유지·개선, 기타 노동자의 경제적·사회적 지위의 향상을 도모함을 목적으로 조직하는 단체 또는 그 연합단체.

노인학대 elder abuse

나이 든 사람 또는 상대적 의존자에 대한 학대. 노인학대에는 신체 구타, 돌보지 않음, 착취와 심리적 가해가 포함되며 흔히 노인의 성인이 된 자손, 친척, 보호를 제공하기 위한 후견인 또는 기타 사람들에 의해 저질러진다.

노인전문병원 an elder a special hospital

노인전문병원은 「노인복지법」에서 규정하고 있는 법 조항으로 주로 노인을 대상으로 의료를 행하는 시설로 규정하고, 현재 대부분의 노인전문병원은 시립이나 도립 등의 형태로 운영되고 있다.

요양병원은 의료법에서 의료기관 종별로 분류하는 의료기관이며, 주로 장기입원을 목적으로 운영되는 병원으로 입원료 체감제와 입원료 등을 일반병원과 달리하여 장기입원이 용이하게 운영되는 의료기관으로 현재 전국에 병상수가 과잉상태에 있다.

노인집합주택 congregate housing

일상생활에 약간의 어려움이 있는 노인들이 가구단위의 독립된
생활공간을 사용하면서 공동 주방과 식당을 갖추고 일상생활에
필요한 가사 원조, 여가활동 등의 서비스를 제공하는 주택.

놀이치료 play therapy

의사소통을 촉진시키기 위하여 사회복지사와 다른 전문가가
활용하는 정신치료의 한 형태. 클라이언트는 갈등을 행동으
로 나타내기 위해서나 언어화할 수 없는 상황을 입증하기 위
하여 장난감을 사용한다. 놀이치료는 아동을 대상으로 연구
할 때 가장 흔하게 이용되지만, 어떤 상황에서는 성인에게도
효과적으로 쓰일 수 있다.

누진세 progressive tax

소득금액이 커질수록 높은 세율을 적용하도록 정한 세금. 즉
과세물건의 수량이나 화폐액이 증가함에 따라 점차 높은 세
율이 적용되는 조세를 말한다. 누진세는 경제력의 격차를 야
기하는 소득 간 불평등을 보정하기 위한 것으로 고소득자에
게는 높은 세금을, 저소득자에게는 낮은 세금을 거두자는 의
도에서 실시되었다.

뉴딜 New Deal

미국 제32대 대통령 F. D. 루스벨트의 지도 아래 대공황(大恐慌) 극복하기 위하여 추진하였던 제반 정책. 정부가 적극적으로 개입하여 자유주의 경제에 대한 수정을 하였던 점으로 미국 사상 획기적 의의를 가진다. 1929년 10월 24일에 뉴욕 주식시장의 주가 대폭락을 계기로 시작된 경제불황은 미국 전역에 파급되고, 그것이 연쇄적으로 세계적인 대공황으로 확대되었다.

[ㄷ]

다운증후군 Down's syndrome

사람의 46개 염색체 가운데서 21번째 염색체의 수가 1개 더 많아서 나타나는 유전성 질환으로, 신생아 700~1,000명 가운데 1명꼴로 이 질환을 보인다.

다원화된 사회 pluralistic society

여러 가지 다른 인종적, 민족적, 종교적, 문화적 특징을 지닌 사람들로 구성된 사회.

다중성격 multiple personality

한 사람이 두 가지 이상의 뚜렷한 성격을 가진 분열현상의 한 형태. 그 사람은 이런 다른 성격이 존재한다는 것을 인식하지 못한다. 비전문가들은 흔히 이 용어를 정신분열증(schizophrenia)과 혼동한다.

단계이론 stage theories

인생의 모든 기간은 인간의 행동과 우선순위를 수정하는 기본적인 도전과 지향으로 특징지어진다는 개념. 각 단계는 그 단계만의 독특한 특성이 있고, 단계가 높아지면 그 이전 단계에서 얻은 지식과 통합된다. 각 단계로부터 나오는 갈등을 조화시키는 정도는 연속되는 인생단계의 성공적인 수행 정도를 결정한다. 이런 개념으로 가장 널리 알려진 것들은 에릭슨(Erikson)의 심리사회 이론(psychosocial theory), 프로이트(Freud)의 정신성적 이론(psychosexual theory), 피아제(Piaget)의 인지발달(cognitive development), 이 외에 굴드(Roger Gould), 레빈슨(Daniel Levinson), 뉴거튼(Bernice Neugarten), 파슨스(Talcott Parsons), 베일스(Robert Bales) 등이 기술한 개념들이 있다.

단기치료 brief therapy

클라이언트의 협동 강조, 사회사업 지향성, 클라이언트의 직접적 과업을 변화 수단으로 강조하는 것이다. 다른 접근의 이론과 방법(정신역동, 인지·행동주의, 구조주의 모델 등)을 끌어들이는 점에서 이 모델은 통합적이며, 그 기본 개념과 기법이 개인, 가족, 집단에 적용될 수 있다. 특히 단기치료모델은 단기과제 중심으로 진행되기 때문에 대부분의 사회복지 실천현장에서 가장 많이 사용된다.

단체협상 collective bargaining

정책, 법률, 임금에 변화를 일으키기 위해 공통의 관심이나 목적을 지닌 집단이 벌이는 조정행위. 이 용어는 주로 계약을 협상하는 데서 조직화된 노동자의 노력을 가리킨다.

대상관계 이론 object relations theory

대상관계란 자아와 대상(인간을 포함하여 자아가 관계를 갖는 모든 사물)과의 사이에서 성립하는 관계를 말하나, 이 관계가 어떻게 하여 성립하는가에 대하여는, S. 프로이트는 인간이 갖는 생물학적인 본능을 중시하고, 인간은 그의 충족을 얻기 위하여 대상과 관계를 갖는다고 생각하여 그 본능을 조절하는 것으로서 자아를 생각하였으나, M. 크라인을 위시하여 R. 페아벤 등은 "자아는 본능의 만족을 위하여 대상을 구하는 것은 아니고, 본래 대상희구적인 것이다"라고 하는 페아벤의 말에 집약되는 것과 같이, 자아와 대상과의 사이에, 생물학적인 본능의 개재를 생각지 않고, 자아 그 자체가 대상과 관련되는 것이라 생각하였다. 이와 같은 생각이 대상관계이론이라고 하는 것이다.

대인적 사회서비스 personal social services

사람들 간의 그리고 사람들과 환경 간의 관계를 강화시키고 사회적 완숙을 위한 기회를 제공하는 데 기본 목적을 둔 사회서비스. 대인적 사회서비스는 제도적 서비스[소득유지(income

maintenance) 프로그램, 건강보호(health care), 교육 및 주택]와
는 구별되며 상담과 지도, 상호부조와 자조집단(self-help groups)의
발전, 가족계획(family planning) 및 노인과 아동을 위한 서비스
등을 포함한다. 카머맨[Sheila Kamerman(Social Work, 28, Jan.~
Feb., 1983, 9쪽]은 금전, 보건, 교육 혹은 주택을 제공하지 않
고 제공되는 서비스라고 한다.

데모그란트 demogrant

욕구와는 상관없이 특정한 인구 집단(예를 들면 아동, 어머
니, 노인, 시민)에 속한 사람들에게 제공되는 급여, 이러한 형
태의 급여는 미국에서는 드물지만 많은 나라에서 보편적인
소득재분배의 한 형태로 사용된다.

도덕적 해이 Moral Hazard

정보가 불투명하고 비대칭적이어서 상대방의 향후 행동을 예
측할 수 없거나 본인이 최선을 다한다 해도 자신에게 돌아오
는 혜택이 별로 없을 때 도덕적 해이가 발생한다. 원래는 보
험시장과 중고차 시장에서 나온 개념이다. 화재보험 가입자
가 보험을 믿고 화재예방 노력을 소홀히 함으로써 결국은 화
재 발생 가능성이 높아진다든가, 중고자동차에 대한 정보가
완진하지 않아서 소비자에게 손해를 입히게 되는 것 등이 전
형적인 도덕적 해이에 해당한다. 이것을 일반적인 금융시장
활동에 대해 확대시켜 보면, 금융자유화에 수반해서 금융기

관끼리의 경쟁이 심해지면 신용질서를 유지하기 위해 예금보험제도를 충실히 할 필요가 생긴다. 그러나 예금보험제도가 지나치게 되면 예금자는 경영이 위태롭게 보이는 은행에도 예금을 한다(예금자의 모럴해저드). 경영 불안에 빠지고 있는 은행은 보통보다 높은 이자를 붙여 자금을 모으려 하기 때문에 예금자는 보다 많은 이자를 벌 수 있으며, 높은 이자를 지불하고 자금을 모은 은행은 높은 지출을 메우기 위해 다시 위험성이 높은 대출 상대에게 높은 금리로 융자해 준다(금융기관의 모럴해저드). 이러한 악순환이 계속되면 금융기관의 경영이 악화되어 간다. 도덕적 해이를 없애려면 우선 정보가 경제 주체들 사이에서 투명하게 전달될 수 있도록 한 후 계약을 정직하게 이행하는 사람이 이득을 보장받도록 인센티브 구조를 개선해야 한다. 아울러 계약조건을 명확히 하고 부정직에 대한 제재를 강화할 필요가 있다. 최근에는 그 의미가 더욱 확장되어 법과 제도적 허점을 이용하여 자기 책임을 소홀하거나 집단적인 이기주의를 나타내는 행위, 또는 권한과 지위에 상응하는 책임을 제대로 지지 않는 경우에 이르기까지 광범위하게 쓰이고 있다.

도제 apprenticing

특별한 기술을 배우기 위해 다른 사람의 보호와 지도 아래 있는 것.

독립변수 independent variable

독립변수는 원인적 변수라고도 한다. 즉 어떤 변수가 다른 변수의 발생에 대한 원인이 된다고 가정될 때 우리는 그 변수를 독립변수라 할 수 있다.

독서치료 bibliotherapy

책을 사용하여 정신적 건강을 위해 사용하는 치료 방법을 일컫는 말이다. 독서치료라는 말의 어원은 biblion(책, 문학)과 therapeia(도움이 되다, 의학적으로 돕다, 병을 고쳐주다)란 그리스어의 두 단어가 결합된 복합어로서 문학이 치료적인 특성을 가졌다는 기본 가정에서 출발한 용어이다. 즉 전반적인 발달을 위해 책을 사용하며, 책은 독자의 성격을 측정하고 적응과 성장, 정신적 건강을 위해 사용되기도 하는데 그 책과 독자의 상호작용을 독서치료라고 한다. 그리고 선택된 도서 자료에 내재된 생각이 독자의 전신적 또는 심리적 질병에 치료적인 영향을 줄 수 있다는 개념이다.

동거 cohabitation

한집이나 한방에서 같이 삶. 가족이 아닌 사람이 어떤 가족과 같은 집에서 함께 삶. 두 사람 이상이 한집에 공동의 생활을 하다.

동료집단 peer group

동일한 사회적 지위(예를 들면 전문직, 직업, 연령집단이나 성별집단)를 갖는 사람들의 모임.

동성애 homosexuality

동성의 상대에게 감정적·사회적·성적인 이끌림을 느끼는 것. 동성의 상대에게 감정적·사회적·성적인 이끌림을 느끼는 것으로, 동성애자는 이러한 감정을 받아들여 스스로 정체화한 사람을 뜻한다. 대개 여성동성애자는 레즈비언(lesbian)으로, 남성동성애자는 게이(gay)로 지칭되며, 흔히 트랜스젠더(transgender)와 혼동되기도 한다. 그러나 트랜스젠더는 자신의 육체적 성과 정신적 성이 일치하지 않는다고 받아들이는 것으로, 이는 자신이 사랑하는 사람이 동성이라는 점을 받아들이는 동성애자와 구별된다.

동의 informed consent

클라이언트가 진단, 치료, 사후검토, 조사와 같은 특별한 개입절차를 사용할 수 있도록 사회복지사와 기관 또는 다른 전문가에게 허가를 인정하는 것. 이 허가는 이성적으로, 결정을 하는 데 필요한 사실들의 완전한 개방에 기초해야만 한다. 동의는 반드시 위험과 대안에 대한 지식에 기초해야 한다. 전문적인 직무상 과실 소송에서 가장 큰 위험 중 하나는 동의를 이루지 못하는 것이다.

동일시 identification

구별하지 않고 동일한 것으로 보고 똑같이 취급하는 일. 부

모, 형, 윗사람, 주변의 중요한 인물들의 태도와 행동을 닮는
것을 말한다. 자아와 초자아의 형성에 가장 큰 역할을 하며,
동일시를 통하여 부모가 자식의 성격 내부에 들어오게 된다.

동조 conformity

관련된 사회집단의 규범과 기대에 일치되는 행동.

동화 assimilation

어떤 집단이 다른 집단의 가치(values), 규범(norms), 습속(folk-
ways)을 사회적으로 통합하고 채택하는 것. 예를 들면 이주민
집단은 새로운 사회의 문화에 통합되거나 그러한 문화를 채
택할 수 있다. 또한 피아제 이론(Piagetian theory)에서 동화란
개인 환경의 한 측면을 현존하는 사고 구조에 통합시키는 개
인의 행위를 말한다.

등간측정 interval measurement

조사연구에서, 명목측정(nominal measurement)과 서열측정(ordinal
measurement)의 성질을 포함할 뿐만 아니라, 측정단위 사이에
동일한 간격이 있을 필요가 있는 측정수준, 대부분의 잘 표
준화된 심리검사는 등간측정을 사용한다.

디플레이션(통화수축) deflation

인플레이션의 반대 의미로 인플레이션이 물가 상승을 동반한
경기의 과열을 의미한다면, 디플레이션은 물가는 물론 경제

전반에 걸쳐 축 가라앉는 무기력 증세로 광범위한 초과공급이 존재하는 상태이다. 인플레이션은 광범한 초과수요가 존재하는 상태임에 비해 디플레이션은 광범위한 초과공급이 존재하는 상태다. 원인은 자산가격 거품의 붕괴, 과도한 통화긴축, 과잉설비 및 과잉공급, 생산성 향상 등이 있다.

[ㄹ]

라포 rapport

사회사업 면접에서 조화(harmony), 양립(compatibility), 상호 이해를 할 수 있는 감정이입(empathy)의 상태로서, 클라이언트와 사회복지사 간의 업무상 관계(relationship)를 말한다.

레즈비언 lesbian

같은 여성에게 감정적·정서적·성적인 이끌림을 느끼는 여성 중, 그러한 자기 자신을 받아들인 여성을 말한다. 다른 말로는 여성동성애자, 여성이반 등이 있다.

레크리에이션 recreation

레크리에이션은 어떤 활동이나 경험을 말하는데 대개 자발적으로 선택되는 것이며 그 자체로부터 오는 만족이나 개인적 혹은 사회적인 기치를 목적으로 한다. 레크리에이션은 여가 중에 행해지며 노동과는 아무런 상관이 없는 것으로 즐거운 것이며, 레크리에이션이 지역사회나 어떤 봉사기관에 의해 조직될 때는 그 목적이 참가자 개인이나 집단, 나아가서는 사회발전에 바람직하고 건설적인 목표를 달성할 수 있다.

리비도 libido

기본적으로 인간이 지니고 있는 성적 욕구로, 프로이트가 제시한 개념 리비도는 정신분석학 용어로 성본능(性本能), 성충동(性衝動)을 뜻한다. 이 말은 보통 말하는 성욕, 다시 말해 성기(性器)와 성기의 접합을 바라는 욕망과는 다른 넓은 개념으로, 인간이 태어날 때부터 갖추고 있는 본능에너지를 뜻한다. 원래는 라틴어로 욕망을 뜻하는 단어이다. 성적인 욕구가 내부로 향하느냐 외부의 객체에게로 향하느냐에 따라 자아 리비도와 대상 리비도로 나눌 수 있는데, 어떤 경우이든 욕망이 만족을 향해 움직일 때 동원되는 에너지 전체를 지칭한다. 오스트리아의 심리학자 프로이트는 인간이 두 가지 기본적 욕구를 지니고 있다고 하였는데, 하나는 공격욕구인 타나토스이고, 또 하나는 성욕구인 리비도다. 성적 본능의 에너지를 리비도(libido)라고 가정하고, 리비도가 사춘기에 갑자기 나타나는 것이 아니라 태어나면서부터 서서히 발달하는 것이라고 생각하였다. 즉 성본능은 구강기·항문기를 통해 발달하다가 5세경 절정에 이른 후, 억압을 받아 잠재기에 이르고, 사춘기에 다시 성욕으로 나타난다고 한다. 인간의 자아에 의해 성욕구가 통제받기 때문에 상황에 따라 리비도는 억눌린다고 볼 수 있다. 리비도는 긍정적이다 부정적이다로 구분할 수 없다. 한편 상황에 따라 도덕성과 리비도가 대립하게 되는데 이때 자아가 이를 조절하고 억제, 억압 등의 방어기제를 사용하게 되는 것이다.

ㄹ

마르크스주의 Marxism

마르크스가 엥겔스의 협력으로 만들어 낸 사상과 이론의 체
계. 레닌에 따르면 마르크스의 사상과 학설의 체계인 마르크
스주의는 19세기의 세 가지 정신적 주조(主潮), 즉 독일의 고
전철학, 영국의 고전경제학 및 프랑스의 혁명적 학설과 결합
된 프랑스 사회주의를 그 원천 또는 구성부분으로 하고 있다
고 한다. 즉 마르크스주의의 체계는 G. W. F. 헤겔, L. 포이
어바흐 등 19세기 독일의 고전철학에서 변증법과 유물론을,
또 영국의 고전경제학 중에서도, 특히 D. 리카도의 경제학으
로부터 노동가치설을, 그리고 프랑스의 사회주의자들로부터
사회주의 사상을 비판적으로 계승·발전·통일시킴으로써
형성되었다.

소련의 『철학교정(哲學敎程)』에 따르면 마르크스의 철학적 유
물론과 변증법적 유물론은 그의 학설의 모든 구성부분을 꿰뚫

고 있다는 것이며, 레닌은 경제학의 전체를 근본으로부터 개조하는 일, 즉 역사 · 철학 · 자연과학 · 노동계급의 정책과 전술 등에 유물론적 변증법을 적용하는 일이 마르크스와 엥겔스의 가장 큰 관심사였다고 하였다. 즉 마르크스는 철학에 관한 책은 따로 쓰지 않았으나, 자연과 사회 안에 있는 모든 것은 끊임없이 운동 · 변화한다는 변증법적 견해를 인간사회에 적용함으로써 인간사회의 역사적 발전에 관한 일반적 법칙을 설명하는 유물사관(唯物史觀)을 정립한 다음 공산주의에 관한 자신의 주장을, 공상적 사회주의자들이 도덕적 감정을 근거로 삼았던 것과는 달리, 경제학을 통하여 자본주의적 생산양식의 필연적 붕괴 위에 건설하려 하였다. 그러므로 마르크스는 노동가치설을 설명원리로 삼고 잉여가치론(剩餘價値論)을 분석 장치로 삼아 자본주의의 경제적 운동법칙을 밝힘으로써 그 필연적 멸망을 증명하는 데에 반생을 바쳤다.

그러나 마르크스가 혁명가가 된 것은 자본주의에 대한 경제학적 연구의 결과가 아니다. 그가 혁명을 믿고 주장하게 된 것은 이미 1843~1844년이고, 이 혁명을 이론적으로 뒷받침하기 위하여 경제학 연구를 시작한 것이다. 엥겔스에 따르면 사적 유물론과 잉여가치론은 마르크스가 발견한 것이며, 이의 발견으로 마르크스이 사회주의는 하나의 과학이 되었다고 주장하는 한편, 마르크스의 과학적 사회주의에 대비하여 이전의 R. 오언, F. M. C. 푸리에, 생시몽 등의 사회주의를 공상적 사회주의라고 비판하였다. 이 같은 이론체계에 입각하여 마르크스는 노동자계급이야말로 혁명의 유일한 주체세력이라고 믿었으며, 이 계급의 계급투쟁으로 폭력에 의한 혁명을 일으킴으로써 계급이 없는 이상사회를 건설할 수 있다고 주장하였다. 마르크스주의는 그의 사후 K. 카우츠키에 의한 사회민주주의와 레닌에 의한 마르크스-레닌주의로 갈라져 마르크스-레닌주의는 1956년 소련공산당 제20차 대회의 수정과 그에 이은 유러커뮤니즘의 강력한 비판으로 결정적 시련에 봉착하였다. 사회민주주의는 1951년 7월 프랑크푸르트 선언을 계기로 새로 등장한 민주사회주의(民主社會主義)에 의하여 전면적으로 대치(代置)되었다. 따라서 지난 1세기 이상을 두고 사회사상·정치사상·혁명사상에 커다란 영향을 끼쳐 온 마르크스주의는 이제 그 하향길에 접어들고 있다.

마찰실업 frictional unemployment

노동수급의 일시적 부조화에 따른 실업. 산업구조의 변화에 따라 노동수요의 방향이 바뀌어도 노동자가 그와 동시에 이동할 수 없기 때문에 또는 노동수요의 단속성이나 특정 생산재의 부족 등으로 인해 일시적으로 생기는 실업을 말한다. 마찰적 실업은 노동시장의 수요와 공급 과정에서 근로자의 자발적 선택에 의해 일시적으로 나타나는 실업이므로 자발적 실업이라고 할 수 있다. 케인스는 현행의 임금률로도 일할 의사가 있으면서 직장에 임할 수 없는 상태의 실업이 발생한다는 것을 밝히고, 이를 비자발적 실업이라고 하였다.

막연한 불안 free-floating anxiety

특정한 위협, 상황 혹은 이념에 국한되지 않고 널리 퍼진 긴장.

만성 chronic

장기간 발전되어 왔고 지속되어 온 문제, 비정상 행위, 의학적 상태를 보유한 것. 많은 원조전문가들은 어떤 문제가 6개월 이상 지속될 때 만성이라고 하고 6개월을 넘지 않을 경우 급성이라고 생각한다.

만족도 satisficing

인간의 만족의식에 관한 사회조사의 하나로 생활이나 일종의 만족감을 일정 척도에 의해서 측정하려는 것. 예를 들면 수입만족도, 주거만족도, 생활환경만족도 등 여러 가지 항목을 제작할 수 있다.

망상 delusion

병적으로 생긴 잘못된 판단이나 확신. 말하자면 사고(思考)의 이상 현상이라고 할 수 있다. 사고는 사로(思路), 즉 사고형식 및 그 내용으로 일단은 구별할 수 있으며, 망상은 이 사고내용의 이상을 말한다. 내용은 비합리·비현실적이라는 점이 첫째 특색이고, 감정으로 뒷받침된 움직일 수 없는 주관적 확신을 가지고 고집하는 점이 둘째 특색이다. 따라서 이 첫째와 둘째의 특색을 망상과 마찬가지로 가지면서, 그 비합리성에 관한 내부적 비판과 고뇌를 나타내는 강박관념과는 그 내부적 비판과 고뇌가 없다는 점에서 구별된다.

또한 그 잘못된 사고내용은 어떠한 합리적 논거로써 설득하여도 앞서 말한 특색을 수정할 수 없다는 점에서 미신이나 논리적 착오로 인한 잘못된 관념과도 구별된다. 망상은 학자에 따라 여러 가지로 분류된다.

독일의 정신의학자 H. 그룰레나 야스퍼스와 같이 아무런 근거도 없는 관계부여에 의한 이해불능과 전도불능(轉導不能)인 기질적(器質的) 원인에 의한 망상(예: 정신분열의 원초적·근원적 망상), 환각과 같은 이상체험을 설명하기 위해 형성된 망상(예: 자기의 행동을 비난하는 환청을 설명하기 위해 텔레비전으로 끊임없이 감시받고 있다고 하는 것과 같은 피해망상) 및 병적 감정으로 인한 망상(예: 노인의 질투망상, 억울병자의 심기망상이나 미소망상 등)으로 나누고, 전자를 진성망상(眞性妄想), 후자의 두 경우를 망상적 관념이라고 하는 경우가 많다. 원초적 망상이 있으며, 이에 근거를 부여하기 위해 새로 생기는 망상을 제2차 망상이라고 할 때도 있다. 또한 동기가 불명하다고 하는 망상의 형성이 과연 전혀 이해할 수 없는 것인지에 관해서는, 프로이트의 정신분석에서 발전한 역동정신의학(力動精神醫學)의 학자들은 부정적이나, 그렇다고 해서 그것이 이론의 여지가 없는 정설은 아니다. 망상에는 또한 그 내용에 따라 빙의망상(憑依妄想: 신이나 동물이 자기 몸에 실렸다고 믿는 망상)과 과대망상 또는 피해망상·추적망상(追跡妄想) 등 여러 가지가 있다.

맞벌이부부 아동 latchkey child

학교에서 집으로 돌아와도 부모가 직장에서 근무 중이기 때문에 보호를 받지 못하고, 낮 시간의 일부를 혼자 보내야 하는 아이.

매 맞는 배우자 battered spouse

배우자에게서 육체적으로 상해를 당한 남편이나 아내. 구타는 육체적인 폭력 형태를 취하는 배우자 학대(spouse abuse)이다.

매 맞는 아동 battered child

육체적으로 학대를 받거나 상해를 겪는 아동. 아동들은 보통 부모나 성인 보호제공자(caregiver), 나이 많은 형제나 자매로부터 폭력을 당해 상해를 입으며, 이러한 일은 통제되지 않은 분노 상태에서 고의적으로 혹은 충동적으로 일어난다.

매춘 prostitution

매춘 또는 성매매란 돈을 매개로 성을 사고파는 행위를 일컫는다. 매춘을 합법적으로 인정하는 나라도 있으나 대다수 국가에서 불법이다.

메타메시지 metamessage

말로 표현한 진술에 대해 설명하는 인간의 의사소통. 예를 들어, 클라이언트가 "나는 화가 안 났어!"(일차적 진술) 하고 말은 하지만, 주먹을 치는 행동(메타메시지)을 들 수 있다. 메타메시지는 언어적이거나 비언어적일 수 있고, 의식적이거나 무의식적일 수 있고, 일차적 진술과 일치하거나 모순이 될 수 있다.

면접 interview

보통 구체적이고 미리 결정된 목적을 위해 사람들 사이에 의사소통이 일어나는 만남. 사회복지사와 클라이언트 사이의 면접일 때 가장 전형적인 목적은 어떤 문제를 해결하는 것이다. 면접·대담·회견 등을 뜻하는 말이다. 넓은 의미로는 조사·진단·시험·취재 등의 목적으로 특정한 개인·집단과 대면하여 필요한 정보를 수집하는 것을 말한다. 특히 조사기술로서의 면접법은 자발적으로 의견을 말하게 하는 식의 임상적 연구에서 행해지는 비지시적 면접(nondirective interview)과, 질문지나 테스트지 등을 이용하여 행하는 지시적 면접(directive interview)으로 구별된다.

모방 modeling

모방(modeling)은 다른 사람이 행동하는 것을 보고 들으면서 그 행동을 따라서 하는 것이다(Bandura, 1969: 118~120). 흔히 공격적인 행동, 이타적 행동, 불쾌감을 주는 행동이 관찰을 통해 학습된다. 반두라의 실험적 연구에 따르면 아동은 위대하다고 생각하는 사람의 행동을 위대하다고 생각하지 않는 사람의 행동보다 더 잘 모방하고, 자기와 동성인 모델의 행동을 이성인 모델의 행동보다 더 잘 모방하며, 돈, 명성, 높은 사회경제적 지위 등을 지닌 모델을 더 잘 모방하고, 벌을 받은 모델을 거의 모방하지 않으며, 연령이나 지위에서 자기와 비슷한 모델을 상이한 모델보다 더 잘 모방한다.

모자원 maternity homes

미혼모들을 위한 임시 거주시설로, 미혼모들의 임신기간 동안 상담서비스, 사회서비스, 건강보호서비스, 교육서비스를 제공하고, 임신부에게 피난처를 제공하는 일시 거주시설. 일부 모자원 직원은 입양(adoption), 낙태(abortion), 지역사회로의 재통합, 재정원조가 용이하도록 돕는다.

목적세 earmarked taxes

목적세(special purpose tax, earmarked tax)는 일반세와 달리 지출용도를 정해 놓은 세금이다. 일반세가 다른 정책목적과 경합되어 재원의 안정성은 떨어지지만 일반적으로 증액할 수 있고, 또 신축성도 있다는 장점이 있다면, 목적세는 사용목적이 정해져 있어 다른 정책부문과 경합되지 않기 때문에 재원으로서의 안정성이 있다는 장점이 있다. 이처럼 목적세는 가장 안정된 세원이기 때문에 중앙정부나 지방정주가 선호한다.

목표설정 goal-setting

정책을 통하여 달성하려는 미래의 바람직한 상태를 정책형성 과정에서 미리 설정하는 일. 정책목표의 설정은 정책결정 과정에서 정책의제(policy agenda)의 채택 다음의 단계이다.

정책목표를 설정하려면 무엇을 정책문제의 핵심으로 볼 것인지를 확정하여야 한다. 그러나 정책 문제는 여러 요소들을 지니고 있어, 어느 요소에 초점을 둘 것인가는 정책결정자의 주관적 시각에 달려 있다. 왜냐하면 사람마다 가치관이나 신념, 이해관계를 제각기 달리하고 있기 때문이다. 예컨대 '교통의 원활화'라는 문제가 정책의제로 채택되면 그것을 해결하기 위해 정책목표를 설정하여야 하는데, 그 초점을 도로의 건설에 둘 것인가 지하철의 건설에 둘 것인가, 아니면 자동차 운행의 제한(10부제 등)에 둘 것인가 하는 효과적 문제에 대해서는 사람마다 보는 관점이 다를 수 있는 것과 같다.

그런데 정책목표는 대부분의 경우에 그것이 목표가 되는 동시에 다른 목표의 수단이 되기도 하고, 또 목표와 목표가 서로 상반된 관계에 있기도 한다. 따라서 목표를 설정할 때는 다른 목표와 조화를 이룰 수 있도록 하는 것이 중요하다. 예를 들어 그 이유를 말하면, 도로 건설이라는 정책목표를 설정하였다면 그 목표는 산업발전이라는 목표의 수단이 되기도 하고, 한편 환경보존이라는 목표와 상치(相馳)될 수 있기 때문이다.

무규범(아노미) anomie

무법, 무질서의 상태를 뜻하는 그리스어에서 유래된 아노미(anomie)는 프랑스의 사회학자 뒤르켐(Durkheim)의 '사회분업론'과 '자살론'에서 "행위를 규제하는 사회 공통의 가치나 도덕적 규범이 상실된 혼돈 상태"를 뜻하는 개념으로 사용한 용어로서 급격한 사회 변동의 과정에서 종래의 규범이 흔들리고 새로운 규범 체제가 확립되지 않아서 규범이 혼란한 상태 또는 규범이 없는 상태를 말한다. 뒤르켐에 의하면 사회적 분업의 발달은 사회의 유기적 연대를 강화하지만 이상 상태에 빠지면 사회의 전체적 의존관계가 교란되어 통제받지 못하는 분업이 사회적 아노미 상황의 원인이 된다고 한다.

무능력 disability

일을 감당하거나 해결할만한 능력이 없는 상태. 통상적으로 신체적·정신적 상태나 평생, 무기한 또는 특별기간 동안 지속되거나 지속이 예상되는 질병에 기인하는 장애이다.

무단결석 truancy

자신의 임무 수행에 태만한 것. 특히 이 용어는 허락 없이 학교수업에 결석하는 어린이에게 사용한다.

무료급식소 soup kitchen

민간 자선조직이나 종교조직이 운영하는 시설로서 빈민에게 최소의 요금 또는 무료로 음식을 제공하는 곳.

무의식 unconscious

일반적으로 각성되지 않은 심적 상태, 즉 자신의 행위에 대하여 자각이 없는 상태. 지각작용과 기억작용이 없는 이른바 무의적인 의식장애의 현상 또는 상태를 말한다. 의식할 수 있는 한계를 의식역이라고 한다면, 무의식이란 곧 그 역 밑의 전반적인 심적 현상을 가리키는 것이라고 할 수 있다.

무의탁노인 a senior citizen who does not have

1980년대 중반까지 우리나라의 사회복지사업은 주로 시설보호에 중점을 두었으며 재가복지사업에 대해서는 관심을 두지 못하였다. 그러다가 1987년에 한국노인복지회가 최초로 가정봉사원파견사업을 시범적으로 실시함으로써 재가복지사업이 시작되었다. 그 후 1989년에 서울시립 노인종합복지관 두 곳에서 무의탁노인을 위한 가정봉사원파견사업을 실시하였다. 또한 같은 해에 노인복지법의 개정으로 가정봉사원파견사업이 노인복지사업으로 규정되어 정부에서 보조금을 지원받을 수 있는 근거가 마련되면서 점차 확대되기 시작하였다. 그리고 1993년에는 「노인복지법」 개정으로 재가노인복지사업이 가정봉사원 파견사업, 주간보호(day care)사업, 단기보호(short stay)사업으로 확대·분류되면서 노인복지사업의 핵심 사업으로 발전되었다 주간보호사업은 1992년 서울에서 처음 시범사업이 3개소에서 시작된 이래, 1994년부터 전국적으로 확대되었다. 단기보호사업은 1992년 대구·인천 등에서 시작되었다. 한편 가정방문간호사업은 1970년대부터 일부 병원에서 시범적으로 실시된 적이 있었지만, 본격적으로 시작한 것은 1991

년부터이다. 처음에는 서울의 5개 보건소에서 지역의료사업의 일환으로 간호사가 대상자의 가정을 직접 찾아가는 방문간호서비스를 시작하였으며, 1993년도부터 전국적으로 확대되었다.

물리치료 physical therapy

물리치료란 열이나 얼음, 공기, 광선, 전기, 전자기파, 초음파, 기계적인 힘, 중력 등을 이용하여 통증을 완화시키거나 조직의 치유를 촉진시키고, 신체의 움직임을 향상시키는 등 특정한 목적의 치료 효과를 얻고자 하는 시술을 말한다.

문맹 illiteracy

일상생활에 필요한 문장을 읽거나 쓰지 못하는 상태.

문화적 박탈 cultural deprivation

새로운 사회적 상황에 효과적으로 대처하기 위해 필요한 특정한 사회화 경험이 결여된 상태. 문화적으로 박탈당한 사람은 관련된 환경에 대처하는 데 필요한 사회적 기술, 가치, 동기를 대부분 결여하고 있다.

문화적 상대주의 cultural relativism

특정한 규범이나 의식은 개별 문화권의 목표, 사회적 역사 및 환경의 요구라는 맥락에서만 정확하게 이해될 수 있다는 시각.

문화지체 cultural lag

급속히 발전하는 물질문화와 비교적 완만하게 변하는 비물질문화 간에 변동속도의 차이에서 생겨나는 사회적 부조화. 미국의 사회학자 W. F. 오그번이 『사회변동론(社會變動論)』에서 주장한 이론이다.

한 사회의 문화는 물질적인 것과 비물질적인 것을 모두 포함하고 있다. 문화변동의 속도와 관련해서 본다면 이 두 가지 영역이 밀접한 관계를 유지하면서 함께 변하는 것이 가장 이상적이나, 실제로는 물질적인 영역에서의 변화가 앞서기 때문에 정치·경제·종교·윤리·행동양식 등 이와 관련된 여러 가지 제도나 가치관의 변화가 이를 따르지 못하는 경우가 많다. 이처럼 비물질문화가 물질문화의 변동 속도를 따라가지 못할 때 심각한 사회적 부조화 현상이 야기된다. 예를 들면, 현대의 도시문명은 과학기술의 발달에 기초하고 있다. 그러나 그 속에서 살고 있는 사람들의 의식은 여전히 전통적인 농경생활 수준에 머물러 있다면 심각한 사회적 부조화 현상이 일어날 것이다. 또한 차량의 수와 에너지의 소비량이 기하급수적으로 증가하지만, 다른 한편으로는 교통질서에 대한 의식이 약하고, 환경오염에 대한 경각심이 부족하며 생태계 보전을 위한 노력이 결여된 소비문화가 여전히 도시사람들의 의식을 지배하는 등 전통사회 의식수준에 머물러 있다면 이런 문화지체현상과 함께 도시는 정상적으로 기능하기 어렵다.

문화충격 culture shock

다른 문화권이나 하위문화 집단에 들어가 기대되는 역할과 규범을 잘 모를 때 겪게 되는 혼란, 우울 및 불안의 경험.

미술치료 art therapy

심리 치료의 일종으로 미술 활동을 통해 감정이나 내면세계를 표현하고 기분의 이완과 감정적 스트레스를 완화시키는 방법이다. 말로써 표현하기 힘든 느낌, 생각들을 미술 활동을 통해 표현하여 안도감과 감정의 정화를 경험하게 하고 내면의 마음을 돌아볼 수 있도록 하며 자아 성장을 촉진시키는 치료법이다.

미술 치료는 미술과 심리학의 결합이다. 특히 말로써 감정이나 경험을 표현하기 어려워하는 아동은 미술이라는 방법으로 정서를 표현할 수 있다. 심리적 충격을 안겨 주는 사건들을 경험한 아동들에게 큰 도움이 될 수 있다. 고통스러운 일을 겪은 아이들은 그림을 그리거나 만들기를 통해 심리적인 안정을 얻을 뿐만 아니라 자신이 경험한 것에 대해 더 자세히 전달하고 정리할 수가 있다. 학대를 받거나 폭력적인 사건을 경험했을 때 말하는 것 자체가 공포나 불안을 일으킬 수 있는데 미술은 그러한 아동의 불안을 감소시키면서 감정을 표현할 수 있게 한다. 미술 치료는 우울증이나 외상 후 스트레스 증후군, 불안, 적응의 어려움을 경험하는 아동의 심리 치료에 유익하다.

또한 미술 치료는 아동뿐만 아니라 성인, 노인에서도 유용하게 사용될 수 있다. 말로써 자신의 어려움을 표현하는 것을 어려워하거나 꺼려할 경우 미술 활동은 어른에서도 유용한 매개체가 될 수 있다. 단지 아동은 발달학적으로 미숙한 부분이 있으므로 이를 고려한 미술 활동이 진행되어야 한다. 어른과 아동에서 미술 치료의 근본적인 차이점은 없다고 할 수 있다. 각 나라마다 다르지만 미국이나 유럽에서 미술 치료의 역사는 50여 년이 넘는다. 우리나라의 경우는 정신과에서 환자들을 대상으로 미술 활동을 시도하였으나 본격적으로 알려지고 치료 현장에서 이용된 것은 1990년대 이후이다. 현재 미술 치료는 아동의 경우 놀이 치료, 음악 치료와 더불어 가장 흔하게 사용되고 있는 심리 치료로 인식되고 있다. 1992년 한국미술치료학회가 설립된 이후로 여러 대학원 등에서 미술 치료를 전문적으로 강의하고 미술 치료사 양성 과정이 만들어져 있으며 양적, 질적으로 다양한 학문적 연구가 병행되고 있다. 이후 한국표현예술심리치료협회와 한국예술치료학회 등도 창립되어 미술치료의 학술적 발전에 기여하고 있다.

민족 ethnic group

공통의 언어, 관습, 역사, 문화, 인종, 종교, 혹은 기원을 공유한 독특한 사람들의 집합체.

민족성 ethnicity

문화적 상호작용의 결과로서, 어떤 민족이 생성 발전하는 과정 중에 그 민족에게 고유한 특징으로 나타나는 것.

민주주의 democracy

국민이 권력을 가짐과 동시에 스스로 권리를 행사하는 정치 형태. 또는 그러한 정치를 지향하는 사상.

밀입국자 undocumented alien

합법적 자격 없이 다른 나라로부터 입국하여 국외로 추방당하는 사람.

ㅁ

[ㅂ]

바클레이 보고서 Barclay Report

1980년 영국 정부의 지원을 받아, 사회서비스를 제공하는 사회복지사들의 역할을 평가하고 서술한 연구보고서. 이 보고서에서는 상담, 사회계획, 지역사회망, 협상, 사회적 지지와의 관계를 증가시킬 것을 제안하였다.

박사과정 doctoral programs

사회사업 교육에서 사회복지학 박사학위 Ph. D. 혹은 DSW를 위한 전문적·이론적 교육훈련. 사회사업의 박사교육은 학생의 연구력, 지식배양기술 및 고급 실습능력의 발전을 강조하는 경향이 있다. DSW와 Ph. D. 학위는 동등하여 사실상 같은 자격을 지닌다. DSW는 증가된 전문적 실무능력을 추구하는 사람들을 위한 것이며 Ph. D.는 연구사업, 이론 정립, 지식 정립에 더 몰두하는 사람들을 위한 것이라고 때때로 잘못 믿어졌다. 그러나 그 차이점은 자격이 다르기보다는 특별한 제도의 선호와 관계가 깊다.

박애 philanthropy

인간의 인격·휴머니티를 존중하고, 각자 평등이라는 사상에 입각하여 인종·종교·습관·국적 등을 초월한 인간애.

박탈 deprivation

신체적·사회적·정서적 욕구를 실현, 충족하지 못하거나 불완전하게 충족된 상태.

반동형성 reaction formation

정신역학(psychodynamic) 이론에서 말하는 방어기제(defense mechanism)의 하나. 한 개인이 본래의 무의식적인 버릇과 정반대되는 방법이나 가치관으로 행동하거나 생각하는 것이다. 즉, 억압된 감정이나 욕구가 행동으로 나타나지 않도록, 그것과 정반대의 행동으로 바꾸어 놓을 수 있는 기제.

반사작용 reflex

어떤 자극에 대해 무의식적으로 반응하는 것.

반사행동 respondent behavior

반응적 조건화(respondent conditioning) 원리에 따라 특정자극이나 물체(subject)에 의해 나타나는 행동.

반사회적 성격 antisocial personality

충분히 사회화(socialization)되지 않은 행동, 패배를 허용하지 않는 태도. 실수를 통해 배우지 못하거나 다른 사람을 비난하는 경향, 다른 사람과 사회기관과의 잦은 갈등, 다른 사람에게 해를 끼치는 행동에 대해서 후회와 죄의식을 느끼지 못하는 태도와 무책임으로 특징지어지는 부적응 형태. 이것은 성격장애(personality disorders)보다 일반적인 유형이다. 이 용어는 일치하지는 않지만 정신병질적 인격(psychopathic personality), 사이코패스(psychopath), 반사회적(sociopath) 인물이라고도 한다.

발달단계 developmental stages

인간발달의 연속선상에서 현저하게 구분되는 어떤 기준에 다다른 단계. 각 단계에 도달하기 전에는 나타나지 않았던 어떤 특징적인 행동이나 특성이 어떤 지점을 기준으로 하여 처음으로 나타나게 된다. 또한 하나의 단계는 새로운 단계로 들어가면서 끝나게 된다. 발달단계는 학자들에 따라 각각 다르게 구분되기도 한다.

발달장애 developmental disorder

신체 및 정신이 해당하는 나이에 맞게 발달하지 않은 상태. 일반적으로 해당 연령의 정상 기대치보다 25% 뒤처져 있는 경우를 말한다. 염색체 이상과 미숙아, 주산기 이상 등과 같은 생물학적인 요인과 산모의 음주, 부모의 약물 중독, 부모와의 격리 등과 같은 환경적인 요인이 원인이 될 수 있다. 운동발달 지연과 언어발달 지연, 전체적 발달 지연 등으로 나눌 수 있는데, 뇌성소아마비나 정신지체, 근육질환, 말초신경 및 신경근 질환, 청력소실, 자폐증, 뇌기형, 염색체 이상, 자궁내 감염, 주산기 이상, 진행성 뇌병변 등이 나타날 수 있다.

발생률 incidence rate

인구와 인구통계 보고서에서, 특정한 시간 안에 동일한 인구집단에서 새롭게 나타나는 신체적·정신적 질병이나 범죄, 또는 사회적 문제의 여러 경우들.

발작성 장애 seizure disorders

비정상적인 뇌파작용과 연관이 있는 질환으로서 간혹 상당히 고통스러운 신경증(psychomotor activity)을 동반하는 병.

방랑 vagrancy

일정한 주거지나 직업 없이 여기저기 떠돌아다니는 것.

방문교사 서비스 visiting teacher service

학교사회사업(school social work) 전문가가 학생들과 그 가족에게 대인적 사회서비스를 제공하고 학교가 이들 가족의 특정한 욕구를 알 수 있도록 돕는 교육제도 내의 프로그램. 원래 이러한 서비스는 교육자들이 제공했으나 나중에는 전문적인 사회복지사가 많은 학교 지역에서 이러한 임무를 맡게 되었다.

방어기제 defense mechanism

자아가 id의 충동적 출현으로 위험상황을 만들 것이라고 판단할 때, 위험신호로써 불안을 일으키므로 이를 해소하기 위한 방어 작용으로 나타나는 것. 방어기제로는 거부(denial), 전치(displacement), 이상화(idealization), 대치(substitution), 보상(compensation), 과잉보상(overcompensation), 전환(conversion), 승화(sublimation), 반동형성(reaction formation), 투사(projection), 합리화(rationalization), 지성화(intellectualization) 등이 있다.

ㅂ

방어행동 defensiveness

잠재적 또는 실제적인 비난에 지나치게 민감한 것. 또한 비난 혹은 난처함을 피하려는 행동.

방임 neglect

부양가족에 대한 법률적·도덕적 임무나 의무를 다하는 데 실패한 경우를 말한다. 그런 행위가 다른 사람에게 잠정적인 피해를 주었을 때, 법률적인 절차를 통해 그 사람에게 관련 의무를 지우거나 체형을 줄 수 있다.

범불안장애 generalized anxiety disorder

이유 없이 불안을 느끼거나 불안의 정도가 지나친 정신장애, 특정 상황에 국한되지 않고 긴장 상태가 지속되는 경우를 말한다. 뒷목이 당기듯이 아픈 긴장성 두통, 손떨림, 발한, 어지러움, 타는 듯한 갈증, 상복부 통증, 소화불량 등의 신체적 증상이 함께 나타나는 경우가 많다.

범죄 crime

사회적 의미로는 형벌을 받게 되는 행위, 법률적으로는 구성
요건에 해당하는 위법·유책 행위.

법률 law

주, 국가, 종족, 사회나 지역사회가 제정하고 인정하며, 그 구
성원들을 결속시키는 규칙체계와 입법부의 결정.

법적 규제 legal regulation

전문적 행위(professional conduct)와 같은 어떤 활동이 정부 규
칙과 집행에 의해서 통제받는 것. 사회사업에서 법적 규제는
면허증 교부(licensing), 자격증(certification), 사회복지사 등기부
(registration of social workers) 등을 통해서 나타난다. 각 경우
에 국민은 관련 법적 권한, 즉 사회복지사는 그 명칭을 법이
필요로 하는 특성과 자격을 갖춤으로써 보장받게 된다.

법적 별거 legal separation

법 집행에 의해서, 이혼하지 않고 떨어져 살도록 하는 남편
과 아내 사이의 동의.

베버리지 보고서 Beveridge Report

1941년 6월 당시의 사회적 서비스의 구조와 그 효율성을 조

사하고 필요한 개혁을 실시하기 위해서 '사회보험 및 관련
사업에 관한 각 부처 연락위원회'가 의회의 만장일치로 구성,
베버리지(William Beveridge) 경이 위원장으로 임명되었다. 이
위원회는 기존의 사회보험과 복지 프로그램을 전면적으로 재
검토하였으며, 이를 바탕으로 획기적인 개혁내용이 담긴 보
고서를 1942년 11월에 발표하였다. 베버리지 보고서는 궁핍,
질병, 무지, 불결, 나태를 사회문제로 규정하고 이를 해결하
기 위해 사회보험 및 관련서비스의 필요성을 주장했다.

베이비붐 세대 baby boom generation

제2차 세계대전이 끝난 후, 약 10년간 미국에서 태어난 남자
와 여자. 인구 학자들은 일상적인 출산숫자보다 더 많은 아
기가 이 기간에 태어났으며, 이는 많은 사람들이 전쟁기간에
아기를 갖는 것을 미뤘기 때문이라고 지적한다. 인구의 이러
한 '팽창'은 베이비붐 세대의 생활주기 이동에 따라 사회적 ·
경제적 계획에 많은 조정을 가할 필요를 낳았다. 이 집단이
2010~2020년께가 되면 은퇴기에 접어드는데, 그로 인해 사
회보장(social security) 체계가 매우 긴장될 것으로 예견된다.

변량 variance

조사에서 사건의 분포 안에 있는 산포도의 수치. 통계학에서
는 표준편차(standard deviation)의 각 제곱을, 사회행정에서는
예측된 예산(budgeted expectations)과 실제 결과와의 차이를,

도시개발에서는 지대 설정과 건축 규제로부터의 법적 면제를 말한다.

변수 variable

변수란 사람, 물건, 사건 등의 특성, 속성을 의미한다. 그러나 이러한 것들의 특성, 속성이 두 가지 이상의 가치(value)를 가질 때 우리는 이를 변수라 한다.

ㅂ

변화매개인 change agent

개선을 목표로 하는 원조자 집단이나 전문 원조자 혹은 사회복지사를 말한다.

변화매개 체계 change agent system

변화매개인은 도움을 주는 사람으로서 사회복지사를 의미한다. 사회복지기관은 그 기관 자체의 일반적인 서비스 초점을 개발하며, 기관의 결과목표는 기관의 정책으로 해석되기도 하는데 사회복지사에게 영향을 미친다. 사회복지사 자신도 그가 달성하고자 하는 특정한 결과목표를 가질 수 있으나 클라이언트의 목표에 우선해서는 안 된다.

변화분석 bivariate analysis

두 변수 간에 동시에 존재하는 관계를 기초로 한 통계분석. 예로서 교차표(cross-tabulation)가 있다.

병원사회사업 hospital social work

병원 및 이와 유사한 보건센터에서 사회서비스를 제공하는
것. 대부분이 사회서비스나 사회사업 시설의 부서 안에서 행
해진다. 제공되는 서비스는 계획수행과 정보 수집·제공뿐만
아니라 예방, 재활, 사후활동 등이다. 다른 서비스는 재정적·
사회적인 측면으로 환자를 원조하고, 환자와 그들 가족들과
상담하는 것 등이다.

보건계획 health planning

국민의 육체적·정신적 건강보호 욕구를 충족시키고, 유용한
건강보호 자원을 가능한 한 효과적으로 이러한 목적에 활용
하도록 보장하기 위한 합리적인 노력을 말한다. 보건계획은
정부기구, 민간 의료 연구기구 및 교육제도 등이 관리하며,
치료 및 추적치료뿐만 아니라 예방 및 조기발견 활동 등을
포함하고 있다. 보건계획은 미래의 건강보호 요원 수요의 예
측, 건강보호 비용의 조달과 조정, 의료시설의 위치, 치료방
법 중 최상의 효과성과 비용효과성 등에 관한 의사결정을 포
함하고 있으며, 적절한 하수처리, 대기의 질 및 영양식 공급
과 같은 환경적인 사항도 포함한다.

보상 compensation

바람직하지 않다고 간주되는 가상 혹은 실제의 성격을 개선
하기 위해 노력하는 정신적 메커니즘. 자신의 약점을 보완하

기 위하여 긍정적인 것이라고 생각되는 부분을 강화하여 약한 부분을 없애려는 정신적 시도.

보상교육 compensatory education

교육의 기회균등을 위하여 사회적·경제적·문화적으로 혜택을 받지 못한 학생을 대상으로 실시하는 정책적 교육.

보석 bail

일정한 금액을 납입하게 하고 만약 도망이나 증거인멸 등의 사유가 생기면 전부나 일부를 몰수한다는 조건으로 구속 상태에 있는 피의자나 피고인을 석방하는 것을 보석이라고 한다.

보수주의 conservatism

급격한 변화를 피하고 현 체제를 유지하려는 사상이나 태도. 진보주의에 대응하는 개념이다. 주로 이데올로기적인 근대 정치사상의 특정 조류를 가리킨다. 사회심리학적 의미에서 인간의 어떤 심리적 태도 또는 성향(性向)을 가리키기도 한다. 양자는 상호 밀접한 관련이 있지만, 명확히 구별되어야 한다. H. 세실은 인간의 특정적 심리태도를 의미하는 보수주의를 '자연적 보수주의'라 하여 그것을 소문자(小文字)로 썼고, 특정의 사상적 조류를 의미할 때는 '정치적 보수주의'라 하며 대문자(大文字)를 사용하였다.

K. 만하임도 심리적 보수주의를 '전통주의'라 하였으며, 사상적인 것을 '보수주의'라 불렀다. 실제로 정치적 진보주의자가

사생활 영역에서는 보수적 행동을 취한다거나, 정치적 보수주의자가 사생활 영역에서는 진보적 태도를 취하는 사람들을 볼 수 있다. 즉 어떤 개인의 심리적 태도는 반드시 그의 정치적 이데올로기와 일치하는 것은 아니다.

보이콧 boycott

특정 회사이나 서비스를 구입하거나 사용하지 않기 위한 협정의 조직적 운동, 즉 불매동맹이라 한다. 영국에서는 1880년에 특정 지주에 대한 소작인의 항의에 대한 수단으로 채용되었으나, 현재는 소매점에 대한 소비자운동의 항의수단으로서, 혹은 공정한 노사관계를 수립하기 위해서 내지는 특정기업에 대한 항의의 수단으로서 노동조합에서도 채용되고 있다.

보조금 grants-in-aid

국가 또는 지방공공단체가 행정상의 목적을 달성하기 위하여 공공단체, 제 단체 또는 개인에 대하여 교부하는 돈.

보충성 complementarity

한 개인의 내부에서 2개 또는 그 이상의 역할들을 접합시키는 것. 또한 한 개인의 어떤 역할들이 관련된 다른 사람의 역할들과 접합되는 방식을 말한다. 예를 들어 사회복지사−클라이언트 역할들은 각각의 행위들이 조화되기 때문에 대개 보충적이다.

보편주의 universalism

보편자(또는 전체)를 개별자(또는 개인)보다 상위에 두고, 개별자는 보편자와의 관계에서만 그 존재 이유와 의의를 가진다고 하는 입장을 가리킨다. 개체주의 또는 개인주의와 상대되는 말이다. 여러 의미로 쓰이는 개념으로, 참의 존재는 이데아라고 하여 현상 세계는 존재와 비존재의 혼합에 불과한 것이라고 한 플라톤은 보편주의의 입장에 있다 하겠고, 개별적 존재야말로 실재하는 것이라고 한 아리스토텔레스는 개체주의의 입장에 있다고 할 수 있다.

R. 데카르트의 '나는 생각한다. 고로 나는 존재한다'는 I. 칸트의 의식 일반에 계승되고, G. W. F. 헤겔에 의해 역사발전의 주체인 정신으로 이어졌으나, 헤겔은 보편주의 입장을 취하였다. 이에 비해 칸트의 흐름을 잇는 M. 베버는 주관에 의한 구성으로써 인식이 성립된다고 하는 구성설의 입장을 취하며, 또한 주관이 자신의 근거로 삼는 궁극적 가치가 역사적으로 변화하고 따라서 궁극적으로는 모든 개인에 따라 다르다고 주장하였다.

그런데 보편주의에 있어서 보편의 개념을 어떻게 보느냐에 따라 그 내용이 매우 상이하다고 하겠다. 이와 관련하여 중세 스콜라 철학에서 일어난 '보편논쟁'을 떠올려 볼 수 있다. 보편은 실체로서 존재하는가 아니면 인간의 사고 속에서만 존재하는가라는 문제가 바로 그것이다. 당시 보편을 실재라고 주장하는 실념론과 보편은 명목에 불과하다는 유명론이

첨예하게 대립되었으며, 오늘날에도 이 문제가 쉽사리 해결되기는 어려울 것으로 보인다.

보호감독 custody

혼자 생활할 수 없는 사람(아동과 장애인) 혹은 위탁 자산에 대하여 보호자의 자격으로서 통제하며 보호하고 유지시키는 개인이나 집단의 법적 권리나 의무.

보호감호 protective custody

보호감호는 수감된 피고인에 대해 재범 가능성이 있다고 판단되면 수감 생활을 마친 뒤 별도로 일정기간 감호소에 머물도록 하는 조치. 사회보호법에 의거한 보호처분 제도 중의 하나였다.

보호관찰 probation

'보호관찰'은 범죄인을 교정시설에 구금하여 자유를 제한하는 대신 정상적인 사회생활을 영위하도록 하면서 보호관찰관의 지도·감독 및 원호를 통하여 범죄성이나 비행성을 교정하고 재범을 방지하는 형사정책적인 제도이다.

복지국가 welfare state

일반적으로 '국민의 생존권을 보장하고 복지의 증진과 확보 및 행복의 추구를 국가의 중요한 임무로 하는 국가'를 말한다. 복지국가라는 개념은 제2차 세계대전 중에 영국에서 나치스

전쟁국가(warfare state)에 대항하기 위해 사용되었던 것에서 시작된다. 그것이 의미하는 것은 전시 중에 발표된 베버리지 보고(Beveridge Report)에 의해 확실해졌다. 베버리지 보고는 구빈(救貧)적 발상에 기초한 것이 아니라 국민생활의 최저 보장은 정부의 의무라고 논하였다. 이것에 의해 사회보장이 긴급 피난으로서가 아니라 보편적인 시민의 권리(사회권)로서 확립된 것이다.

이러한 사회보장관(観)이 전후(戰後) 선진 자본주의국가에 침투한 배경에는 케인스주의의 수용이 있다. 즉, '1929년 대공황에서 블록경제화 그리고 제2차 세계대전으로'라는 경험의 반성에서 거시경제정책을 통하여 '수요 관리'를 실행하고, 경기순환의 물결을 제어하고, 완전 고용을 실현한다는 사고가 경제학적으로 정통한 것으로서 받아들여지게 되었다. 바꾸어 말하면 정부의 국민 생활에 대한 항상적인 개입이 정당한 것으로서 경제 이론적으로도 인정됨으로써 복지국가의 발전이 촉진되었다고 할 수 있다.

복지국가의 발전은 필연적으로 공공재정의 확대를 수반하기 때문에 당초 복지국가 연구는 정부의 사회보장 관계 지출을 촉구하는 요인을 확정하는 데만 관심이 기울여졌다. 거기에서의 대표적인 가설이 경제요인설과 정치요인설이다. 경제요인설에 의하면 1국의 인구 구성이나 제도의 성숙도 외에 지출을 촉구하는 것은 경제성장·공업화이며, 정치적인 당파성은 이것에 대해 중립적이다. 즉 복지국가 발전에 있어서 정치는 중요한 요인이 아니다. 이것에 대해 정치요인설은 경제발전·공업화가 갖는 의미를 인정하면서도 선진 국가에 한정해서 보면 조직노동이나 좌파 정당의 힘이 복지국가 발전의 차이를 설명하는 중요한 요인이라고 주장한다.

일정의 경제발전이 없으면 복지국가의 재원을 조달할 수 없으며 그 의미에서 경제요인의 중요성은 부정할 수 없다. 그러나 선진 국가를 보면 정부 지출이 적은 미국, 캐나다, 일본에서 지출 대국이라고 불리는 스웨덴을 비롯한 북유럽 국가까지 다양하며, 거기에 정치의 작용이 인정되는 것이다. 이와 같이 정치 요인설은 경제요인설보다 일보 진전된 복지국가 연구라고 할 수 있지만 거기에서는 여전히 복지국가의 발전이 단선적으로 받아들여지고 있었다. 즉, '복지국가발전 − 공공재정의 확대'라는 전제에 서서 지출이 크면 클수록 복지국가의 발전도가 높다고 생각되었던 것이다.

이러한 단선적 발전론 또는 수렴론에 대해 복지국가 제도의 특징(사회보장 수당이나 서비스의 포괄성, 수준, 자격요건 등)에도 착안하여 자유주의적 복지국가, 보수주의적 복지국가, 사회민주주의적 복지국가라는 세 가지 유형을 제출한 것이 에스핑 안데르센(Gøsta Esping-Andersen)이다. 유형론에 의해 종래의 단선적 발전론 또는 수렴론은 부정되며 복지국가의 복선적 발전이 인정되었다. 또한 에스핑 안데르센은 복지국가 제도가 특정의 사회구조를 재생산하는 경향이 있다는 것을 주장하고, 이 점에서도 복지국가 발전요인론을 초월한 연구의 지평을 열었다. 오늘날 유형론의 한 단계의 발전으로서 주목받고 있는 것이 젠더(gender)론에서의 연구이다.

그런데 복지국가는 1970년대 이후 다양한 비판을 받아 왔다. 단지 공적 서비스의 확충에 의해 국민복지를 향상시키고자 하는 종래의 복지국가관은 재정 핍박뿐만 아니라 서비스의 획일화, 관료제화라는 문제를 낳는다고 생각되어 공사의 다양한 복지기능을 활용하는 다원적 복지 시스템이라는 사고가 대신하고 있다. 그러나 이러한 개선이 단순한 복지국가의 해체를 의미하는 것은 아니다. 공과 사의 복지기능을 조정하는 방법은 각국의 역사적 유산, 즉 어떠한 복지국가를 발전시켜 왔는가에 따라 크게 다르기 때문이다.

복지권 welfare rights

한 국가의 어떤 시민도 공적부조나 기타 사회서비스들을 이용할 수 있는 권리가 있다는 관점이다. 복지권 조직들(organizations)은 복지수혜자의 권리에 개인 정보의 비밀보장, 적격자들을 위한 급여 정보의 더 많은 이용, 복지사무소의 접근성 증대(편리한 교통, 장시간 업무, 짧은 대기시간 등), 서비스와 자금(기금)의 동등한 분배가 있다고 말한다.

복합문제 가족 multiproblem family

사회복지사가 볼 때, 다양한 사회적·경제적·성격적 어려움에 대해 동시에 치료받는 구성원들을 가진 친족집단. '복합문제'를 가진 어떤 가족을 클라이언트로 다룰 때, 사회복지사들은 한 가지 문제에 사용하는 것보다는 더 많은 개입기술을 사용할 수 있다.

부가가치세 value added tax(VAT)

생산 및 유통과정의 각 단계에서 창출되는 부가가치에 대하여 부과되는 조세. 부가가치세(VAT)는 국세(國稅)·보통세(普通稅)·간접세(間接稅)에 속한다(「국세기본법」 제2조). 그리고 부가가치세는 모든 재화 또는 용역의 소비행위에 대하여 부과되는 일반소비세이며, 조세의 부담이 거래의 과정을 통하여 납세의무가 있는 사업자로부터 최종소비자에게 전가되는 간접소비세(間接消費稅)이고, 모든 거래단계에서 생성된 각각의 부가가치에 부과되는 다단계거래세(多段階去來稅)의 성격을 가진다.

부가가치세는 매출세(賣出稅)의 일종으로서 발달된 조세이다. 그러나 부가가치세는 매출세가 재화 또는 용역의 공급총액에 대하여 부과되는 것과는 달리 재화 또는 용역에 새롭게 부가된 가치의 부분에 한하여 부과되므로, 이론상 세액의 계산과 징수에 있어서 매출세보다 훨씬 합리적인 조세이다.

부가가치세는 1919년에 독일에서 제안되었으며, 1921년에 미국에서 법인세를 대신할 세목으로 주장되었다. 그러나 부가가치세를 도입하여 시행한 것은 1955년에 프랑스가 제조세를 부가가치세로 대체한 것이 최초이다. 그 후 1967년에 유럽공동체는 부가가치세를 회원국의 공통세로 인정하였다. 오늘날에는 대부분의 국가가 부가가치세를 채택하고 있다.

우리나라는 부가가치세법을 1976년에 제정하여 1977년부터 시행함으로써 종전의 영업세법, 물품세법, 직물류세법, 석유류세법, 전기가스세법, 통행세법, 입장세법, 유흥음식세법 등에 의하여 부과되던 세목(稅目)을 폐지하고 부가가치세를 도입하였다. 그 배경은 간접세 체계를 근대화하고 경제개발계획을 효과적으로 지원하기 위하여 부가가치세제를 도입함으로써, 부가가치세가 가지고 있는 장점인 세목과 세율의 단순화에 의한 세제(稅制) 및 세정(稅政)의 간소화와 간접세의 안전 환급에 의한 수출 및 투자의 촉진을 기하고, 누적과세(累積課稅)의 배제에 의한 물가의 누적적 상승요인을 제거하며, 또한 기업의 수직적 통합이익을 배제함으로써 기업의 계열화(系列化)를 촉진함과 동시에, 세금계산서의 수수에 의한 탈세를 원천적으로 예방하여 근거과세(根據課稅)를 구현하려는 데에 있다.

부모교육훈련 Parent Effectiveness Training(PET)

부모가 좀 더 효과적으로 자녀들과 상호 작용할 수 있도록 돕기 위해 위하여 고든(William Gordon)이 고안한 교육프로그램. 유치원 교육의 효과를 높이기 위해 부모들에게 아동발달·교육과정 등을 알려주고, 가정에서의 협력을 도모하고자 하는 목적으로 시작된 교육으로 1965년 미국 연방정부에서 저소득층의 어린이들을 위해 헤드스타트 프로그램(Head Start Program)

을 시작한 이후 유아교육 현장에 부모의 직접적·간접적인 참여가 강조되면서 더욱 연구되고 있는 분야이다. 부모의 참여를 위한 프로그램에 통합되기도 하지만 부모로서 효율적인 양육태도 및 방법을 지니도록 교육하는 것을 일컫는다. 신생아 교육법, 영아 및 유아를 위한 부모교육, 분만예정 산모를 위한 교육, 유아교육 현장에서 교사의 보조자 역할을 위한 교육, 청소년을 가진 부모를 위한 교육 등 발달단계에 따라 다양한 프로그램이 있다. 부모 됨을 생리적인 견지에서만 보지 않고 전문직으로 보고 있으며, 어린이들에게 미치는 부모의 영향을 바람직한 방향으로 이끌어 가고자 하는 것을 그 목적으로 하고 있다.

부부상담 marriage counseling

부부치료(marital therapy)의 한 형태. 많은 전문가들이 '결혼상담'이란 용어를 '부부치료'와 동의어로 간주한다. 일부 전문가들은 '상담'이 덜 심각하고, 보다 지시적이며, 문제의 정도가 비교적 가벼운 부부를 다룬다고 생각한다. 현재까지의 경험조사는 아직 분명하게 이 둘 사이에 의미 있는 차이가 있다는 것을 입증하지 못했다. 그럼에도 불구하고 부부를 다루는 여러 사회복지사와 다른 전문가들은 '부부치료'라는 용어를 선호하는데, 그것이 더 기술적이고 정교화된 기술 목록을 전달하고, 더욱 이론적이고 전문적인 경향을 갖는다고 생각하기 때문이다.

부부치료 marital therapy

사회복지사, 가족치료자, 기타 여러 전문가들이 부부관계, 의사소통, 성, 경제 등 가족문제들의 해결을 돕는 데 사용하는 개입절차. 여기에는 다양한 이론지향, 치료모델, 치료기술 들이 있다. 일반적으로 사회복지사가 주로 사용하는 이론은 심리사회적 접근, 행동적 접근, 체계적 접근이다.

부적격 inadequacy

스스로 어떤 사회적 기대치를 충족시키는 데 열등하다거나 무능력하다거나 하는 개인의 인식.

부적응 maladjustment

어떤 행동이 적응적이라는 것은 그 행동이 그 사람으로 하여금 특정한 목적을 성취하는 것을 얼마나 가능하도록 해 주는가에 관련된 것으로 부적응 이상행동을 정의하는 근본적인 요소이다. 구체적으로 적응적 행동은 다음 세 가지 측면-① 그 행동이 그 사람의 생존을 증진시키는가? ② 그 행동이 사람의 만족과 행복을 증진시키는가? ③ 그 행동이 사회의 안녕을 증진시키는가?-을 충족시키는 것이라고 할 수 있다.

부정적 강화 negative reinforcement

행동수정(behavior modification)에서 나오는 말로, 탈출이나 회피 조건을 부여할 때 나타나는 반응의 강화를 말한다.

부정적 전이 negative transference

적대감 혹은 불신을 표현하거나, 클라이언트가 심리요법 치료자나 다른 사람에 대해 악의를 품을 수 있는 감정상의 전이를 말한다.

부정행위 malpractice

사회복지사 또는 다른 전문가가 관련 윤리강령(code of ethics)을 위반하고 클라이언트에게 해롭다고 증명되는 행동을 하는 것. 사회복지사의 행위 중에서 가장 많이 부정행위를 초래할 수 있는 것들로는 부적절하게 비밀정보를 누설하는 것, 클라이언트에게 필요한 서비스를 미처 해결하지도 못하고 불필요하게 시간을 끌거나 부적당하게 종결하는 것, 개인에게 의학적인 치료가 필요한데 사회사업 치료를 제공하는 것이다.

부착 cathexis

감정적 에너지와 느낌을 한 사람, 한 가지 생각, 하나의 대상 또는 자기 자신에게 집중시키는 것.

분노 anger

위협당하거나 해를 입는 개인의 지각에 대한 반응으로 일어나는 일반적이고 정상적인 감정. 그 특징은 초조, 심리적·언어적 공격, 심장박동과 심폐운동의 증가, 폭력, 부정적 시각 등이다. 분노는 계속 일어날 수도 있고 가끔 일어날 수도 있다. 또 자기 내적일 수도 있고 외적일 수도 있으며 강하거나 약할 수도 있고, 몇몇 심리학자에 따르면 의식적일 수도 무의식적일 수도 있다고 한다. 이것은 직접적인 위협의 근원이 없을 때도 계속될 수 있고 증가할 수도 있다.

분리 separation

관계 또는 유대가 붕괴되는 상황을 통칭한다. 사회복지사들은 이 개념을 여러 가지 맥락에서 사용하는데 부부의 별거(남편과 부인이 서로 다른 거주지에서 생활하는 것), 법적 별거(이혼에 앞서 서로 떨어져 생활하는 것에 대한 배우자들 간의 협정), 별거 공포(부모 또는 후견인과 헤어지거나 그들을 잃는 것에 대한 아동의 두려움) 또는 분리개성화(separation-individuation) 등으로 사용한다.

분리가족 disengaged family

그 구성원과 하부체계(subsystem)가 서로 제한된 상호작용과 심리적 고립을 초래하는 지나치게 엄격한 경계(boundaries)를 지닌 가족. 엄격한 한계뿐만 아니라 산만한 한계를 지닌 가족도 있다.

분리불안 separation anxiety

아동에게 흔히 나타나는 증세로서 최초 어머니상(primary moth-er-figure)의 상실에 대한 위협을 받았을 때 경험하는 공포증. 이러한 공포증은 성장함에 따라 치료되거나 완화되는데 때로는 생활무대(환경)의 변화나 위기 또는 스트레스가 있을 때 다시 나타나기도 한다.

분석 analysis

어떠한 개념이나 시스템 전체를 구성하고 있는 것을 각 요소로 분해하여, 이러한 요소 사이의 기능적 관계를 일관성 있고 체계적인 절차에 따라 조사 또는 연구하는 것

분열 splitting

정신분석 이론(psychoanalytic theory)에서 정신적 평온상태를 위협하는 중요한 감정들을 억제하고, 분열시키고, 차단시키려고 생각하는 원초적인 방어과정. 이 기제는 한 사람이 그 자신의 감정으로부터 벗어나서 '파편화된 자아'로 발전하도록 돕는다.

분열장애 dissociative disorder

의식, 정체성, 동적 행위의 정상적인 통합적 기능이 갑작스럽고 일시적으로 변화하는 일종의 정신병. 이 장애의 특별한 형태는 정신병학적 정신박약(선별적이기도 하고, 일반적일 수도 있고, 계속적 또는 단속적일 수도 있다), 정신병학적 기억상실증(fugue), 다중성격(multiple personality), 이인증 장애(depersonalization disorder) 등이 있다.

분열정서장애 schizoaffective disorder

개인이 정신분열증(schizophrenia)과 정서장애(affective disorders) 증세를 모두 가지고 있는 정신질환. 이 용어는 정확한 것이 아니기 때문에 정신병의 진단에서 자주 쓰이지는 않는다.

분포 distribution

연구에서 일정 범주 안의 지리적 영역, 지도 또는 도표상으로 나타내는 주어진 변수 또는 (인구)통계적 요인의 빈도를 의미한다.

분포율 prevalence rate

일정한 기간 동안 문제나 질병이 발생한 사례의 빈도. 발생률(incidence rate) 및 역학.

분화 differentiation

가족체계 이론에서 가족의 신원(정체), 사상, 정서와 다른 가족의 그것들을 구별, 분리하는 가족의 능력을 의미한다.

불감증 frigidity

성적 자극에 대하여 반응이 없거나 너무 미약한 성기능장애. 성적 욕구 장애, 성기 반응 부전, 절정감 장애 등 크게 세 가지로 분류할 수 있다.

불공평 inequity

동등한 대우와 평등한 특권을 받는 데서의 권력 또는 기회의 불균형. 사회복지사들은 종종 사람들이 타인에게 유용한 동일한 사회적 목표를 달성하려는 노력 중에 직면하는 제도적 장애물 또는 사회적 장벽과 같은 사회적 조건에 이 용어를 적용한다. 이 용어는 보통 불평등(inequality)과는 구별된다. 즉 불공평은 재판과

특권(공정한 법정공판 또는 대표임원을 선출하는 기회 같은 것)
에 대한 결핍을 함축한다. 반면, 불평등은 서로 다른 집단 간의
재산, 교육, 보건 등의 실제적인 불균형을 더 많이 의미한다.

불법입양 black market adoption

합법적인 공적·사적 입양기관을 통하여 입양할 수 없는 사
람들이나 아동이 없는 부부들에 의한 불법적인 아동 입양(adop-
tion). 아이를 원하는 사람들은 보통 아이를 입양할 때 중개인
과 계약하여 중개인과 아이의 법적 보호자에게 금전을 지불
한다. 그레이마켓 입양(gray market adoption) 참조.

불안 anxiety

불안, 긴장, 임박한 위험에 대한 감정. 그러한 감정이 환경적
으로 특별한 원인이 없는 사람에게서 일어났을 때는 막연한
불안(free-floating anxiety)이라고 한다. 그리고 효과적인 삶과
안녕 상태에서 자주 발생하거나 재발할 때 또는 반대로 부적
응적일 때는 불안장애(anxiety disorder)라고 한다.

불안장애 anxiety disorder

알려지지 않거나 인지되지 않은 위험 또는 갈등에 대한 불안, 공
포, 근심, 긴장의 만성적 또는 재발하는 상태. 불안장애의 주요 형
태로는 범불안장애(generalized anxiety disorder), 강박장애(obsessive-
compulsive disorder), 정신후유증(post traumatic stress disorder),
광장공포증(agoraphobia), 사회공포증(social phobia)이 있다.

불안정성 insecurity

경제적 혹은 사회적 현실이나 정서적인 갈등으로 인한, 보호나 도움을 받지 못하고 있다는 느낌

불완전고용 subemployment

노동자의 교육 상태나 경력이 전혀 도움이 되지 않는 직업이나 생계수준 이하의 임금이 지급되는 직업을 가지고 있는 상태. 사회복지사는 불완전고용 상태에 있는 사람을 노동빈곤자(working poor)라고 묘사한다.

불평등 inequality

권력, 기회, 특권, 재판에서의 불균형.

불화 estrangement

무관심이나 부조화 때문에 친지나 이웃과 접촉하지 않거나 적대적이다.

브레인스토밍 brainstorming

브레인스토밍이란 가능한 대안을 있는 대로 자유롭게 생각해 보고 가장 흡족하고 견고한 해결책을 찾아내는 활동이다. 따라서 클라이언트에게 창의적 해결책을 찾아내도록 사고를 확장시킬 것을 요청한다. 클라이언트가 잘 생각해 내지 못하는 경우에는 사회복지사가 생각하는 가능한 대안을 첨부할 수 있다. 효과적 의사결정이란 만족할 만한 해결책이면서도 가

능성 있는 최선의 해결책에 도달하는 것을 말한다.

블루칼라 blue collar

임금을 받아서 생활하는 사회경제적 계급(socioeconomic class)
의 성원을 가리키는 용어. 이 용어는 원래 파란색 혹은 검은
색 옷을 입은, 공장에서 일하는 사람들이나 육체노동자를 지
칭하는 것이며, 사무실에서 일하는 사람들 혹은 정신노동자
(화이트칼라 노동자)와 구별하기 위해 사용된다.

비과세수당 exclusion allowance

세법상 사회적으로나 과세기술 면을 고려하여 세금을 부과하
지 않는 소득. 예컨대 세금이 과세되지 않은 퇴직연금 계획
과 일부 사회보장 급여가 여기에 속한다.

비관우울증 dysthymic disorder

일정한 정도의 슬픔, 비관, 실망, 절망으로 특징지어지는 일
종의 정신병이며 통상 불안(anxiety)이나 정신적 갈등의 결과
를 의미한다. 이 상태는 전에는 우울신경증(depressive neurosis)
으로 알려졌다.

비대칭 skew

어떤 조사에서 분포곡선이 대칭적이지 않다는 것을 나타내는
개념.

비밀보장 confidentiality

사회복지실천에서의 비밀보장이란 윤리강령의 한 항목으로서, 그리고 관계형성의 한 요소로서 지켜져야 할 원칙이다. 만약 클라이언트가 자신에 관한 정보가 자신의 동의 없이 타인에게 알려진다고 생각한다면 사회복지사와의 신뢰적 관계형성이 되지 않는다. 자신의 문제에 관련된 비밀스러운 정보, 부정적 감정이나 사고 등에 대한 자기개방이 이루어지지 못함은 물론, 문제 문제해결에 대한 동기가 감소되고 문제해결 노력을 거부하거나 포기하게 된다. 비밀보장은 성공적 사회복지실천관계를 위하여 매우 중요한 기본원칙이며, 사회복지사의 윤리적 의무이기도 하다.

비언어적 의사소통 nonverbal communication

비언어적 의사소통은 언어를 사용하지 않는 의사소통으로서 한 사람에게서 다른 사람에게로 정보가 전달되는 가장 기본적이고 원시적인 형태이다. 그러나 비언어적 의사소통은 인간관계를 이해할 수 있는 중요한 의사소통의 한 방법이다. 두 사람 사이의 의사소통에서 3분의 1만이 언어적 수준에서 전달되고, 3분의 2 정도는 비언어적 수준에서 이루어진다. 단어보다는 몸짓이나 얼굴 표정, 자세, 음성, 목소리 등을 통한 사람들의 정보 교환이다.

비용분담 cost sharing

둘 또는 그 이상의 지방정부나 기타 다른 조직이 어떤 재정적인 의무를 분담할 때 일어나는 예산과 행정절차. 각각의 참가 조직들은 전체 비용, 자기 조직의 욕구에 따른 양, 자원, 지출로부터 기대되는 혜택의 일부를 부담하는 것에 동의한다. 예를 들어, 공적부조의 비용분담에서 연방정부와 주정부는 해당 주의 수혜자에 대한 비용분담에 동의한다. 또 다른 예는 같은 지역에서 유사한 서비스를 제공하는 2개의 사회기관은 지역의 인구통계학의 특징에 대한 정보를 두 기관에 제공하기 위해 한 자문회사를 이용하는 것에 동의한다.

비용 산정 costing

특수한 목표에 도달하기 위해 필요로 하는 프로그램 혹은 계획의 전체 총지출을 추정하는 것.

비용편익 분석 cost-benefit analysis

조직의 다양한 목적이 그 목적을 달성하는 데 필요한 비용과 자원에 따라 체계적으로 평가되는 행정관리 절차.

비율 ratio

한 숫자와 다른 숫자 간의 관계. 즉 숫자 중의 하나를 다른 숫자로 나눌 때 나타나는 수학적 관계(mathematical relationship). 예를 들면, 만약 한 기관에 10명의 사회복지사와 500명의 클라이언트가 있다면, 사회복지사 1명당 클라이언트 50명, 또는

1대50의 비율이라고 말하는 것이다. 사회복지기관 운영(관리)에서 비율은 자산 대 부채의 비율, 수입 대 비용의 비율, 봉급 대 전체 예산의 비율 등으로 종종 사용된다. 기본 숫자(base number; 예를 들면, 기관의 전체 예산)가 100으로 표현되면, 비율은 백분율(예를 들면, 전체 예산의 80%가 봉급으로 지출된다)로 표현된다.

비자발적인 클라이언트 involuntary client

사회복지사나 다른 전문인의 서비스에 참여하도록 강요받은 사람. 예를 들면, 어떤 개인은 법원 판결에 의해서, 투옥(incarceration) 또는 가족이나 고용주의 압력에 의해서 사회복지사의 서비스를 받도록 요구될지 모른다.

비정상 abnormal

일반적으로 부적응 또는 파괴적으로 보이는 부정적 기능을 나타내는 용어. 사회사업에서 이 용어는 사람보다는 행위에 관련된 것이다. 정상(normal)과 비정상 간의 명확하고 일관된 구분은 거의 없지만 비교적 연속적이다. 다원화된 사회(pluralistic society)에서는 일부 사람들이 정상이라고 생각하는 행위들도 다른 사람들에게는 비정상으로 보이는 경우가 있다.

비행 delinquency

개인의 의무나 임무를 수행하지 못한 것. 이 용어는 사회복지사가 법을 위반하거나, 보호제공자(caregiver)나 기타 기관들

의 타당한 요구를 따르지 못하는 소년소녀의 행동을 일컬을
때 주로 사용된다.

비행행위 vice

매춘, 춘화, 도박, 불법 약물의 판매나 밀수, 그 밖에 지역사
회의 도덕 기준을 저촉하는 불법 행동들을 포함하는 범죄행동.

빈곤 poverty

기본적 욕구가 충족되지 않은 상태. 빈곤에는 다음과 같은
세 가지 유형이 있다. 첫째, 절대적 빈곤으로서 객관적으로
결정한 절대적 최저한도보다 미달되는 상태를 말하는데, 흔
히 의식주 등 기본적 욕구를 해결하지 못하는 상태로 보고,
절대빈곤선 개념을 토대로 생존의 의미를 강조한다. 따라서
절대적 빈곤은 실질경제성장이 계속되어 그 사회의 전반적인
생활수준이 향상되면 빈곤선 이하의 생활을 하는 사람의 숫
자도 감소하게 된다. 둘째, 상대적 빈곤으로서 동일 사회 내
의 다른 사람과 비교하여 적게 가지는 것을 말하는데, 이는
특정 사회의 전반적인 생활수준과 밀접히 관련된 개념이어서
경제·사회발전에 따라 정책적으로 중시되며 상대적 박탈과
불평등의 개념을 중시한다. 따라서 상대빈곤선은 특정사회의
구성원 대다수가 누리는 생활수준에 못 미치는 수준을 말하
는데, 이것은 특정사회의 사회적 관습과 생활수준에 따라 크
게 달라진다. 셋째, 주관적 빈곤으로서 자신이 충분히 갖고

있지 않다고 느끼는 것을 말하는데, 이는 제3자의 판단에 의해 어떤 객관적인 수준이 정해지는 것이 아니라 개인의 주관적인 판단 수준에서 결정된다. 빈곤에 대한 대책으로는 사회보장정책, 기회평등대책, 노동시장정책, 조세정책 등이 있다.

빈곤과의 전쟁 War on Poverty

미국 내의 특정한 지역에 집중한 빈곤을 퇴치하기 위하여 실시한 정책. 1960년대 세계에서 가장 부유하다는 미국에도 빈곤이 많이 존재하며 더구나 지역적으로 집중되어 있다는 사실이 알려지면서(빈곤의 재발견) 미국 국민에게 커다란 충격을 주었다. 대통령 존 F. 케네디(John F. Kennedy)는 이 빈곤지역을 퇴치하기 위한 정책을 준비하였고 그가 암살당한 다음 해인 1964년 대통령 린던 B. 존슨(Lyndon B. Johnson)에 의하여 선언되고 실시된 여러 가지 활동을 '빈곤전쟁'이라고 부른다. 구체적으로는 1964년 경제기회법에 근거하여 지역활동계획(Community Action Program: CAP)을 내세워 경제기회국(Office of Economic Opportunity: OEO)에서 모든 인적·물적 자원을 동원하여 빈곤지역을 그 근원에서부터 뿌리 뽑으려 한 것이다.

빈곤문화 culture of poverty

원래 1959년 오스카 루이스(Oscar Lewis)에 의해 제창되었고, 이후 멕시코와 푸에르토리칸(Puerto Rican) 가족연구를 통해 발전되었다. 루이스는 빈곤한 사람들의 생활과 사회의 일반 사람들의 규범 간의 차이를 찾아냈다. 빈곤한 사람들은 상이한 가족생활이나 성적 관행을 가지고 있고, 전체 사회의 주요 제도에 참여하지 못하고, 변화의 동기가 결여된 채 자신의 위치에 대하여 자포자기하고 있다.

이러한 특성은 빈곤에 대처하는 방식으로 발전되었고 몸에 익어서 하나의 문화로서 묘사될 수 있을 정도로 폭이 넓다. 이것은 부모에서 자녀에게로 전수되고, 자녀들은 어떻게 기술을 개발하여 빈곤을 피해야 하는가보다는 어떻게 빈곤을 받아들여야 하는가를 배우게 된다[O. Lewis, Life in Mexican Village(1951년), Children of Sanchez(1961년), La Vida(1966년)].

그리고 루이스와 사회학자들은 세계 각지의 빈곤에 시달리고 있는 사람들이 세상에 대한 특정의 가치, 신념, 태도 등을 공유하고 있다고 믿었다. 일반적으로 가난한 사람들은 자신의 삶에 대해서 운명적이며, 중간계급의 제도 속에 쉽게 동조한다. 또한 이들의 삶은 종종 자신들의 가족이나 이웃과의 폭력에 얽매이게 된다. 빈곤의 문화는 사회적으로 성공하기 위해서 열심히 일하는 것보다는 행운, 어떤 사람을 아는 것을 강조한다.

몇몇 사회과학자들은, 빈곤을 종식시킬 수 있는 가장 좋은 방법은 가난한 사람들의 가치를 변화시키는 것이라고 하였다. 선진자본주의가 자동화를 통해서 가난한 사람들이 직업 기회를 가지게 되는 것을 방해하고, 과일재배와 같이 덜 기계화된 산업이 값싼 노동력을 끌어들이기 위해서 빈민계급을 필요로 한다고 주장하는 사람들은 그러한 견해를 비판하고 있다. 여기에서 기본적인 쟁점은, 빈곤이 빈민들의 문명적 가치에 의해 유지되는가, 아니면 인간의 가치에 무관심함으로써 빈곤을 양산하는 경제체계에 의한 것인가 하는 것이다.

이 명제는 많은 나라에서 영향력을 가지고 있다. 그것은, 미국에서는 빈곤과의 전쟁에 영향을 미쳤고, 영국에서는 케이스 조셉(Keith Joseph) 경의 '박탈의 순환'에 관한 견해에 영향을 미쳤다. 그것은 또한 다른 연구자의 연구에 의해 뒷받침되었고, 리스맨(Riessman)의 교육적 성취에 관한 작업과 연결되어 있다.

이 명제는 또한 비판을 받기도 하였다. 몇몇 사람들은 방법론을 공격하였다. 예를 들면, 루이스가 가족에 대한 소수의 표본만을 자신의 이론을 발전시키는 데 있어서 사용하였다는 것이다. 또 다른 계보의 비판은, 루이스가 지적한 빈곤한 사람들과 사회의 일반 사람들 간의 차이도 의문의 여지가 있다는 것이다. 많은 연구들이 실직된 빈곤층은 직업을 갖기를 원하고 있다고 제시했다. 이 명제가 경제적 요인의 중요성을 무시했다고 주장되기도 한다. 빈곤은 빈곤문화의 결과라기보다는 낮은 소득수준의 결과라는 것이다.

빈곤선 poverty line

육체적 능률을 유지하는 데 필요한 최소한도의 생활수준. 영국의 사회학자 벤저민 S. 라운트리(Benjamin S. Rowntree)가

『빈곤-도시생활의 한 연구(Poverty-a Study of Town Life)』(1901)에서 제기하였다. 빈곤선 이하를 제1차 빈곤, 빈곤선을 약간 상회하는 빈곤을 제2차 빈곤이라 하여 구별하였다. 그는 실제로 빈곤선을 끌어내기 위해 비용의 명목을 음식물·집세·가계잡비로 구분하고, 음식물에서는 연령·성별·노동의 종류 등에 따라 가족의 각 구성원이 필요한 양을 결정하여 전체의 경비를 구하였다. 또 집세와 가계잡비는 현실적으로 지불되고 있는 금액을 구하고, 음식물·집세·가계잡비를 합계하여 최소한도의 생활비를 산출하였다. 그 후 이 개념은 각국의 연구자들에게 연구되어 사회복지대상을 규정하는 데 큰 역할을 하게 되었다.

빈곤퇴치 프로그램 antipoverty programs

빈곤을 근절하기 위해 활동하는 공적·사적 연합 또는 행동들에 대한 일반적 용어. 빈곤한 상태에 있는 개인을 직접 도와주는 것뿐만 아니라 빈곤의 원인과 결과, 경제적 불평등과 무능력을 뿌리 뽑을 수 있는 행동 등을 연구한다.

빈 둥지 증후군 empty nest syndrome

자녀들이 성장해 부모의 곁을 떠난 시기에 중년 주부들이 느끼는 허전한 심리를 '빈 둥지 증후군'이라고 한다.

빈 둥지 증후군은 중년기 위기 증상이며, 중년기 위기는 여성들의 폐경기를 전후해서 나타난다. 정신분석학자 융은 사

람들이 40세를 전후로 이전에 가치를 두었던 삶의 목표와 과
정에 의문을 제기하면서 중년기 위기(Midlife Crisis)가 시작된
다고 주장했다.

빈민 pauper

일반적으로 빈곤생활에 허덕이는 사람들을 총칭한 것이지만
제1차 세계대전 후부터 빈곤자라는 명칭이 사용되었다. 건전
한 노동의욕을 상실하고 정신적으로도 황폐해져 타인의 구호
를 바라고 생활하는 궁민과는 구별된다. 따라서 빈민은 자활
할 수 있는 경미한 사고나 우연한 경우를 당해 생활 곤란에
이르렀거나 개인이 속한 사회적 관계에서 육체적 및 정신적
유지발달에 필요한 제반조건과 인정된 물질을 얻지 못하는
자이다.

빈민가(슬럼) slum

도시사회에서의 지역 병리현상의 하나로 일반적으로 빈민이
많은 지구나 주택환경이 나쁜 지구를 말한다. 슬럼의 어원은
slumber(잠, 선잠)라고 한다. 그곳은 눈에 띄지 않는 뒷골목
등의 졸고 있는 듯한 장소라고 생각되었기 때문이다.

빈민 감독원 overseers of the poor

16~17세기의 영국과 영국의 식민지인 미국에서 지방세를 걷
는 공무원으로서 이 기금은 일차적으로 신체 건강한 매춘부
에게 직업을 구해 주기 위한 구제사업에 사용되었다. 빈민

감독원은 1536년의 헨리 구빈법(Henrician Poor Law)에서 규정되었는데, 일부의 사회복지 역사가들은 빈민 감독원을 현대적 사회사업 전문직의 기원으로 간주한다.

빈민굴 shantytowns

자신들 소유의 대지가 아닌 지역에 불량한 건축자재로 불법주택을 지어 인구밀도가 높은 주거지를 형성한 빈민지역. 이들은 대개 불법주거를 하기 때문에 소방시설, 경찰의 보호, 상수도시설, 공중 위생시설, 학교 등 공공시설의 혜택을 받지 못한다. 빈민굴은 특히 제3세계 국가들에서 급속히 확산되고 있으며, 또한 빈민들에게 적절한 혜택을 제공하지 않는 선진국에서도 발생한다.

ㅂ

[ㅅ]

ㅅ

사고장애 thought disorders

사고장애는 내용과 형태의 측면으로 구분할 수 있다. 내용 측면에서 정신분열증의 특징인 망상을 보인다. 또한 망상은 정상적인 사람이라면 그러한 생각들을 떨쳐버리기에 충분한 증거들이 존재하는데도 불구하고 지속적으로 간직하고 있는 헛된 신념들이다. 아무리 설득해도 환자에게서 그러한 망상은 사라지지 않는다. 망상의 내용은 매우 기이해서 사고장애가 있다는 것을 자동적으로 알 수 있게 해 준다. 형태 측면에서는 환자의 이야기가 조리가 없고 일관성이 결여되어 있다. 따라서 자신의 생각을 이야기하지만 전혀 연결이 되지 않으며, 무엇을 말하려고 하는지 전혀 이해할 수가 없다. 지각과 주의 장애로 정신분열증 환자들이 현실에 대한 감각이 상실되어 있다. 정신분열증 환자의 정서적 증상은 무반응 또는 무감정으로 특징지을 수 있는 상태와 부적절한 감정 상태로 구분할 수 있다. 정신분열증 환자는 운동상의 기이한 증상을 보인다.

사립학교교직원연금 Korea Teachers' Pension

사립학교 교직원의 연금제도를 확립함으로써 교직원 및 그 유족의 경제적 생활안정과 복리 향상을 위해 제정한 법률(1973. 12.20, 법률 제2650호). 사립학교교원 및 사무직원의 퇴직·사망 및 직무상의 질병·부상·장애에 대하여 적절한 급여제도를 확립함으로써 교직원 및 그 유족의 경제적 생활안정과 복리 향상에 기여함을 목적으로 한 법률이다(법률 제9908호, 2009.12. 31, 일부개정).

이 법은 사립학교법에 규정된 사립학교 및 이를 설치·경영하는 학교경영기관, 초·중등교육법의 특수학교 중 사립학교 및 이를 설치·운영하는 학교경영기관, 기타 사립학교 및 학교경영기관 중 교육부장관이 지정하는 사립학교와 이를 설치·경영하는 학교경영기관에서 근무하는 교직원에게 적용한다.

부담금의 징수, 제급여의 결정과 지급, 자산의 운용, 교직원 복지사업의 수행, 기타 연금에 관한 업무를 관장하기 위하여 사립학교교직원연금공단을 설립한다. 공단은 법인으로 한다. 공단에 임원으로서 이사장 1명, 2명 이내의 상임이사, 6명 이내의 비상임이사 및 감사 1명을 두되, 비상임이사 중에는 당연직 비상임이사로 교육과학기술부의 고위공무원단에 속하는 일반직공무원 또는 장학관 1명을 두고, 당연직 비상임이사를 제외한 비상임이사 중에는 교직원을 대표하는 사람과 학교경영기관의 장을 대표하는 사람이 포함되어야 한다. 임원의 임면(任免)에 관한 사항은 「공공기관의 운영에 관한 법률」 제26조에 따르며, 이사장의 임기는 3년으로 하고, 상임이사, 비상임이사 및 감사의 임기는 2년으로 하되, 당연직 비상임이사의 임기는 그 재임기간으로 한다. 공단의 중요사항을 심의·의결하기 위하여 이사장·상임이사와 비상임이사로 이사회를 구성한다. 교육과학기술부장관은 공단의 업무를 감독하며 감독상 필요한 조치를 할 수 있다.

급여의 계산에 있어서 교직원의 재직기간은 임용 전 병역복무기간의 산입, 전재직기간의 합산 등이 인정되며, 세부적 규정이 있다. 교직원의 직무로 인한 질병·부상 및 재해에 대하여는 단기급여를 지급하고, 교직원의 퇴직·장애 및 사망에 대하여는 장기급여를 지급한다. 각종 급여는 그 권리를 가질 자의 신청을 받아 공단이 결정하며, 급여를 받을 유족의 순위는 상속의 순위에 의한다. 허위 기타 부정한 방법 등으로 이루어진 급여는 환수된다. 그리고 급여를 받을 권리는 양도 또는 압류나 담보제공이 제한된다. 단기급여 및 장기급여에 관한 급여의 종류, 급여의 사유, 급여의 금액 및 급여의 제한 등에 관한 사항은 공무원연금법의 규정을 준용한다.

급여나 그 밖에 이 법을 운용하기 위하여 필요한 비용은 그 비용의 예상액과 개인부담금·국가부담금·법인부담금·재해보상부담금 및 그 예정운용수익금의 합계액이 장래에 있어서

균형이 유지되도록 하여야 한다. 이 경우 급여에 소요되는 비용은 적어도 5년마다 다시 계산하여야 한다.

국가는 사립학교교직원 연금재정의 안정을 위하여 예산의 범위 안에서 책임준비금을 사립학교교직원연금기금에 적립하여야 한다. 재해보상부담금은 재해보상급여준비금으로 적립하여야 한다. 재해보상급여준비금에서 지급되는 급여는 직무상 요양비, 직무상 요양일시금, 재해부조금, 사망조위금, 장해연금, 장해보상금, 유족연금 및 유족보상금으로 한다. 공단은 부담금 또는 환수금이 납부되지 아니한 때에는 교육부장관의 승인을 얻어 국세체납처분의 예에 의하여 직접 체납처분을 할 수 있다.

급여에 관한 결정, 개인부담금의 징수 기타 처분 또는 급여에 관하여 이의가 있는 자는 사립학교교직원연금급여재심위원회에 그 심사를 청구할 수 있으며, 심사의 청구는 처분이 있은 날부터 180일, 그 사실을 안 날부터 90일 이내에 하여야 한다.

사립학교교직원연금급여에 충당하기 위한 책임준비금으로서 사립학교교직원연금기금을 두며, 기금은 공단의 예산에 계상된 적립금과 결산상 잉여금 및 기금운용수익금으로 조성한다. 기금은 공단이 관리·운용하며, 금융기관에의 예입 또는 신탁, 유가증권의 매입, 교직원 및 연금수급자에 대한 자금의 대여, 기금증식과 교직원의 후생복지를 위한 재산의 취득 및 처분, 기타 기금증식사업 또는 복지증진을 위한 사업을 운용하며, 그 중요사항에 대하여는 미리 교육과학기술부장관의 승인을 얻어야 한다. 사립학교교직원연금에 관한 사항을 심의하기 위하여 공단에 사립학교교직원연금운영위원회를 둔다. 급여를 받을 권리는 그 급여의 사유가 발생한 날로부터 단기급여는 3년간, 장기급여는 5년간 행사하지 아니하면 시효로 인하여 소멸한다. 장기급여를 받을 권리가 시효로 인하여 소멸된 경우에는 부담금을 징수할 권리도 소멸한다. 일부 규정의 위반에 대하여는 과태료의 제재가 있다. 과태료 시행령 제8장 제62조와 부칙으로 되어 있다.

사례관리 case management

사례관리는 여러 사람의 원조자로부터 동시에 도움이 필요한 다양한 문제가 있기 때문에, 삶이 만족스럽지 못하거나 생산적이지 못한 사람들을 돕는 하나의 과정이다. 즉, 사례관리는 지지망을 개발하거나 증진시키는 것에 노력을 집중한다. 지지망이란 유휴의 인간 조직으로서, 이 조직은 어떤 특별한 클라이언트를 돕기 위하여 사례관리자에 의해서 클라이언트의 활동들이 조정되길 바라는 공통된 욕구를 통합한다. 또한 사례관리란 클라이언트의 지식, 기술, 태도를 증진시킬 뿐 아니라 지지망을 활용할 수 있는 클라이언트의 능력을 강화하는 것에 초점을 두고 있다.

사례관리 모델은 연속적인 원조 과정을 활용한다. 이 연속적인 원조 과정은 클라이언트와 함께하는 자연스러운 활동 과정이다. 이 과정에는 클라이언트를 개입시키고, 포괄적인 사정을 수행하고, 서비스 계획들을 개발하며 서비스를 접근시키고 장애물을 극복하며, 서비스를 조정하고 추적하며, 계획을 변경시 켜야 할지 철수를 시작해야 할지를 결정하기 위해서 클라이언트 와 함께 재평가하는 것 등이 포함된다.

위에서 제시된 모든 과제들을 수행하기 위해서 사례관리자는 다음의 세 가지 기능 또는 역할을 한다. 즉 상담자, 조정자, 옹호자이다.

사례기록 case record

개입과정에 사회복지사가 제공하고 기관의 사회복지사 파일 에 보관되는 클라이언트의 상황과 서비스처리에 관한 정보. 사례기록의 목적은 목표를 정하고 의사소통하고, 조정하고, 개입전략을 기억하는 데 있다. 또한 케이즐(Jill Doner Kagle) 에 따르면 사례기록은 책임소재를 분명히 하고, 재원조달을 정당화하고, 감독과 조사연구를 지지하기 위한 것이다(Social Work Records, Homewood, Ⅲ: Dorsey Press, 1984).

사례발견 case finding

사회복지사나 기관이 필요한 도움과 서비스를 제공해야 할 정도의 문제를 가지고 있거나 상처받기 쉬운 위치에 있는 개 인이나 집단을 조사하여 규명하는 것.

사망률 mortality rate

일정한 기간 동안에 한정된 인구에서 차지하는 사망자의 비율.

사면 amnesty

국가원수의 특권으로서 형의 선고의 효과의 전부 또는 일부를 소멸시키거나, 형의 선고를 받지 않은 자에 대하여 공소권(公訴權)을 소멸시키는 일(헌법 제79조, 사면법 제1·3·5조).

사생아 illegitimate

사생아는 혼인 중의 자와 구별되어 보다 낮은 법률적 지위를 차지하는 것이 통례이며, 한국 민법상 사생아의 법률적 지위는 혼인 외의 출생자의 지위와 같다.

사전조사 pretest

평가대상자와 유사한 소수의 사람들에게 행하는 설문 등의 사전 예비조사. 연구조사의 한 절차로서 그 목적은 연구조사의 전 과정을 시행하기 전에 어떠한 문제가 없는지, 질문은 명확한지 또는 다른 오류는 없는지 등을 알아보기 위한 것이다.

사정 assesment

사회복지실천의 전문화 과정 초기에는 사정이라는 용어 대신 '진단'이나 '심리사회적 진단'이라는 용어를 사용하였다. 그러나 최근 들어 사회복지실천에서는 진단보다는 사정이라는 용어를 사용하고 있다. 사정은 자료를 수집하고 분석하며 종합하는 과정이다. 사정은 지속적 과정이며 그 산물이다. 사정은 문제해결과정을 명확히 하는 창조적이고 과학적인 과정이다. 사정은 서비스 계획을 수립하는 의사결정과정이며 인지적 사고

과정이다.

사춘기 | puberty

신체의 성장에 따라 성적 기능이 활발해지고, 2차 성징(性徵)이 나타나며 생식기능이 완성되기 시작하는 시기.

4체계 모델 four system

핀커스와 미나한의 4체계 모델

(1) 4체계 모델 용어

① 클라이언트체계: 변화매개인의 서비스를 재가하거나 요청한 사람들로서, 그들 서비스의 혜택을 받을 것이 예상되며 변화매개인과 작업협정이나 계약을 맺은 개인, 가족, 집단을 의미한다.

② 변화매개체계: 원조를 담당하는 변화매개인(사회사업가)과 그가 소속된 시설, 기관 및 고용조직의 직원들을 말한다.

③ 표적체계: 문제해결을 위해 변화를 필요로 하며, 변화매개인의 목표를 달성하기 위해 표적이 되는 사람을 일컫는다.

④ 행동체계: 변화매개인의 목표를 달성하고, 표적체계에 영향을 주기 위해 함께 일하는 변화매개인 및 그와 함께 일하는 사람들을 총칭한다.

⑤ 전문가체계: 실천가들이 자신들의 기관을 변화시키거나 사회적 변화의 옹호자로서 행동할 때 활용하는 변화매개자로서 사회복지사의 행동에 영향을 미치는 체계이다(예:

사회복지사협회, 교육협회 등).

⑥ 문제인식체계: 잠재적 클라이언트를 사회복지사의 관심영
역으로 끌어들이기 위해 행동하는 체계이다.

(2) 4체계 모델 실천과정

4체계 모델에서는 변화 노력 과정을 문제사정, 자료수집, 최
초접촉, 계약교섭, 행동체계의 구성, 행동체계의 조정, 영향력
행사, 변화노력의 종결의 여덟 가지 과정으로 분류하여 제시
하고 있다. 대부분의 변화 과정은 일종의 순환적 운동이라고
본다. 또한 하나의 단계가 다른 단계에 앞서 수반된다는 고
정적인 사고에 문제를 제기하고, 사회사업가의 활동의 순환
성과 사회사업가가 관련을 맺고 있는 다른 네 가지 체계들을
고려해야 한다고 주장한다.

사회개혁 social reform

사회정의(social justice) 또는 다른 바람직한 변화를 달성하기
위해 사회제도를 재정리하는 활동. 이 용어는 제도적인 인종
차별주의(racism)와 같은 구조적 불평등이나 정부가 부정부패
를 척결하려는 노력에 대부분 적용된다.

사회계급 social class

사회를 구성하는 사람들 간의 부(富)·재(財)·자원 등의 분
배는 통상 불평등하게 이루어지고 있는데, 이러한 관점에서
사회를 구성하는 사람들을 구분하는 경우 사회계급 또는 계

급개념이 사용된다. 동일한 계급에 속하는 사람들이 처해진 사회경제상황은 동일한 것이다. 계급이라는 구분은 특히 경제적 이익에 주목한다는 점에서 신분, 지위와는 구별되며 근대, 특히 산업혁명 이후에 사용된다. 그때까지의 봉건적인 계층인 신분이 의미를 상실하게 된 것의 반영이기도 하다. 마르크스(Karl Marx)는 자본가 계급과 노동자 계급으로 구분하고 양자의 계급투쟁은 최종적으로 후자의 승리로 끝난다고 주장하였지만 그 후 양자 간에 중간층, 신(新)중간층의 존재가 지적되었다.

사회계층 social stratification

사회가 몇 개의 층으로, 즉 위계적으로 배열된 집단으로 분화되는 것을 말한다. 이 집단화는 카스트, 신분(estate), 계급들과 같이 많은 역사적·문화적 변인들을 가지고 있다. 1960년대와 70년대에는 인종에 관심을 갖게 되었고, 그다음에 성의 층화가 관심을 불러일으켰다. 계층은 마르크스주의 저서에서는 다른 의미를 함축하고 있다. 스탈린 시대의 어법에 있어서는 인텔리겐차(지식인과 전문가, 화이트칼라 노동자)가 종종 계층이 된다(계급을 구성하는 노동자나 소작, 집단농과는 대조적이다). 왜냐하면 인텔리겐차의 성원들은 직접 생산과정에 참여하지 않기 때문이다.

사회주의권의 사회학자들은 그들의 사회가 계층화되어 있다는 사실은 받아들이지만 계급은 경제적 착취의 산물이며 폐지되었다고 보고 있기 때문에 자신들의 사회가 계급사회라는 주장을 거부한다. 서구사회는 이러한 논리를 받아들이지 않고 있다. 한편 미국에서는 계급(class)이라는 말 대신 계층이라는 말을 더 선호하는 경향이 있는데, 그것은 계급대립이 적고 계급의식이 약하기 때문이라고 해석되기도 한다.

사회계획 social planning

사전에 결정된 유형의 사회경제 구조를 달성하고 합리적으로 사회변동(social change)을 이룩하고자 하는 체계적인 절차. 이러한 절차는 개인과 조직을 지명해서 진상을 파악하고, 행동 대안을 마련하고, 그것들을 수행하는 데 필요한 권한을 부여하는 것을 포함한다.

사회공포증 social phobia

사회적 좌절, 불안을 경험한 후 타인과의 관계를 두려워하기 시작해 자신에게 필요한 사회적 활동을 회피하고 혼자 있길 원하는 등 사회적 기능이 저하되는 상태.

사회기관 social agency

이사회에 의해 운영되고, 사회서비스 요원(전문 사회복지사, 기타 전문가, 준전문가)과 사무요원으로 구성된 기구 또는 시설. 기관의 재정은 자선기금, 독지가의 기부금, 정부보조금, 서비스를 받는 사람들이 내는 수수료, 제3부문 지불(third-party payment)에 의해 운영된다. 사회기관은 회계(재정)기록, 목적의 명시를 통해 기관의 이사회와 이사회에 소속되어 있는 지역사회 대표자에 대해서도 책임을 진다. 이사회의 구성원은 정책 전반을 결정하고, 운영자는 결정된 정책을 수행하기 위해 활동들을 조정한다. 조직에는 서비스 대상의 클라이언트, 해결해야 할 문제, 서비스 제공방법을 결정하는 기관의 명확한 내부규칙이 있다.

사회 노년학 social gerontology

노화의 원인과 경과 및 그에 영향을 미치는 요인들과 또한 노화가 개인이나 가족, 사회 등에 미치는 영향을 중심으로 노화가 일어나는 개인이나 집단과의 상호작용, 그리고 환경에 관하여 연구하는 학문으로 생물학, 사회학, 심리학, 가족학, 경제학, 교육, 보건간호학 등 많은 분야들과의 연계가 필요하다.

사회문제 social problems

사회제도나 사회구조의 결함·모순에서 생기는 문제. 그 종류는 일정한 사회문제가 발생한 시대적·지역적 조건이 가지각색이기 때문에, 사회문제 자체로서 분류하고 유형화하기가 곤란하다. 구체적으로 볼 때 사회문제로 취급되는 것으로는 노동문제, 토지문제, 실업문제, 인구문제, 인종문제, 민족문제, 도시문제, 농촌문제, 주택문제, 청소년문제, 여성문제, 노인문제, 가정문제, 범죄문제, 비행문제, 매음문제 등이 있다. 또 평화문제, 식민지문제, 학원문제 등도 사회문제로 여길 수 있다. 이처럼 한마디로 사회문제라는 것은 그 어느 것이나 발생원인은 개인적인 것이 아니라 제도의 결함이나 모순 때문에 생긴다는 점에 특징이 있다. 즉 사회문제는 게으름이나 무능력과 같은 당사자의 개인적 책임으로 생기는 것이 아니라 사회구조의 모순에서 생기는 것이다.

사회변동 social change

사회의 법, 규범, 가치, 제도적 장치가 세월이 흐름에 따라 변화하는 것.

사회보장 social security

사회보장이란 국민이 안정적인 삶을 영위하는 데 위험이 되는 요소, 즉 빈곤이나 질병, 생활불안 등에 대해 국가적인 부담 또는 보험방법에 의하여 행하는 사회안전망을 말한다. 자본주의가 필연적인 야기하는 빈곤 등의 문제에 대해 국가가 이를 보증함으로써 자본주의 국가를 유지하고 안정을 도모하기 위한 것이다. 사회보장기본법 제3조 제1호에 의하면, "사회보장이란 질병·장애·노령·실업·사망 등 각종 사회적 위험으로부터 모든 국민을 보호하고 빈곤을 해소하며 국민생활의 질을 향상시키기 위하여 제공되는 사회보험, 공공부조, 사회복지시비스 및 관련 복지제도를 말한다"라고 정의하고 있다. "사회보장의 아버지"로 불리는 베버리지(W. Beveridge)가 1942년 영국정부에 제출한 보고서 「사회보험과 관련 서비스(Social Insurance and Allied Service)」에 의하면 사회보장의 정의는 실업·질병 혹은 재해에 의하여 수입이 중단된 경우의 대처, 노령에 의한 퇴직이나 본인 이외의 사망에 의한 부양 상실의 대비, 그리고 출생·사망·결혼 등과 관련된 특별한 지출을 감당하기 위한 소득보장을 의미하는 것이다. 그는 빈곤과 결부시켜 사회보장은 '궁핍의 퇴치'라고 말하며 이는 국민소득의 재분배로 실현할 수 있으며 이를 통한 일정 소득의 보장은 결국 국민생활의 최저보장을 의미하는 것이라 하였다.

사회보험 social insurance

사회보험은 역사적으로 사회복지정책의 양적 확대에 중요한 역할을 수행하였다. 보험료 기여를 바탕으로 한 강한 권리부여와 목적세 성격의 보험료 신설 및 증가에 대한 국민들의 높은 이해 등 다른 영역들보다 정치적으로 유리한 요소들이 있어 여러 국가의 사회복지정책에서 중요한 부분을 구성하고 있다. 우리나라의 경우 사회보험이 처음 도입된 것은 1960년 공무원 연금이라 할 수 있지만, 이는 공무원을 대상으로 실시한 한정적인 특수직역연금이었다. 1963년에는 산업재해보상보험이 실시되어 일반국민을 대상으로 한 본격적인 사회보험이 시작되었고, 이후 특수 직역을 대상으로 한 공무원연금(1960), 군인연금(1963), 사립학교교직원연금(1973) 등과 함께 강제 가입방식의 의료보험(1977년), 국민연금(1988년), 고용보험(1995년) 노인장기요양보험(2008) 등이 도입되면서 사회보험의 체계를 갖추기 시작하였다.

사회복지 social welfare

사회복지는 social welfare로서 사회(social)와 복지(welfare)의 합성어다. 복지(welfare)란 'well'과 'fare'의 합성어다. 사전적으로 well은 satisfactorily, successfully, property fitting, reasonably 등의 뜻이고, fare는 state of thing으로 welfare는 '불만이 없는 상태', '만족할 만한 상태'를 의미한다. 그러므로 복지란 안락하고 만족한 상태, 건강하고 번영한 상태를 말하며 행복 추구에 대한 가치 이념을 의미한다고 볼 수 있다. 따라서 복지(welfare)에 사회(social)란 말이 첨가되어 사회복지는 '사회적으로 행복한 생활상태'를 뜻하게 된다.

사회복지사 social workers

사회복지에 관한 전문지식과 기술을 가진 자로서 보건복지부 장관으로부터 자격증을 교부받은 사람을 가리킨다. 자격증 등급은 1·2·3급으로 구분하며, 1급 자격증은 국가시험에 합격하여야 취득할 수 있다. 1970년 제정된 「사회복지사업법」에 따라 보건사회부(지금의 보건복지부) 장관이 일정한 자격을 가진 자에게 교부하는 자격증 제도로 시작되었다. 처음에는 사회복지사업종사자라고 불렸으나, 1983년 법률 개정에 따라 지금의 명칭으로 변경되었다. 개정된 「사회복지사업법」은 사회복지사를 '사회복지의 전문지식과 기술을 가진 자'로 규정하고, 보건복지부장관이 교부하는 자격증을 3등급으로 구분한다. 1·2·3급으로 구분하는 자격증은 등급에 따라 학력별 기준의 차이가 있다. 1급 자격은 국가시험에 합격한 사람에게 부여된다. 2급 자격은 대학원, 대학, 전문대학 등을 통하여 「사회복지사업법 시행령」에 규정된 소정의 과목을 이수한 뒤 졸업한 사람 또는 3급 자격증 소지자로서 3년 이상 실무경험이 있는 사람 등에게 부여된다. 3급 자격은 전문대학 졸업자나 3년 이상의 실무 경력자로서 소정의 기관에서 일정 기간 사회복지사업에 관한 교육훈련을 이수한 사람 등에게 부여된다.

사회복지전공과목 social welfare important major

(1) 전공필수 10과목

사회복지개론, 사회복지법제, 사회복지실천기술론, 사회복지실천론, 사회복지정책론, 사회복지조사론, 사회복지행정론, 사회복지현장실습, 지역사회복지론, 인간행동과 사회환경

(2) 선택필수 4과목

가족복지론, 교정복지론, 노인복지론, 사회문제론, 사회보장론, 사회복지발달사, 사회복지윤리와 철학, 사회복지자료분석론, 사회복지지도감독론, 산업복지론, 아동복지론, 여성복지론, 의료사회사업론, 자원봉사론, 장애인복지론, 정신건강론, 정신보건사회복지론, 청소년복지론, 학교사회사업론

사회비용 social cost

어느 생산자가 어떤 재화를 생산하는 경우, 이로 인해 생산자를 포함한 사회 전체가 부담하게 되는 비용. 생산자가 직접 부담하는 비용을 사적(私的) 비용이라고 한다. 이것은 영국의 경제학자 A. C. 피구가 정의하여 중요성을 분명히 한 개념으로, 오늘날 각종 환경오염 문제와 관련하여 재인식되고 있다. 사적비용과 사회적 비용은 반드시 일치하는 것은 아니나, 후자가 전자보다 많을 때도 있고 적을 때도 있다. 적은 경우에는 외부경제가 있다고 말하며, 많은 경우에는 외부불경제(外部不經濟)가 있다고 한다.

이 같은 외부경제 또는 외부불경제는 시장을 통하여 거래되지 않는 것이 특징이다. 외부경제를 얻은 자는 이를 준 자에게 그 부분에 대한 대상(代償)을 지불하지 않으며, 외부불경제를 받은 자는 이를 준 자로부터 대상을 받을 수도 없다.

예를 들면 어떤 사람의 식림(植林)에 의하여 강 하류의 사람들이 수해를 입지 않게 된 경우에는 외부경제가 존재한 것이지만, 거기에 대한 대가를 하류 사람들이 식림한 사람에게 지불하는 일은 없다. 이와는 반대로 어느 공장으로부터 배출되는 매연이나 폐수에 의하여 공기나 하천이 오염되어 시민 보건을 위한 지출이나 세탁비 등이 여분으로 들어간 경우에는 외부불경제가 존재하였지만 시민이 그 비용을 공장에 청구할 수는 없다.

외부경제가 존재하는 경우 생산액은 사회적으로 보아 가장 바람직한 상태보다도 과소하게 되고, 외부불경제가 존재하는 경우, 생산액은 그것보다도 과잉되는 경향이 있다.

사회적 비용이 존재할 때 그 비용을 경제활동의 당사자가 부담하지 않음으로써 자원에 대한 과소평가 경향이 발생, 자원을 과잉사용하게 된다. 자원의 효율적 배분이라는 점에서 자원은, 사회적 비용을 포함하는 가격으로 평가되어야 하며, 따라서 이 같은 과잉사용을 예방하기 위해서는 비용을 당해 주체가 부담해야 한다는 주장이 대두되고 있다. 환경파괴에 따른 오염자부담원칙(polluter pays principle)은 그 예의 하나이다.

사회사업 기술 social work skills

사회사업 실천의 분류기준. 사회사업에서 가장 기본적인 기술로서 사회복지사는 이해와 목적을 가지고 다른 사람의 말을 경청해야 하고 사회력, 사정, 기록을 준비하기 위해 정보를 얻어내고 관련 사실들을 수집해야 하고 전문적 원조관계를 유지시키며 언어·비언어적 행동을 관찰하고 이해하며, 이에 대해 성격이론(personality theory)과 진단방법에 관한 지식을 적용해야 하며 클라이언트(개인, 가족, 집단, 지역사회)가 자신의 문제 해결을 위해 노력하도록 참여시키고, 신뢰를 얻을 수 있도록 도우며 예민한 감정문제를 상처받지 않게 지지적으로 토의하도록 하고 클라이언트의 욕구를 해결하는 혁신적인 방법을 창조하고 치료관계의 종결 필요성을 결정하고 조사하고, 조사결과와 전문서적을 이해하며 갈등이 있는 부부 사이에서 중재하고 협상하며 조직 간의 서비스를 연결하고 대중 또는 입안자, 후원자에게 사회욕구를 설명하고 알려준다. 사회정책의 수립 역시 사회사업 실천에 필요한 능력이다. 사회복지사는 명확히 말하고 쓰며, 다른 이들을 가르치고, 위기상황이나 괴로워하는 상황에 지지적으로 반응하며, 전문적 관계에서 역할모델이 되어 주며, 복합적이고 심리사회적 현상을 설명하고, 계획된 책임감을 완수하기 위해 업무량을 조직하고, 다른 사람들을 지원하는 데 필요한 자원을 찾아내고 획득하며, 자신의 업무성과를 사정해서 도움을 주거나 다른 사람의 협조를 얻으며, 집단행동에 참여하고 유도하며, 스트레스하에서도 제 기능을 하고, 갈등상황이나 논쟁적인 성격의 소유자를 처리하고, 사회적·심리적 이론을 실천상황에 결부시키며, 문제를 해결하는 데 필요한 정보를 알아내고, 기관의 서비스나 실천에 대한 조사연구를 한다.

사회사업 방법론 methods in social work

사회복지 교육에서 강조되는 것으로, 특정한 개입유형을 밝히는 데 사용되는 것. 인정된 사회사업 방법들로는 개별사회사업(social casework), 집단사회사업(social group work), 지역사회조직(community organization), 사회사업 행정(administration in social work), 조사(research), 정책(policy), 기획(planning), 직접적인 임상실천, 가족치료 및 부부치료, 기타 미시적인 실천, '미시적이고 거시적인 것이 혼합된 일반사회사업 실천'이 포함된다.

사회사업 실천 social work practice

사회복지실천기술에 있어서는 개별사회사업, 집단사회사업, 지역사회조직사업의 세 가지 방법을 절충적으로 사용하면서 사회행동, 조사, 관리행동계획, 정책론을 포함한 거시적 방향으로의 발전이 요구되었다. 이러한 방향은 클라이언트의 생활에 대한 전체적인 이해를 위해 필요한 서비스를 조정해 주는 사례관리(case management)나 자조집단활동의 지원을 포함한 사회적 지지망의 형성 등 과거 미시적 수준의 원조와 거시적 수준의 원조를 통합한 새로운 영역으로 넓혀 가고 있다.

사회생태학 social ecology

인간과 지역사회의 공생 관계를 전제로 하여 인간 집단과 그 환경과의 관계를 연구하는 사회학. 인간이 사회를 구성하는 데에 있어서 기초를 이루는 상호 행위를 공생 관계와 사회적 관계로 구분하고, 전자는 동식물과 비슷한 형태로 지역사회라 하고 후자는 인간 사회에서 관습이나 법을 만드는 면이 있다 하여 문화사회라 하였다. 지역사회는 문화사회의 기초가 되며 문화사회의 구조는 지역사회의 구조에 의하여 결정된다는 것이다.

사회서비스 social services

사람들이 좀 더 자립할 수 있고, 의존을 탈피하고, 가족유대를 강화하고, 개인·가족·집단·지역사회가 사회적 기능(social functioning)을 성공적으로 수행할 수 있도록 회복시키는 사회복지사나 기타 전문가들의 활동. 그 밖에도 그들의 욕구를 충족시키는 데 적합한 재정적 자원을 얻도록 도와주며, 아동이나 다른 피부양자를 보호할 능력이 있는지를 평가하고, 상담과 심리치료, 의뢰와 전달, 중재, 옹호하고, 개인에게 책임져야 할 조직들을 알려 주며, 보건대책(health care provisions)을 촉진하고, 클라이언트와 자원을 연결시키는 등 특별한 종류의 사회서비스 등이 있다.

사회수당 society allowance

각 국가에서는 일반적으로 사회보장의 전통적인 방법으로 사회보험 및 공적부조로 구분하는데 이것만으로 부족하여 양자의 중간적 성격의 현금 급여를 말할 때 이 용어를 사용한다. 사회보험과 다른 점은 사회수당이 거출을 조건으로 하지 않는 것이고 공적부조는 대상자를 반드시 빈곤자에 한정하여 자격제한이 있음에도 보족성의 원칙에 의하지 않고 있다. 노령복지연금, 아동수당, 아동부양수당, 가족수당, 특별아동부양수당 등이 해당된다.

사회안전망 social safety net

광의로 볼 때 모든 국민을 실업, 빈곤, 재해, 노령, 질병 등의 사회적 위험으로부터 보호하기 위한 제도적 장치로서, 사회보험과 공공부조 등 기존 사회보장제도에 공공근로사업, 취업훈련 등을 포괄한다.

이러한 사회안전망의 목적은 모든 사회적 위험에 대한 '포괄성'과 사회구성원 모두에게 적용되는 '보편성'을 실현하고 '국민복지기본선(National Welfare Minimum)'을 보장하는 데에 있다. 즉 주거, 의료, 생계보호, 보육, 복지시설 서비스 등 복지욕구 전반에 걸쳐 국가가 공적 사회보장제도를 통해 보장해 줄 수 있는 급여수준을 설정하는 것으로, 사회보험과 공적부조 및 사회복지서비스 부문에 있어서 일정수준 이하인 기존 제도의 급여를 기본적인 선으로 끌어올려야 한다는 것이다.

사회안전망은 원래 브레튼우즈협정 기관들[세계은행(IBRD), 국제통화기금(IMF) 등]에 의해 사용된 용어로, 기존 사회보장제도하에서는 적절한 보호를 받지 못한 채 여전히 위험에 노출된 사람들을 보호하기 위한 대책을 의미한다.

즉 세계은행이 개도국과 동구권국가들에게 차관공여와 함께 구조조정을 요구하면서 그로 인해 야기되는 실업 및 생계곤란자의 양산이라는 부작용을 완화시키기 위하여 최소한의 인간다운 생활을 보장하는 장치로서 사용하기 시작한 용어이며, 이는 기존의 사회보장이나 사회복지라는 개념보다는 좀 더 긴박하고 과도기적인 상황에의 대응장치라는 의미를 지닌 채 등장하였다. 국제통화기금(IMF) 역시 사회안전망을 경제개혁조치의 한 보조수단으로 파악하고 있다. IMF는 사회안전망을 빈곤한 사람들에게 가해질 가능성이 있는 경제개혁조치의 부작용을 완화시키는 목적을 가진 제도적 수단으로 정의했다. 한국에서 사회안전망에 대한 논의가 본격화된 직접적 계기는 1997년 경제위기 당시 IMF 및 세계은행으로부터 구제금융의 조건으로 사회안전망의 확충을 요구받으면서부터이다. 한국은 크게 1·2·3차로 사회안정망을 구축하고 있다. 1차 안전망은 일반국민을 대상으로 하는 공적연금, 건강보험, 산재보험, 고용보험, 노인장기요양보험 등 5대 사회보험으로 이뤄져 있다. 2차 안전망은 1차 안전망에 의하여 보호받지 못하는 저소득층을 위한 공공부조인 기초생활보장제도와 보완적 장치인 공공근로사업을 운용하고 있다. 마지막 3차 안전망으로는 재난을 당한 사람에게 최소한 생계와 건강을 지원해 주는 각종 긴급구호 제도가 있다. 사례연구 case study 사례 연구는 사회과학 관련 분야에서 이루어지는 연구방법의 하나로, 하나 또는 몇 개의 사례를 중심으로 분석하는 연구이다. 특정 집단, 사건, 공동체에 대하여 심층적으로 분석한다.

사회운동 social movement

이 용어는 한 사회에서 사회변동의 양상을 저지하거나 영향을 미치고자 하는 사람들의 광범위한 집합적 행동을 말한다. 정당이나 고도로 조직화된 이익집단, 압력집단, 그리고 정당이나 제도화된 집단과 연계되거나 때로는 정당의 형성으로 발전되기도 하지만, 그것은 처음에는 비공식적으로 시작한다. 현대사회에서 사회운동이 나타나는 네 가지의 특수한 영역이 기든스(Giddens)에 의해 구분되었다. 첫째, 민주적 운동으로서, 정치적 권리를 유지하거나 형성하는 데 관심을 가진다. 둘째, 노동운동으로서, 노동현장의 방어적인 통제와 경제 권력의 보다 일반적인 분배를 변화시키는 데 관심을 갖는다. 셋째, 환경운동으로서, 사회행위에 의해 자연세계가 변형되는 것으로부터 야기되는 환경적·사회적 손실을 막는 데 관심을 갖는다. 넷째, 평화운동으로서, 공격적인 민족주의와 군사력의 광범위한 영향에 도전한다. 최근의 중요한 기타 운동으로는 여성운동과 소비자운동을 들 수 있다.

부분적으로 이러한 사회운동의 유형이 현대사회에서 보완적인 방식으로 움직이고 있지만, 이 운동들은 또한 공격의 대상과 갈등에 빠지거나 그 갈등 속에서 어떤 것을 바라고 있다. 이러한 운동은 또한 보수적인 민족주의 운동과 도덕적 개혁을 가로막거나 역전시키려는 운동과 같은 대립되는 사회운동을 발생시키는 경향도 있다.

정당과 이익집단에 관한 연구처럼 사회운동에 관한 연구는 지도자와 피지도자 간의 관계, 참여를 이끄는 운동의 사회적·심리적 특성, 그러한 활동의 사회·정치적 결과에 중점을 둔다. 사회운동은 정치·사회체계에서 유동적인 요인이 될 수 있으며, 그것으로부터 도덕적인 공식적 정치조직이 등장하여 급격한 변동을 불러일으킨다.

사회이론 social theory

일반적으로 사회생활의 어떤 모습을 설명하려는 모든 시도는 사회이론으로 취급되어 왔다. 이러한 넓은 의미에서 보면 사회이론은 사회사상과 공존하는 것이며, 서구의 플라톤과 아리스토텔레스의 저서, 동양의 유교처럼 매우 일찍 나타나고 있다. 예를 들어, 플라톤의 『The Republic』은 이상사회에 대한 자신의 견해를 묘사하고 있는 책이며, 이것은 사회를 유지하고 변화시키는 새로운 사상을 발전시켰다.

일부 사람들은 이 책을 탈코트 파슨스(T. Parsons)의 현대적인 저서와 마찬가지로 사회이론으로 파악하고 있다. 일부는 이론을 경험적인 사회세계에 관한 보다 체계적이며 검증 가능한 일련의 명제들로 국한시키고 있다. 그러나 현대 사회학에서 이론으로 통용되는 많은 것들이 검증 가능한 명제들의 체계적인 집합이라기보다는 관념들의 유연한 집합에 지나지 않는다. 사회철학과는 동떨어진 사회학이론의 기원은 콩트(Comte)의 저서에서 찾아볼 수 있다. 그는 자연과학의 놀라운 진보에 감명을 받고서, 인간을 연구할 때 자연과학의 방법을 이용하는 사회과학을 수립하고자 하였다. 가장 잘 알려진 그의 사상은 지식의 각 분야가 세 단계(신학적, 형이상학적, 과학적·실증적 단계)를 경과한다는 것이다. 그는 사회학을 사회사상의 과학적 단계의 지식이라고 보았다.

인간사회의 본성에 관한 문제는 사회학에서 가장 중요한 이론적인 이슈가 되고 있다. 이 문제에 대한 사회학적 입장은 균형론과 갈등론으로 크게 양분되고 있다. 지금까지 발전해 온 사회에 관한 이론 모델 가운데 유기적 모델은 균형론의 입장에

176

서는 것으로, 그것은 오늘날 기능주의로 발전하였다. 이와는 대조적으로, 갈등모델은 기본적인 사회과정들이 부조화를 이루고 있으며 경쟁적인 이익집단들 사이에서 갈등을 경험하고 있다고 가정하고 있다.

1차 세계대전 이전까지는 많은 사회학 이론들이 매우 추상적이었으며 실질적인 사회생활과는 관계가 거의 없는 것으로 생각되었다. 1920년부터 1950년대 중반까지 사회학적 활동은 사회의 구체적인 측면에 대한 실제 정보를 획득하기 위하여 이론을 덜 강조하였다. 경험적인 자연과학의 방법을 적용하고 공허한 이론화를 포기하는 것이 사회학에 과학적인 위치를 부여하는 일이라고 보았다.

1950년대에 머튼(Merton)은 중범위이론(theories of the middle range)을 주장하였는데, 이것을 과거의 거대이론과 경험주의자들이 고통스럽게 검증하고 있었던 세밀한 가설들 사이의 어떤 중간에 있는 것으로 생각하였다. 머튼은 사회학이 과학이 되기 위해서는 경험적인 연구가 필요하다고 본다. 그러나 이론이 완전히 포기된다면 사회학은 방향성을 상실한 공허한 경험주의로 추락할 것이라고 주장한다. 이론이 이렇게 직접적인 연구와 연구의 발견에 대한 해석을 위해 필요하다는 견해는 현대 사회학 이론에 큰 영향을 미치고 있다.

사회적 가치| social value

서비스나 상품의 사회에 대한 상대적 가치. 예를 들면, 도서

관 건물과 그 소장도서와 주점과 주점 안의 술의 달러 가치
는 같을 수 있지만 양자의 사회적 가치는 같지 않다.

사회정책 social policy

개인, 집단, 지역사회, 사회제도 간의 상호관계를 조절하고,
그 개입방법을 안내하는 사회의 활동과 원리. 이러한 원리와
활동은 사회의 가치와 관습의 결과이며, 국민의 복지수준과
자원의 재분배를 결정한다. 따라서 사회정책은 교육, 건강보
호, 범죄와 교정, 경제적 보장, 사회복지에 대한 정부의 계획
과 프로그램을 포함한다. 사회정책은 또한 사회의 보상과 강
제를 야기하는 사회적 관심을 포함한다.

사회주의 socialism

사회주의란 사회사상의 측면에서 볼 때, 자본주의의 경제적
원리인 개인주의를 사회주의로 대치함으로써 사회를 개조하
려는 사상 또는 운동을 말한다. 이는 사회의 부를 생산하는
데 필요한 재산의 사회에 의한 소유와 노동에 바탕을 둔 공
정한 사회를 실현하려는 사상이다.

사상과 운동의 역사상 사회주의와 공산주의의 구별은 엄격하
지 않으나, 마르크스는 그의 『고타 강령 비판』에서 "자본주
의 사회로부터 방금 생겨닌 공산주의"와 "그 사체의 토대 위
에서 발전하는 공산주의"를 구분하고, 전자를 공산주의의 낮
은 단계, 즉 사회주의로, 후자를 공산주의의 높은 단계로 부

르고 있다. 17・18세기의 자연법론자들도 이미 '사회주의'라는 개념을 사용하고 있지만, 반(反)자본주의라는 지향을 보다 분명히 담은 "근대적 사회주의 개념"의 발생은 오웬, 생시몽, 푸리에 등 이른바 공상적 사회주의자의 시도 및 사상과 관련되어 있다. 1830년쯤에 로버트 오웬이 근대적 개념의 사회주의(socialism)라는 말을 처음으로 사용했다. 오웬의 구상은 노동자들이 상호 부조 단체를 설립하고, 또 공장 재산의 일부를 분배받아야 한다는 것이다. 그는 실제로 모범 공장과 집단 주택을 미국과 영국에 세워 상당한 성과를 거두었지만 고용주들과 정부를 설득하는 데는 실패했다. 그래도 그 시대에 끼친 영향력은 커서, 그때부터 사회주의라는 말을 유행시켰다. 그 밖에 생시몽과 푸리에는 자본주의의 사적 소유 및 경쟁체제의 여러 해악을 비판하였으며, 과학적 진보와 생산의 증대에 입각한 생산자들의 조화로운 공동체(생시몽), 노동을 통한 인간의 내적 욕구의 해방(푸리에)을 추구하였다.

사회지표 social indicators

한 사회의 사회적 상태를 총체적이고도 집약적으로 나타내어 생활의 양적인 측면은 물론 질적인 측면까지도 측정함으로써 인간생활의 전반적인 복지 정도를 파악할 수 있게 해 주는 척도. 사회지표는 한 사회의 주요 생활영역의 조건에 관하여 종합적이고 균형적인 판단을 내릴 수 있게 해주는 직접적이고 규범지향적인 관심의 성격을 가진 통계이다.

사회통제 social control

사회나 사회성원 중 일부가 안정된 사회질서를 유지하거나 사회변동(social change)의 과정을 통제하기 위한 조직적 노력. 이것은 또한 기존의 규범이나 법률을 고수하도록 사람들을 억압하기 위한 노력이기도 하다.

사회학습 이론 social learning theory

인간의 내부과정을 설명하는 행동주의(behaviorism) 원칙을 세우고 수정하는 개념상의 방향 혹은 치료적용. 다른 사람의 행위를 단순히 관찰하거나 모방함으로써 새로운 반응방식을 배우는 능력과 상호 관계를 강조하는 이 이론은 반두라(Albert Bandura)가 개발하였다.

사회행동 social action

넓은 의미에서의 사회복지활동의 하나로 대상의 요구에 따라 복지관계자의 조직화를 도모하고 여론을 환기시켜 입법, 행정기관에 압력행동을 전개해 기존의 법제도의 개폐, 복지자원의 확충 및 창설 그리고 사회복지의 운영개선 등을 지향하는 조직 활동을 말한다.

사회행동가 social activist

1976년에 잭슨(Jesse Jackson) 목사가 설립한 자발적인 사회행동가와 시민권(civil rights) 조직으로서 인간성 회복을 위한 국민연합체(people united to save humanity)를 말한다. 이 단체의 목표는 그 나라 학생들의 학문적 성취에 대한 동기를 유발시키고, 약물사용 및 비생산적인 행동을 못하도록 도와주는 것 등이 있다.

사회화 socialization

사회구성원이 성장하면서 그 사회의 문화와 가치를 습득하는 과정을 말한다. 사회는 이러한 사회화 과정을 통해 정체성을 유지하게 되며, 개개인은 이러한 사회화 과정을 통해 체제에 적응하게 된다.

산아제한 birth control

현재에는 보다 적극적인 의미로 가족계획이라고 한다. 1914년 미국의 마거릿 생어(Margaret Sanger)에 의해 제창되었다. 이론적 근거로는 영국의 경제학자 토머스 맬서스(Thomas Malthus)가 『인구론』을 통해 주장한 과잉인구에 대한 대책에서 출발하고 있으나, 그 의의는 여성을 출산과 육아의 중책에서 해방시켜 건강하고 풍족한 가정생활을 영위할 수 있게 하기 위하여, 가족의 성원수와 출산을 계획적으로 조절하는 점에 있다.

산업사회사업 industrial social work

산업사회사업은 산업의 장을 배경으로 이루어지는 사회사업을 의미한다. 즉 산업사회사업이란 경영이나 노동 또는 이들 양자의 연합적 후원으로 근로자와 그 가족의 욕구충족을 돕고 직장 안팎에서 그들의 삶의 질을 향상시키기 위하여 사회사업의 지식과 기술을 활용하는 전문사회사업 실천이며 사회사업의 한 분야라 할 수 있다. 따라서 산업사회사업은 전문적 사회사업의 지식과 기술을 적용하여 산업이라는 장에서 발생하는 근로자의 사회·심리적 문제에 효과적으로 대처함으로써 근로자와 그 가족의 복지를 추구하는 데 크게 기여한다고 하겠다.

산업재해보상 workers' compensation

산업재해보상보험법에 의거, 근로자의 업무상의 재해를 신속·공정하게 보상하기 위하여, 사업주의 강제가입방식으로 운영되는 사회보험. 산재보험으로 약칭한다. 근로자의 재해보상을 보장하기 위한 제도는 1884년 독일의 재해보험법을 효시로, 현재 많은 나라에서 채택하고 있다. 한국에서는 1963년 산업재해보상보험법이 제정되어 근로기준법의 적용을 받는 사업 또는 사업장의 근로자에 대한 업무상의 재해를 신속·공정하게 보상함과 동시에, 이에 필요한 보험시설을 설치·운영함으로써 근로자 보호에 기여하였다.

산업재해보상보험 industrial accident compensation insurance

공업화 진전과 더불어 발생하는 산업재해 근로자를 보호하기 위하여 1964년에 도입된 우리나라 최초의 사회보험제도이다. 산업재해로부터 근로자를 보호하기 위해서는 산업재해 자체를 예방하는 것이 가장 바람직하나, 이미 발생한 산업재해로

부상을 당하거나 사망한 경우는 피해근로자나 가족을 보호 내지 보상해 주는 산재보험이 중요한 의미를 지닌다고 할 수 있다. 산재보험은 산재근로자와 그 가족의 생활을 보장하기 위하여 국가가 책임지는 의무보험으로 원래 사용자의 근로기준법상 재해보상책임을 보장하기 위하여 국가가 사업주에게서 소정의 보험료를 징수하여 그 기금(재원)으로 사업주를 대신하여 산재근로자에게 보상을 해 주는 제도이다. 산재보험은 다음과 같은 특징을 지니고 있다. 근로자의 업무상 재해는 사용자의 고의·과실 유무를 불문하는 무과실 책임주의이다. 보험 사업에 소요되는 재원인 보험료는 원칙적으로 사업주가 전액 부담한다. 산재보험급여는 재해발생에 따른 손해 전체를 보상하는 방식이 아니라 평균임금을 기초로 정률보상방식으로 지급된다. 한편 산재보험은 자진신고와 자진납부를 원칙으로 한다. 그리고 재해보상과 관련되는 이의신청을 신속히 하기 위하여 심사 및 재심사청구제도를 운영하고 있다.

산후우울증 postpartum depression

원인으로는 앞으로 닥칠 양육과 관련된 정신적·사회적인 스트레스, 호르몬의 변화와 유전적인 요인들이 작용한다. 대체로 자신은 몰랐겠지만 과거에 우울증이 있었던 경우에 산후우울증이 생길 가능성이 더 많다. 일반적으로 산후 우울증은 가벼운 형태로는 약 50%의 여성에게서 발생한다. 출생 후 며칠 내에 또는 수 주일 내에 시작하여 비교적 짧고 정도도 심하지 않으며 주변에서 잘 위로해 주고 도와주면 호전된다. 그러나 산모 중 10%는 심한 우울증을 앓기도 한다. 출산 후 3주일 정도 시작하고 여러 달 동안 지속될 수 있다. 보통 정신치료와 항우울제 치료와 같은 전문적인 치료가 필요하다.

상관계수 correlation coefficient

2개의 변수가 관련된 정도를 숫자로 표시하는 지수. 점수가 긍정적일 때(+0.1에서 +1.0)는 한 현상의 빈도가 다른 현상의 빈도와 연관된다는 것을 의미한다. 점수가 부정적일 때(-0.1에서 -1.0)는 한 현상의 높은 빈도가 다른 현상의 낮은 빈도와 연관된다는 것을 의미한다. 두 변수 사이의 완전한 일치는 +1.0으로 표시된다. 완전한 반대의 상호관계는 -1.0으로 표시된다. 상관계수가 0.0일 경우는 어떤 명백한 관계도 없음을 의미한다.

상관관계 correlation

조사에서 사용되는 것으로 상호 관계를 의미한다. 2개의 현상 사이에서 하나의 변화는 다른 변화와 연결된다는, 두 현상 사이에서 일어나는 변화의 유형, 높은 상관관계는 반드시 인과관계를 의미하지는 않는다.

상담 counseling

심리적인 문제나 고민이 있는 사람에게 실시하는 상담 활동. 상담원이 전문적인 입장에서 조언·지도를 하거나 공감적인 이해를 보여 심리적 상호 교류를 함으로써 상담자의 문제를 해결하거나 심리적 성장을 돕는다.

상실 loss

사망, 이혼, 재해나 범죄피해 등을 겪음으로써 한때 소유하였던 것이 박탈된 상태를 뜻한다. 사회복지사와 다른 전문가들은 상실이 위기(crisis)를 일으키는 결정적인 요소로 보며, 여러 형태의 우울증(depression)을 촉진하는 개인, 가족, 지역사회가 단기적 또는 장기간 동안 겪게 되는 상실을 보상하거나 대체하여 줌으로써 이들이 상실에 적응하도록 전문적으로 돕는 데 대부분의 시간을 할애한다.

상호원조집단 mutual aid groups

어떤 문제점들을 공유한 사람들이 서로 충고하고, 정서적으로 지원하고, 정보 및 여러 도움들을 주고받기 위해 정기적으로 만나는 공식·비공식 소모임. '상호원조집단'이라는 용어는 보육, 운송, 구매력, 집안수리, 또는 그와 비슷한 행위들처럼 좀 더 손에 와 닿는 봉사나 물자를 주고받는다는 것 말고는 자조집단(self-help groups)과 비슷한 말이다.

상호작용 reciprocal interactions

상호작용은 둘 이상의 물체나 대상이 서로 영향을 주고받는 일종의 행동을 의미한다. 한쪽 방향으로 영향이 나타나는 인과관계와는 달리 양쪽 방향으로 영향이 나타나야 한다. 관련된 용어로 "상호연관(interconnectivity)"이 있는데, 계(system)와 계 사이의 관계를 나타낸다.

상호 협력 mutual help

비슷한 문제를 가진 사람들이 서로 도움을 주려고 노력하는 것. 사회복지사들은 흔히 그러한 노력을 클라이언트 집단들 사이에 고무시키고 촉진시킨다. 예를 들어, 시민집단의 연락망들이 모두 서로 잘 지내도록 격려하기 위해 정기적으로 날을 잡아 그날은 종일 전화를 하고 서로 도움을 주기도 한다.

생계비 cost of living

일정한 사회에서 적절히 생활하는 데 필요한 재화나 서비스를 구매하기 위하여 필요한 돈의 액수를 포함하는 상대적인 용어. 식료품비·주거비·광열비·피복비·잡비(또는 문화비) 등으로 구성된, 실제 생활에 소요되는 비용을 말한다. 생계비는 실제 생계비와 이론 생계비로 나눌 수 있다.

생계비지수 cost-of-living index

일정한 사회에서 일정한 기간에 화폐가 갖는 상대적 구매력을 결정하는 측정수단. 미국의 경우는 사람들의 전반적인 욕구를 충족시키는 데 가장 중요하거나 대표적이라고 생각되는 296개 상품의 평균가격을 평가해서 지수를 계산한다.

생계수준 subsistence level

살아남는 데 필요한 최소한의 돈 또는 자원의 양.

생태계 ecosystem

상호작용하는 유기체들과 또 그들과 서로 영향을 주고받는 주변의 무생물 환경을 묶어서 부르는 말이다. 생태계를 연구하는 학문을 생태학(ecology)이라고 한다.

생태도 ecomap

클라이언트 및 클라이언트와 관련된 사람, 직접 관련 있는 사회사업기관과 환경적 영향 사이의 상호작용의 변화를 묘사하기 위해서 사회복지사, 가족치료 전문가, 기타 전문가들이 사용하는 도표.

생태학적 관점 ecological perspective

사람들이 업무 수행과 관련해 환경의 여러 관계를 강조하는 사회사업 및 기타 직업에서 갖는 견해. 중요한 개념으로는 적응(adaptation), 교류(transaction)와 사람과 환경 간의 호적상태(goodness of fit), 상호교환성(reciprocity), 상호성(mutuality) 등이 있다. 전문적 개입에서 개입초점(unit of attention)은 개인(또는 집단, 가족 또는 지역사회)과 직접 관련된 환경과의 경계면이라고 여겨진다.

생활모델 life model

클라이언트와 그 환경 간의 양면에 초점을 맞추기 위해 환경적 상관관계를 사용하는 사회사업 접근방법이다. 이 접근법을 사용하는 사회사업가는 생활 가운데 심각한 문제를 개인이나 환경의 상호작용의 연속성으로서 간주한다(주생활 변화, 대인 간 상호과정, 환경장애 등). 이 접근법은 개인능력을 향상시키고, 환경적인 스트레스를 감소시키며 상호 의사거래를 증진하고 성장토록 회복시키는 통합적인 방법이다.

생활주기 life cycle

가족의 변화과정으로서, 즉 남녀가 결혼으로 새로운 가족을 형성하고 자녀를 갖게 되면서 가족은 확대되고 그 자녀들은 성장한 후 결혼하여 자신들이 자라온 가족을 떠나게 되면서 가족은 축소하기 시작하며 노부부가 사망함으로써 소멸된다. 즉 사람이 가족생활에서 경험하는 결혼, 출산, 육아, 노후의 각 단계에 걸친 시간적 연속을 말한다.

서비스 접근성 accessibility of service

욕구를 가진 사람들이 관련서비스를 획득하는 상대적 기회.

서열측정 ordinal measurement

조사연구에서 관찰보고들을 순서를 정할 수 있는 어떤 기준에 따라 서로 배타적인 범주로 분류하는 측정수준. 사회경제적 지위가 하나의 예가 될 수 있다.

선별적 프로그램 selective programs

사회사업 수혜의 자격기준을 개별화된 평가(사정)에 바탕을 두고 결정하는 사회복지 프로그램. 즉 자산조사(means test)가 적용되는 프로그램이 모두 여기에 포함된다.

설문지 questionnaire

조사를 하거나 통계 자료 따위를 얻기 위하여 어떤 주제에 대해 문제를 내어 묻는 질문지.

섬망 delirium

의식장애와 내적인 흥분의 표현으로 볼 수 있는 운동성 흥분을 나타내는 병적 정신상태. 급성 외인성(外因性) 반응증세로서 나타난다. 동시에 사고장애(思考障碍), 양해나 예측의 장애, 환각이나 착각, 부동하는 망상적인 착상이 있고, 때로는 심한 불안 등을 수반한다. 환자의 환각은 때로 무대 위의 몽환적(夢幻的)인 정경을 보고 있는 것같이 감지되는 경우가 많다. 섬망 상태에 있을 때 주위와 교섭하는 것은 환각이나 착각 등에 의한 착오 때문에 곤란하다. 고열이 나는 질병에 의한 의식장애 때의 열성섬망[이때 나오는 무슨 뜻인지 모르는 말을 흔히 헛소리, 즉 섬어(譫語)라고 한다]이나, 알코올의 과음을 주원인으로 하는 진전 섬망 등은 잘 알려져 있으며, 특히 후자의 환각은 작은 동물의 환시(幻視)의 형태를 취하는 일이 많다.

섬망증 delirium tremens(d.t.'s)

장기간 음주하던 사람이 갑자기 음주를 중단 혹은 감량했을 때 나타나는 진전과 섬망 상태. 급성 알코올정신병의 일종으로 알코올금단 섬망이라고도 한다. 만성 알코올중독자의 5% 정도에서 나타나는데, 대개 5~15년의 음주경력을 갖고 있는 30~40대에서 발병한다. 불안과 초조, 식욕부진, 진전, 공포에 의한 수면장애가 선행하며 주증상은 섬망이다.

성격장애 character disorder

인격장애 또는 성격장애는 고정된 습관이나 성격, 사고방식이 사회적 기준에서 극단적으로 벗어나 사회생활에 문제를 일으키는 경우를 말한다. 미국정신의학회는 인격장애를 "개인이 속한 문화에서 기대되는 것과는 상당히 편중되고, 전반적이며 융통성이 없으며, 청소년기나 초기 성인기에 발생하여 시간이 지나도 변화되지 않으며 고통이나 장애를 초래하는 내적 경험과 행동의 지속적인 양상"(DSM-IV, 1994, p.629)이라고 정의한다.

성인교육 adult education

일반적인 공공교육을 받을 나이를 넘어선 사람들이 지식, 기술, 가치 등을 획득하고 전수하는 과정. 성인교육 프로그램은 문맹을 퇴치하고 직업적·경제적 기회를 향상하고, 인간의 잠재력을 고양시키기 위하여 활용되어 왔다.

성인기 adulthood

성숙기(보통 18세)에 시작하여 사망에 이르기까지 인생주기의 한 단계. 사회과학자들은 성인기를 성인 초기(18~44세), 중년기(45~64세), 노년기(65세~사망)로 분류한다.

성인발달 adult development

성숙한 나이에서부터 사망할 때까지 개인에게 발생하는 정상적 변화. 여기에는 청년기 이후에 나타나는 신체적, 선천적, 사회적, 감정적 성격 변화가 있다.

성인보호 서비스 adult protection services

스스로 자신을 보호할 수 없거나 보호해 줄 중요한 타자(significant others)가 없는 성인들에게 제공되는 사회적, 의료적, 법적, 주거적, 관리적 보호 등의 인간서비스. 이러한 성인들은 보통 자신의 이익을 위한 현명한 행동을 할 수 없고, 그래서 다른 사람들에게 해로운 영향을 끼치거나 다른 사람한테서 상처받기 쉽다. 일반적으로 그런 상황에서 합법적인 결정이 내려진 후, 사회기관 및 다른 보호시설의 보호가 더 이상 필요 없다고 판단될 때까지 적절한 서비스를 제공한다.

성인 주간보호 adult day care

일차적인 후견인을 얻을 수 없고 스스로를 돌볼 수 없는 성인에게 개인적·사회적 서비스와 가정조성 서비스를 제공하는 프로그램. 대개 이런 보호를 필요로 하는 사람들은 신체적·정신적으로 장애를 가진 사람이고 그들의 보호자는 매일 많은 시간 동안 떨어져 있어야 한다. 성인 주간보호를 제공하는 시설로는 양로원, 요양소 등이 있다.

성차별 sex discrimination

성차별은 성이 다르다는 이유만으로 이성에 대해 차별하는 것을 의미한다. 대체로 남자들에게는 특별한 편익을 주고, 여성들에게는 열등하게 처우하는 것을 말한다. 동등한 능력을 소유하고 있는데도 남성을 여성보다 더 유리하거나 높은 위치에 기용하는 행위가 바로 성차별이다.

성차별주의 sexism

성적 역할 기능에 의한 고정관념(sex role stereotypes) 또는 일반화된 관념 때문에 여성이나 소녀들을 차별하는 개인적인 태도와 제도적 장치.

성평등 sexual equality

성별에 구애받지 않고 모든 권리, 기회, 혜택이 평등하게 주어져야 한다고 주장하는 사상.

성학대 sexual abuse

어린이에게 성적인 착취, 유희 또는 가해를 함으로써 가해자인 성인이 성적인 만족을 얻는 행위. 가해자는 성격장애(personality disorders), 정신병(psychosis) 또는 성도착(paraphilia)과 같은 심각한 심리적인 문제들을 가지고 있는 경향이 있다. 피해자는 가해자의 이러한 행위를 잘 이해하지 못하고 이해하려고도 안 하며 가해자로부터 도피하기도 어렵다. 성(적)학대는 미성년 아동과 성적인 관계를 이룰 수도 있고, 생식기 희롱, 포르노 사진을 찍거나 보여 주는 행위 등 여러 형태의 성적인 행동화(acting out)를 포함한다. 사회복지사에 따라서는 강간, 유혹, 성희롱(sexual harassment), 강제적인 성행위의 요구 등도 성학대에 포함시킨다.

세계대공황 Great Depression

대공황(the Great Depression, the Great Slump)은 1928년부터 일부 국가에서 일어나기 시작한 공황이 1929년 10월 24일 뉴욕 주식시장의 대폭락에 의한 이른바 검은 목요일에 의하여 촉발되어 세계로 확대된 전 세계적 공황을 의미한다. 이로 인하여 기업들의 도산, 대량 실업, 디플레이션 등이 초래되었다. 개별 국가경제가 밀접히 연결되어 있었고, 자본의 흐름도 자유로웠기 때문에 공황은 세계적 규모로 짧은 시간 내에 확대된 반면, 시장을 통제할 수 있는 규제는 그 당시 아직 발전되어 있지 못하여 피해의 규모는 걷잡을 수 없이 커졌다. 세계자본주의는 대공황에 의하여 1920년대의 황금기가 종언을 고하였다.

세계보건기구 World Health Organization(WHO)

약칭은 WHO이다. 1946년 61개국의 세계보건기구헌장 서명 후 1948년 26개 회원국의 비준을 거쳐 정식으로 발족하였다. 1923년에 설립한 국제연맹(League of Nations) 산하 보건기구와 1909년 파리에서 개설한 국제공중보건사무소에서는 약물을 표준화하고, 전염병을 통제하며 격리 조치하는 업무를 수행하였다. WHO에서는 이 업무를 이어받아 세계 인류가 신체적·정신적으로 최고의 건강 수준에 도달하는 것을 목적으로 활동한다. 이를 위해 중앙검역소 업무와 연구자료 제공, 유행성 질병 및 전염병 대책 후원, 회원국의 공중보건 관련 행정 강화와 확장 지원 등의 일을 맡아 본다.

소년원 reformatory

소년원은 소년법에 의거 가정법원 또는 지방법원 소년부의 보호처분결정에 의하여 송치된 14세 이상 20세 미만의 범죄소년, 형법에 저촉되는 행위를 한 12세 이상 14세 미만의 촉법소년, 성격 또는 환경에 비추어 장래 형법에 저촉되는 행위를 할 우려가 있는 12세 이상 20세 미만의 우범소년 등을 보호하여 교정교육을 하는 법무부 소속 특수교육기관이다.

소득분배 income distribution

부의 재분배(富의 再分配) 또는 소득 재분배(所得 再分配)는 사회복지정책이 기타 다른 정책과 차별화되는 것 중 하나로 개인 또는 집단의 소득이전을 말한다.

(1) 공적소득 이전과 사적소득 이전

공적소득의 이전은 정부의 소득이전으로 사회보험, 사회복지 서비스와 조세 등이 이에 속할 수 있다. 이에 비하여 사적소득이전은 민간부분에서의 자발적인 동기에 의해 이루어지는 현금의 이전으로 가족구성원 간의 소득이전이 가장 중요한 사적재분배에 속한다. 민간의 보험도 민간부분이라는 점에서 사적소득 이전의 형태이다.

(2) 수직적 재분배와 수평적 재분배

수직적 재분배는 서로 다른 소득집단들 사이의 소득이전을 말하는 것으로 부유층에서 빈곤층으로, 고소득자에서 저소득자로의 재분배를 말한다. 대표적인 예로 공공부조가 있으며, 연금과 의료보험 또한 수직적 소득재분배 효과가 이루어지고 있다. 수평적 재분배는 소득과 관계없이 욕구가 큰 사람들에게 자원이 이전되는 것으로, 위험 발생집단으로 지원되는 재분배를 말할 수 있다. 즉 취업자로부터 실업자가 받게 되는 실업급여나 근로자로부터 산업재해자가 받는 각종 산재보험 혜택, 그리고 모든 가족에게 가족(아동)수당을 제공하는 것과 같다.

(3) 세대 내 재분배와 세대 간 재분배

세대 내 재분배란 젊은 시절의 소득을 적립해 놓았다가 노년기에 되찾는, 즉 한 세대 내에서 이루어지는 재분배를 말한다. 비교적 잘나가던 시기에 얻은 소득의 일부를 부족한 시기에 이전하게 하는 방식으로서, 젊은 시절 소득을 적립해 놓았다가 노년기에 되찾는 적립방식 연금이 대표적인 방법이다. 세대 간 재분배 한 세대에서 다음 세대로의 소득의 이전을 말하는데 청년집단에서 노인집단으로, 또는 성인으로부터 아동에게 이전되는 소득을 말하며 저금과 같은 적립방식의 연금이 아닌, 퇴직자가 수령하는 연금을 현재 일하는 근로계층이 부담하는 부과방식의 연금과 기초노령연금도 대표적인 예이다.

(4) 장기적 재분배와 단기적 재분배

시간을 기준으로 하여 나타나는 재분배 효과로 장기적 재분배는 생애에 걸친 장기간의 재분배로서, 특히 적립방식의 연금과 관련이 많다. 젊어서 일할 때의 소득의 일부분을 적립하였다가 정년 후 적립했던 돈을 연금의 급여로 되돌려 받음으로써, 개인으로 보면 청년에서 노년기로의 소득을 재분배하는 것이 된다. 이에 비하여 단기적인 재분배는 현재 드러난 욕구에 대한 충족을 목적으로 하고 있으며, 공공부조가 대표적인 예이다. 즉 현재 문제가 되는 것을 해결하기 위하여 조세로 조달되는 공공부조의 급여를 저소득층에게 지급함으로써, 수직적 재분배인 동시에 단기적 재분배가 된다.

소득유지 income maintenance

예정된(predetermined) 삶의 기준을 유지하기 위한 충분한 돈이나 상품과 서비스를 개인들에게 제공하기 위해 고안된 사회복지 프로그램.

소비자운동 consumerism

서비스나 재화 사용자로서, 소비자들의 이익을 변호하고 보호하며, 재화나 서비스를 제공하는 활동, 훈련, 기술, 효과, 결과를 자세히 조사하기 우해 고안된 사회운동 내지 지향점.

소시오그램 sociogram

집단 사회복지사나 기타 전문가가 집단성원들이 서로에 대해 어떻게 느끼며, 집단이나 조직의 어떤 성원들에게 적대적이며, 어떤 성원들에게 동조하는지를 나타내기 위해 쓰는 다이어그램 또는 그래프.

소외 alienation

일반적으로는 사귐이 멀어진 상태이며 좁은 의미로는 정신착란. 프로이트 학파에서는 문화기구에 대한 개인의 적응장애로서 '개성의 해체'의 한 특징으로 본다. 또한 철학에서는 자기소외의 뜻으로 사용하는데, 자기가 자기의 본질을 잃은 비본질적 상태에 놓이는 것을 일컫는다.

소진 burnout

직업상의 스트레스. 좌절과 관련된 우울증과 무관심의 한 형태. 노동자가 지루해하고 의욕을 상실하며, 비창조적이 되고, 조건이 개선되어도 잘 적응하지 못한다.

속박 constraint

사회계획과 정책 발달에서 권리의 수준을 제한하는 것. 예를 들어 벌금, 투옥 기간, 기타 다른 형벌.

수단적 일상생활 동작능력 IADL

외출 및 대중교통 이용, 은행 및 관공서 이용, 사회적 관심 등의 독립적 생활을 영위하는 데 필요한 도구적 활동능력.

수렴이론 convergence theory

기술과 산업화에 의한 경제수준이 사회복지의 수준을 결정한 다는 이론이다.

사회복지와 관련된 이론으로, 산업화이론(logic of industrialism) 또는 기술결정론(technological determination)이라고도 한다. 윌 렌스키(Wilensky), 르보(Lebeaux) 등의 학자가 주장하였다.

일반적으로 수렴이론은 사회복지를 산업화의 산물로 간주한 다. 다시 말해 선진 산업사회의 복지체계와 내용은 이데올로 기나 법적·정치적 제도, 사회적 양심이나 권리 등이 아니라 오로지 기술과 산업화의 수준에 달려 있다고 주장한다. 자본 주의체제이든 사회주의체제이든 정치·경제적 체제에 관계없 이 경제발전 수준이 비슷하면 사회복지의 수준 또한 비슷해 진다는 것이다.

하지만 고도의 경제성장을 이룬 부유한 국가 사이에서도 사 회적 분배 정도, 즉 사회복지의 수준이 서로 다른 이유를 설명할 수 없다는 점에서 수렴이론의 오류가 있다.

수명 longevity

생명의 길이나 지속기간.

수용 acceptance

수용이란 사회복지사가 클라이언트의 장점과 단점, 잠재력과 제한, 바람직한 행동이나 바람직하지 않은 행동, 긍정적 감정 과 부정적 감정 등을 가진 실제로 있는 그대로의 모습을 받 아들이는 것을 뜻한다. 수용의 특징은 온정, 정중한 태도, 경 청, 존경, 관심, 변함없는 중립성과 확고한 태도, 그리고 다른 사람의 생활체험 속으로 의식적으로 들어가고 분합하려는 의 지이다.

수용시설 asylum

정신적인 장애나 육체적인 병, 혹은 경제적 결핍으로 고생하 는 사람들을 보호하려고 만든 기관.

수용자 inmate

감옥이나 병원 또는 다른 시설에 감금된 사람들로, 죄수나 환자들이 있다.

수용치료 residential treatment

자신의 집이 만족스러운 역할을 수행하지 못하거나 수행할 수 없는 사람들을 위한 치료적 개입과정을 말한다. 이러한 치료는 전형적으로 사립학교, 의료센터, 교도소, 은신처 등과 같은 특별한 환경에서 이루어진다. 이러한 치료에는 통상적으로 개별 또는 집단심리치료, 정규 학교교육, 사회적 기술훈련, 레크리에이션, 그리고 자신의 집에서 늘 해결해 온 욕구의 충족 등과 같은 다양한 전문적 원조가 포함된다.

수치료 hydrotherapy

물을 이용하여 질병을 치료하거나 예방하는 대체의학. 수치료라고도 한다. 물을 직접 마시거나 사우나와 목욕 등을 통해 물로 몸을 씻거나 운동을 통하여 땀을 흘리는 등 다양한 방법이 있다. 순환활동을 돕고 노폐물이나 독소를 제거하는 효과를 얻는다. 물을 통한 치료원리는 매우 오래된 것으로, 고대 그리스의 의사 히포크라테스도 기원전 4세기경 치료효과를 위해 샘물을 마시고 목욕을 하는 등의 처방을 내놓은 바 있다. 또한 고대 로마인들은 온천을 활용하였고, 16세기에는 무기염류 온수를 이용한 물치료법이 유행하였다. 오늘날에 들어와서는 온천은 물론 광천수나 약수 등을 건강증진에 많이 이용하고 있다.

수혜지역 catchment area

한 사회기관이 모든 잠재적 클라이언트에게 서비스를 제공할 수 있는 지역.

순응 habituation

개인이 되풀이되는 괴로운 자극에 대한 반응을 제거하도록 학습하는 적응유형. 예를 들면, 학대받는 아동이 계속되는 물리적인 처벌에 무관심해 보이는 것 등이다. 몇몇 사회복지사들 및 다른 전문가들은 또한 개인이 물질적으로 중독된 것 이상으로 심리적으로 열망하는[금단증상(withdrawal symptoms)으로 명백히 나타나는] 약물 의존(drug dependence)의 한 형태를 언급하는 데 이 용어를 사용한다.

쉼터 shelters

정상적인 숙소가 없는 사람 또는 동물들이 일시적인 거주나 보호를 제공받는 시설. 대체로 쉼터는 구타 또는 학대받는 여성, 무주택자, 유기 또는 학대받는 아동, 범죄·자연재해의 피해자, 길 잃은 개와 고양이 등을 위해 대부분의 지역사회에 설치되어 있다.

스키너 이론 Skinnerian theory

미국의 심리학자. 펜실베이니아 주(州) 서스쿼해나 출생. 1922년에 영문학을 전공하기 위해 해밀턴 대학에 입학하였으나 얼마 있다가 행동주의 심리학의 아버지라 불리는 워트슨(J. B. Watson)에 관한 글을 읽고 심리학에 입학했다. 그 후 미네소타와 인디애나 주립 대학에서 잠시 교편생활을 하다가 1948년 하버드로 돌아온 뒤 오늘날까지 가장 영향력 있는 행

동주의 심리학자로서 군림하고 있다. 조건반사의 원리에 입
각해서 학습을 연구하여 독특한 경지로 발전시켰으며 흔히
알려져 있는 'Skinner Box'는 바로 그의 창안에 의해서 제작
된 것이다. 이 상자는 쥐가 빗장을 누르고 문을 열게 마련한
학습 실험의 상자이다. 그가 주장하는 조건화에 있어서의 골
자는 반응과 작동적 행동은 엄격히 구별하려는 의도이다. 그
는 1938년에 『유기체의 행동(The Behavior of Organism)』을
출판했고, 1948년에 『Walden Two』라는 유토피아 소설을 출
판했는데 이 소설은 20세기의 창의적 사상가 중의 한 사람으
로서 그의 위치를 확고히 해 주었다. 1953년에는 『과학과 인
간행동(Science and Human Behavior)』을 출판했는데 『유기체
의 행동』과 더불어 행동주의 심리학의 고전으로 읽히고 있는
저서이다. 1971년 9월에 발간된 『자유와 존엄성의 피안(Beyond
Freedom and Dignity)』은 전문적인 내용임에도 불구하고 계속
베스트셀러의 상위권(上位)을 차지해 왔으며 심리학은 물론
철학·신학·교육학·사회학 등의 영역에서 논쟁의 초점이
되고 있다.

스태그플레이션(불황) stagflation

경제불황 속에서 물가상승이 동시에 발생하고 있는 상태. 스
태그네이션(stagnation: 경기침체)과 인플레이션(inflation)을 합
성한 신조어로, 정도가 심한 것을 슬럼프플레이션(slumpflation)
이라고 한다.

제2차 세계대전 전까지 불황기에는 물가가 하락하고 호황기에는 물가가 상승하는 것이 일반적이었다. 그러나 최근에는 호황기에는 물론 불황기에도 물가가 계속 상승하여, 이 때문에 불황과 인플레이션이 공존하는 사태가 현실적으로 나타나게 되었다.

예를 들어 미국에서는 1969~1970년 경기후퇴가 지속되는데도 소비자물가는 상승을 계속하였다. 이 현상은 다른 주요국에서도 일어나고 있는데, 이는 직접적으로는 물가(특히 소비자물가)의 만성적 상승경향에 의한 것이다.

만성적 물가상승은 물가안정을 경제정책의 첫째 목표로 여겼던 전전의 풍조가 후퇴하여 지금은 물가안정보다 경기안정을 우선시했다는 점, 소수의 대기업에 의하여 주요 산업이 지배되고, 제품가격이 수급상태 등과는 거의 관계없이 고정되는 경향[독과점가격의 하방경직성(下方硬直性)]이 강해졌다는 점 등과 관련이 있다. 특히 1970년대에 들어와서는 석유파동이 경기를 침체시키면서도 물가는 계속 상승하였다.

스태그플레이션의 그 밖의 주요 원인으로는, 경기정체기에 군사비나 실업수당 등 주로 소비적인 재정지출이 확대되는 일, 노동조합의 압력으로 명목임금이 급상승을 계속하는 일, 기업의 관리비가 상승하여 임금상승이 가격상승에 비교적 쉽게 전가되는 일 등을 들 수가 있다.

스트레스 stress

스트레스 상태에서 사람은 정신적인 반응, 행동적인 반응, 신체적인 반응 등을 다양하게 나타낸다. 스트레스 강도가 아주 심하거나 스트레스 상황이 오래 지속되면 자율신경계나 면역기능, 내분비기능의 균형을 잃게 되어 여러 가지 질병에 걸릴 수 있다.

스핀햄랜드 Speenhamland

18세기의 인도주의적 제도의 하나로 1795년 버크셔 주 스핀햄랜드 지역의 치안판사 회의에서 제정된 스핀햄랜드법은 빈민에 대한 처우 개선을 위해 임금보조를 시행했다. 이 법은 전국적으로 실시되었는데, 생활비와 가족 수에 따라 연동제적 비율로 저임금 노동의 임금을 보충해 주었으며 노령자, 불구자, 장애자에 대한 원외구제가 확대되었다. 스스로 삶을 영위할 수 없는 자와 도움이 필요한 자를 적절히 구분하는 데 있어서 최초로 대가족(가족 수)을 고려했다는 점에서도 중요성을 갖는다.

승화 sublimation

승화라는 말은 프로이트 정신분석학에서 성적인 충동이 원래의 목적이 아닌 다른 목적으로 전향되는, 그럼으로써 성적인 충동의 주체가 스스로 사회적이거나 종교적인, 혹은 도덕적 규범들에 순응하는 과정(대개는 무의식적인)을 의미한다. 이를테면 수녀들은 자신의 성적인 욕망을 신에 대한 사랑이나 가난한 사람을 돕는 방향으로 승화하고, 위대한 예술작품들은 일반적으로 승화된 리비도를 재현하는 것이며, 외과수술이 폭력적 충동의 승화라면 운동경기는 공격적인 충동의 승화라는 것이다. 프로이트의 영향력 있는 에세이들 가운데 하나인 "레오나르도 다 빈치의 유년기의 기억"은 잠재적이고 정신적인 동성애적 충동이 과학 탐구와 예술적 창조행위로 승화되는 과정에 대한 세심한 분석을 보여 준다. 프로이트에게 모든 긍정적이고 창조적인 행위는 성적인 충동을 탁월하게 승화시킨 것이다.

시민권 이론 citizenship theory

영국의 사회학자 마셜(T. H. Marshall)이 개념화시킨 '사회적 시민권 이론'은 기본적으로 사회통합의 이론이다. 개인의 기본권, 정치참여권, 그리고 사회의 경제성장 성과를 분배받을 권리로서 시민권은 이 권리를 획득하지 못하고 있는 개인 또는 집단을 사회 내로 포섭 또는 통합하는 것을 중심 내용으로 하기 때문이다. 바꾸어 말하면, 사회적 시민권 이론은 성장의 효율성, 개인주의적 시장경쟁의 경제적 가치만이 아니라 분배적 정의를 통해 공동체의 성원을 사회 내로 통합할 수 있는 사회적·도덕적 가치를 사회발전의 필수적인 요건으로 상정한다. 여기서 중요한 것은 시민권이 비경제적 개념이라는 것이다. 경제과정에 기여하는 정도에 비례하여 부여되는 가치와는 독립적으로, 다시 말해 시장의 변덕에 영향을 받지 않는 사회적 지위를 부여하는 것을 의미하기 때문에 그것은 무조건적이기도 하다. 즉 "시민권은 사회의 성원이기 때문에 권리를 부여받는 것(그러므로 동시에 의무도 부여받는 것)을 의미한다." 그러므로 사회적 시민권의 핵심은 '사회적 권리로서의 복지권부여'라 하겠다.

특히 진정한 민주화는 사회적 시민권을 실현하는 계기에서부터 출발하여야 한다고 주장한다. 노동자와 사회적 소외계층에게 사회적 시민권을 부여하여 이들을 사회체제 내로 통합시킬 때에야 비로소 경제적·사회적 불평등이 완화되고 사회통합을 이룰 수 있기 때문이다.

신경안정제 barbiturates

중추신경계를 안정시키는 약. 의사들은 환자가 편히 잠들게 하고, 강박적인 장애를 조절하기 위해서 이 약을 임상적으로 사용한다. 흔히 진정제(downers)로 잘 알려져 있다.

신구빈법(1834년) Poor Law of 1834

1830년대 빈민법을 개정하고자 한 일차적인 목적은 구빈비용의 감소에 있었다. 길버트법과 스핀햄랜드법이 제정되면서 증가한 구빈 비용을 줄이기 위해 구빈 제도 전반을 개편할 필요성이 생겨서 왕립위원회를 구성하는데, 1832년에 발족된 왕립위원회의 조사를 토대로 하여 1834년 개정 빈민법이 제정되었다.

신뢰 대 불신 trust versus mistrust

에릭슨(Erikson) 학파의 심리사회 발달이론(psychological development theory)에 따르면, 출생에서 대략 2세 사이에 발생하는 인간성장의 첫 단계에서 발견되는 기본갈등을 말한다. 유아는 돌보아 주는 사람에게서 안정감과 자신을 발달시킨다. 그러나 일관되지 않은 양육을 제공하는 사람은 믿지 않게 된다.

신뢰도 reliability

동일한 검사 또는 동형의 검사를 반복 시행했을 때 개인의 점수가 일관성 있게 나타나는 정도이다.

신뢰도는 측정하려는 것을 얼마나 안정적으로 일관성 있게 측정하였느냐의 문제이며, 검사도구가 오차 없이 정확하게 측정한 정도를 의미한다. 측정의 오차가 적을수록 신뢰도는 높다고 본다. 신뢰도는 또한 관찰변량과 오차변량에 의해서 정의될 수 있다.

신보수주의 neoconservatism

1970년대에 등장, 1980년대 미국에서 팽배했던 지배적 정치조류. 원래는 20세기 초 서유럽에서 진보주의에 대립하여 자유주의적 전통을 보존하려는 정치적 신념체계를 지칭하였다. 서유럽 제국과는 달리, 귀족제와 신분제의 경험이 없고 자유주의와 더불어 시작된 미국이 지켜야 할 전통은 자유주의밖에 없다. 따라서 미국의 보수주의는 처음부터 '뉴딜(New Deal)'

과 '거대정부(巨大政府)'에 반대하여 자유방임주의를 옹호하는 것으로 나타났다.

1960년대 이래 다시 유력한 조류로 등장한 보수주의는 정부 역할에 대한 견해차이로서 B. 골드워터와 R. 레이건 등의 고 (古: palaeo)보수주의, R. 닉슨 등의 중(中: meso)보수주의, H. 잭슨과 J. 코넬리 등의 신(新: neo)보수주의로 나누기도 하나, 최근에는 통틀어 신보수주의라고 한다.

ㅅ 신자유주의 neoliberal

국가권력의 시장개입을 비판하고 시장의 기능과 민간의 자유로운 활동을 중시하는 이론. 1970년대부터 케인스 이론을 도입한 수정자본주의의 실패를 지적하고 경제적 자유방임주의를 주장하면서 본격적으로 대두되었다. 케인스경제학은 제1차 세계대전 이후 세계적인 공황을 겪은 많은 나라들의 경제정책에 이론적 기초를 제공하였다. 미국과 영국 등 선진국가들은 케인스 이론을 도입한 수정자본주의를 채택하였는데, 그 요체는 정부가 시장에 적극적으로 개입하여 소득평준화와 완전고용을 이룸으로써 복지국가를 지향하는 것이다. 케인스 이론은 이른바 '자본주의의 황금기'와 함께하였으나, 1970년대 이후 세계적인 불황이 다가오면서 이에 대한 반론이 제기되었다. 장기적인 스태그플레이션은 케인스 이론에 기반한 경제정책이 실패한 결과라고 지적하며 대두된 것이 신자유주의 이론이다. 시카고학파로 대표되는 신자유주의자들의 주장은 닉슨 행정부의 경제정책에 반영되었고, 이른바 레이거노믹스의 근간이 되었다. 신자유주의는 자유시장과 규제완화, 재산권을 중시한다. 곧 신자유주의론자들은 국가권력의 시장개입을 완전히 부정하지는 않지만 국가권력의 시장개입은 경제의 효율성과 형평성을 오히려 악화시킨다고 주장한다. 따라서 '준칙에 의한' 소극적인 통화정책과 국제금융의 자유화를 통하여 안정된 경제성장에 도달하는 것을 목표로 한다. 또한 공공복지 제도를 확대하는 것은 정부의 재정을 팽창시키고, 근로의욕을 감퇴시켜 이른바 '복지병'을 야기한다는 주장도 편다. 신자유주의자들은 자유무역과 국제적 분업이라는 말로 시장개방을 주장하는데, 이른바 '세계화'나 '자유화'라는 용어도 신자유주의의 산물이다. 이는 세계무역기구(WTO)나 우루과이라운드 같은 다자간 협상을 통한 시장개방의 압력으로 나타나기도 한다. 신자유주의의 도입에 따라 케인스 이론에서의 완전고용은 노동시장의 유연화로 해체되고, 정부가 관장하거나 보조해 오던 영역들이 민간에 이전되었다. 자유방임경제를 지향함으로써 비능률을 해소하고 경쟁시장의 효율성 및 국가 경쟁력을 강화하는 긍정적 효과가 있는 반면, 불황과 실업, 그로 인한 빈부격차 확대, 시장개방 압력으로 인한 선진국과 후진국 간의 갈등 초래라는 부정적인 측면도 있다.

신체적 일상생활 동작능력 PADL

개인위생, 옷 입기, 식사하기, 화장실 이용, 보행능력 등의 기본적인 자기관리능력.

신프로이트학파 neo-Freudian

기본적으로 프로이트 이론을 따르지만, 사회문화적 요소나 대인관계, 성인세계의 사회심리적 발달에 더욱 중점을 두는 이론의 방향을 말한다. 이 이름이 붙여지는 사람들조차 서로 갈래가 나뉘듯이, 신프로이트학파는 하나가 아니다. 신프로이트학파를 주도하는 인물들로는 설리번(Harry Stack Sullivan), 호르나이(Karen Horney), 아들러(Alfred Adler), 프롬(Erich Fromm) 등이 있다.

실무교육 field instruction

사회사업 교육에서, 학생들에게 직접 사회사업 실무에 종사하도록 하고 지도감독을 하는 것.

실무능력 competency-based practice

사회사업에서, 클라이언트·지역사회·전체사회·전문직에 대한 전문가의 의무를 충족시킬 수 있는 입증된 능력. 이러한 입증은 자격증[certification, 경우에 따라서는 면허증(licensing)]을 획득함으로써, 평생교육(continuing education)을 통해 현재의 상태를 유지함으로써, 기관의 지도감독(supervision) 및 현임훈련(in-service training)에 참여함으로써 이루어진다.

실무분야 fields of practice

전문가의 다양한 실무분야와 그것에 필요한 전문적 능력을 의미하는 사회사업 용어. 사회복지사업의 실무분야가 개개인이 포괄적으로 맡기에는 너무 커졌기 때문에 실무분야는 1920년대에 설정되었다. 맨 처음 실무분야로는 가족복지(family welfare), 아동복지(child welfare), 정신의료 사회사업(psychiatric social work), 의료사회사업(medical social work), 학교사회사업(school social work)이 있다. 이러한 분야는 어느 정도의 확장을 포함하여 계속적으로 그들 관심의 변화를 가져오게 하였고, 새로운 분야가 나타나기도 하였다. 또한 현재 실무분야로는 산업사회사업(industrial social work), 직장사회사업(occupational social work), 노인사회사업(gerontological social work), 농촌사회사업(rural social work), 경찰사회사업(police social work), 법정사회사업(forensic social work) 등이 포함된다.

실무이론 practice theory

신체적·심리적 행동과 사회체계 간의 상호작용, 성취되어야 할 가치와 목표 그리고 원하는 행동을 할 수 있게 하는 특정한 기술 등에 관한 모든 개념들을 체계적으로 종합한 이론이다.

실무지식 practice wisdom

사회사업 관계자들이 업무를 완수하는 데 실제로 유용하다고 생각하는 정보, 예측, 이념 및 판단을 설명하는 용어. 실무지식은 종종 '상식'과도 일맥상통하며, 경험분석 또는 체계분석을 할 때 유효할 수도 있고 그렇지 않을 수도 있다.

실버산업 elderly market

실버(silver)란 은을 지칭하는 말로서 이 단어는 노인의 흰머리를 미화시켜 표현한 단어로 대중에게 인식되어 중년층과 노년층을 지칭하는 뜻이다. 그러나 실버산업이란 실무계에서 두루 쓰이고 있는 말일 뿐 학문적으로 정의된 개념은 아니다. 현재 일본에서는 실버산업이란 용어 대신 '시니어 비즈니스(Senior Business)'란 용어로 대체하여 사용하고 있다.

실버산업(silver industry)이란 50세 이상의 장·노년층 사람들이나 다소 젊더라도 특별한 정신·신체적 이유로 노인들이 생활과 유사한 생물학·사회학적 특성을 보이는 사람들(예: 장애인)을 주 고객 대상으로 하는 영리 목적의 사업을 일반적으로 총칭한다. 실버산업은 철저한 영리 목적사업이므로 사회사업이나 사회복지활동의 범주에 포함시켜서는 안 되며, 실버산업경영에 있어 그 대상자가 노인이나 장애인일지라도 '구매자(consumer)'이지 결코 '수혜자(beneficient)'는 아니다.

실버타운 silver town

사회생활에서 은퇴한 고령자들이 집단적 또는 단독적으로 서 주가 가능하도록 노인들에게 필요한 주거 및 서비스 기능을 갖춘 노인주거단지를 말한다. 실버타운이란 고령화 사회의 도래로 고령자를 위한 주거 수요의 증가와 함께 생겨난 노인 주거단지로, 각종 휴양·여가 시설, 노인용 병원, 커뮤니티 센터 등 노인들을 대상으로 하는 다양한 서비스 기능의 시설이 갖추어진 곳을 말한다. 실버타운이라는 단어는 흰 머리카락을 비유하여 노인들과 관련된 산업을 표현하기 위하여 일본에서 만든 실버산업의 실버와 영어 단어 타운을 합성한 것으로, 비슷한 개념의 유료 노인주거시설로는 일본의 유료노인홈, 미국의 노인촌락(Retirement Community) 등이 있다.

실버타운의 종류는 입지유형에 따라 도시형, 도시근교형, 전원형 등으로 구분되며, 주거유형 기준으로 단독주거형, 공동주거형으로도 구분된다(서강훈의 『실버타운이 해답이다』란 저서에서 한국형 실버타운모델을 제시하였는데, 도시형은 기존의 도시형과 유사하고, 도시근교형과 전원형을 통합화한 도시외곽형을 제시하였다).

실버타운 개발사업은 단지 및 시설 건설을 통한 분양·임대사업 측면보다는 시설의 운영·관리 등 서비스 산업의 특징을 가지고 있으므로 서비스 기능은 그 수요자가 필요시설을 선택할 수 있도록 다양해야 하며, 따라서 이러한 시설들을 체계적으로 관리·운영할 수 있는 운영수단과 다양한 프로그램이 필요하게 된다.

이러한 실버타운의 설치 등과 관련하여 「노인복지법」에서는 노인에게 주거시설을 분양 또는 임대하여 주거의 편의·생활지도·상담 및 안전관리 등 일상생활에 필요한 편의를 제공함을 목적으로 하는 시설을 노인복지주택으로 정의하여 그 설치에 따른 신고 및 분양·임대·양도 입소자격 등을 규정하고 있다.

실비요양시설 expense medical

노인을 입소시켜 저렴한 요금으로 급식·요양 기타 일상생활에 필요한 편의를 제공하는 시설.

실업 unemployment

노동할 의욕과 능력을 가진 자가 자기의 능력에 상응한 노동의 기회를 얻지 못하고 있는 상태.

실업률 unemployment rate

전체 인구에서 취업인구 수와 비교해서 일하려는 의지나 능력은 있으나 직업이 없는 사람들에 대한 경제학 및 통계학적 측정 비율.

실업보상 unemployment compensation

실업에 의해 일시적으로 소득이 없고 자격요건을 갖춘 사람에게 지원하는 재정 원조.

실업보험 Unemployment Insurance

사회보험의 한 형태로서 노동능력이 있고 노동하려는 의사가 있음에도 불구하고 적당한 직업을 얻지 못하여 생활의 위협을 받는 자에게 생활을 보장해 주는 보험. 실업상태에 놓인 근로자의 생활안정을 목적으로 하는 보험으로 고용개발과 고용촉진사업 등을 추가하여 고용보험이라고 부르기도 한다. 그 재원은 사업장의 노사보험료 및 국가의 보조금에 의하여 조달한다. 실업보험의 지급기간은 보통 1년 이내이며, 보험료의 수준은 기존의 임금 수준에 따라 일정한 비율을 지급하는 것이 원칙이다. 실업보험을 운영하는 기관은 보험금의 지급뿐만 아니라 직업소개업무를 연결하여 운영하기도 한다.

실업수당 dole

한때 일반적으로 공적부조(public assistance) 급여에 대해 경멸적으로 일컫는 용어.

심리극 psychodrama

집단치료(group therapy) 방법들 중 중요하게 사용되는 기술을 말한다. 그 속에서 클라이언트는 사회적으로 억압된 여러 가지 상황에서 자신의 일부 또는 상대자의 일부 역할을 수행한다. 이것은 그들을 근심에서 벗어나도록 내적 감정을 표출할 기회를 주며, 상황에 잘 대처할 수 있는 연습을 하며, 다른 사람의 관점에서 상황을 볼 수 있는 경험을 하게 한다. 다른 집단 성원이나 심리극 참여자들은 모두에게 다른 견해들이 서로 관련을 맺을 기회를 제공하는 역할을 한다.

심리사회 발달이론 psychological development theory

모든 인간이 인생주기를 통해 경험하는 다양한 단계와 인생 과정 그리고 도전 등을 기술하기 위해 에릭슨(Erik Erikson)과 다른 학자들이 사용한 개념들. 이 사전의 다른 부분에서 정의된 바에 따르면, 그러한 단계에 따른 인생과업을 신뢰 대불신(trust versus mistrust), 자율성 대 수치심과 의심(autonomy versus shame and doubt), 창의성 대 죄책감(initiative versus guilt), 근면성 대 열등감(industry versus inferiority), 정체성 대역할 혼란(identity versus role confusion), 친밀감 대 고립감(intimacy versus isolation), 생식 대 정체(generativity versus stagnation), 성실성 대 절망감(integrity versus despair) 등이다. 어떤 심리사회 이론가들은 연령에 따른 인생과업을 설명한다.

심리사회 치료 psychosocial therapy

전문가와 개인, 가족, 집단 또는 지역사회 간에 일어나는 관계(relationship)를 중심으로 특별한 정서적·사회적 문제를 극복하고 행복(well-being)을 성취하려는 클라이언트를 돕는 것을 목적으로 하는 치료요법. 심리사회 치료는 클라이언트와 그의 환경 간의 공유영역을 강조하는 심리치료(psychotherapy)의 한 형태이다. 심리사회 치료자는 정신 내부(intrapsychic)의 관심사와 함께 인간의 상호관계 또는 사회관계의 문제에 초점을 맞추고 있다. 터너[Francis J. Turner(Psychosocial Therapy: A Social Work Perspective, New York: Free Press. 1978. 5쪽]

에 의하면 심리사회 치료는 또한 개인의 행동, 퍼스낼리티, 환경 등을 수정하려는 사람들을 돕고자 가용자원을 동원하거나, 필요한 자원을 발굴하여 그들을 개인, 집단, 가족관계와 결합시켜 주는 것을 모색한다. 이것은 개인의 가치와 목표 그리고 사회의 가용자원의 구조(framework) 내에서 기능상 만족과 성취감을 얻도록 돕기 위해 행해진다.

심리치료 psychotherapy

정신장애, 심리사회적 스트레스, 관계력 문제, 사회환경을 극복하는 데 겪는 어려움 등을 해결하도록 도와주기 위해 사회복지사, 기타 정신건강 전문가 그리고 클라이언트(개인, 부부, 가족 또는 집단) 간의 전문화되고 공식적인 상호작용을 바탕으로 수립된 치료관계(therapeutic relationship), 심리치료의 몇 가지 중요한 형태로는 심리분석(psychoanalysis), 가족치료(family therapy), 집단 심리치료(group psychotherapy), 지지적 치료(supportive treatment), 게슈탈트 치료(gestalt therapy), 경험치료(experiential therapy), 일차적 치료(primal therapy), 의사거래(transactional analysis: TA), 심리사회 치료(psychosocial therapy), 심리극(psychodrama), 인지치료(cognitive therapy) 등이 있다. 최근 조사에 따르면 정신건강과 관련하여 200개가 넘는 독특한 개입유형과 이론적 학파가 있는 것으로 나타났다.

심리치료자 psychotherapist

심리치료(psychotherapy)를 사용하는 정신건강 전문가. 심리치료를 행하는 전문가들의 주요 학문분야는 사회사업(social work)을 포함해서 정신의학, 임상심리학 등이다. 그 밖에 전문간호사(nurse practitioners), 외과의사, 가족치료(family therapy) 전문가, 목사(성직자), 상담지도자(guidance counselors), 교육자 등도 심리치료 전문가에 포함된다. 심리치료자로서 법적 자격요건을 나라마다 다르게 규정하고 있다.

심리학자 psychologist

심리학 또는 심리과학은 인간과 동물의 마음과 행동을 연구하는 학문이다. 대한민국에서 심리학은 사회과학으로 분류되는데, 미국 등의 해외에서는 심리학의 학문적인 성격상 자연과학으로 분류되기도 한다.

심상 image

감각에 의하여 획득한 현상이 마음속에서 재생된 것.

아동 children

일반적으로 유아기와 청소년기의 중간, 즉 6~12세 정도의 어린이.

아동기 childhood

인간 생활주기의 첫 단계인데 그 특징으로서 빠른 신체적 성장, 그리고 정규 교육과 놀이를 통해 어른의 역할을 습득하기 위한 노력이 나타난다. 많은 발달심리학자들은 이 단계가 유아기 이후에서 사춘기(puberty, 약 18~24개월부터 12~14세까지) 혹은 성인기(adulthood, 18~21세)까지라고 말한다. 이 단계는 때때로 초기아동기(유아기 말부터 6세)와 중기아동기(6세~청년기 이전), 후기아동기(청년기)로 분류되기도 한다.

아동방임 child neglect

신체적, 정서적, 사회적으로 건전한 발달에 필요한 최소한의 보호 및 책임을 완수하지 못하는 것. 예를 들어 불충분한 영양섭취, 부적절한 감독, 불충분한 건강 보호, 불충분한 교육 등을 말한다.

아동보호 child care

성공적인 발달과 생활을 위한 일상적인 필요물을 공급하고 양육하는 것. 이것은 부모나 보호자가 아동의 욕구를 위해 제공하는 모든 행위에 적용될 수 있지만, 특히 일반시설이나 24시간 동안 집단주거시설에 수용된 아이들에게 적용되는 용어이다. 여기서 아동보호 행위는 신체적 보호(급식, 의류), 습성개발(인성개발, 사회화), 자기 관리(훈련), 치료적 보호(상담), 개별교육을 포함한다.

아동보호서비스 child protective service

보호제공자(caregiver)에게서 자신의 요구를 충족시킬 수 없는 아동에게 제공되는 사회적, 의료적, 법률적, 주거적, 관습적 보호 등과 같은 인간 서비스. 정부기관의 아동보호서비스 분야에서 일하는 사회복지사들은 아동에게 이런 서비스가 필요한지를 결정하려는 사법당국의 조사활동을 도와주거나 그런 서비스 자체를 제공하기도 한다.

아동복지 child welfare

아동의 건전한 발달, 양육, 보호를 지향하는 인간서비스와 사회복지 프로그램 및 이데올로기의 한 부분. 아동복지 사업은 연방, 주, 지방 프로그램에서 볼 수 있으며 흔히 건전하고 긍정적인 아동발달을 방해하는 상황을 방지하기 위해 계획된다.

아동 성적 학대 child sexual abuse

아동 성학대는 초등학생 이하(1~13세)의 미성년자를 대상으로 한 성폭력 행위이다. 소년의 9분의 1, 소녀의 4분의 1이 성학대의 피해자가 될 가능성이 있다. 아동들에 대한 성범죄가 사회적 현상으로 받아들여지기 시작한 것은 20세기 후반부터였다. 여성운동의 결과로 여성들이 어려서 성학대를 받았던 희생자였음을 폭로하면서 알려지기 시작하였다. 이에 따라 이와 관련된 연구도 많이 진행되고 있다.

아동수당 children's allowances

아동을 위한 데모그란트(demogrant). 아동의 가족에게 그 보호비용을 보충해 주기 위해 정기적으로 현금 혹은 현물 급여(benefits)를 제공하는 소득제공 프로그램으로서 욕구를 근거로 하지는 않는다.

아동양육보호권 custody of children

이혼하는 부모 중 누가 아동을 맡을 것인지, 혹은 부모 외에 다른 보호자가 아동을 맡을 것인지를 지정하는 법적 결정. 이 결정은 아동의 이익을 가장 잘 반영한다고 생각되는 것에 근거해야 한다. 어떤 경우에는 부모 양쪽이 모두 책임을 공유하는 공동보호양육권(joint custody) 결정이 내려진다. 공동

양육보호가 결정되면 아동은 일정 기간 동안은 어머니, 또 일정 기간 동안은 아버지와 함께 살게 된다.

아동유괴 child snatching

피부양아동이 법적으로 인정된 부모나 보호자의 보호와 감독을 받지 못하게 하는 불법적인 행위를 설명하는 일반적인 용어로서, 흔히 아동의 친척에 의해서 발생한다. 이것은 이혼이나 입양 등의 가족해체나 과거의 보호자 중의 한 사람이 타인에 대한 법적인 양도조치를 받아들이지 않는 경우에 주로 발생한다. 자격을 인정받지 못한 사람은 아동을 데리고 다니며 숨김으로써 당국으로 하여금 아동에게 정당한 보호를 제공하기 어렵게 한다.

아동 정신분석 child psychoanalysis

아동의 건전한 발달에 악영향을 미치는 정신적 갈등과 정서적 분열을 극복할 수 있도록 도와주기 위해 정신분석 이론과 방법을 이용하는 것. 아동분석으로 알려진 이 분야의 실천가들은 주로 정신분석학 교육을 받고 아동을 대상으로 실무훈련을 쌓은 의사들이다.

아동 정신치료 child psychotherapy

훈련받은 전문가가 정신질병, 정서적 갈등, 손상된 정신발달, 부적응행동을 하는 아동에게 행하는 치료방법. 아동 정신치료는 다른 정신치료에서 쓰이는 모든 이론과 방법을 포함하지만 특히 놀이치료(play therapy), 소집단치료, 지원적이고 재교육적인 치료를 강조한다. 아동 정신치료 서비스를 제공하는 전문가들로는 특별히 훈련받은 정신과 의사, 사회복지사, 심리학자, 정신건강 간호사, 교육받은 전문가 그리고 기타 정신건강 전문가 등이 있다.

아동학대 child abuse

아동이 부모 혹은 부모를 대신하는 보호자로부터 받는 학대행위. 아동학대는 신체에 폭행을 가하는 신체적 학대, 부모가 고의나 태만으로 밥을 주지 않는 영양학적 학대, 근친상간 등 성폭행을 가하는 성적 학대, 심리적으로 학대하는 감정적 학대가 있다.

안락사 euthanasia

극심한 고통을 받고 있는 불치의 환자에 대하여, 본인 또는 가족의 요구에 따라 고통이 적은 방법으로 생명을 단축하는 행위. 위법성에 관한 법적 문제가 야기되는 경우가 있다.

알츠하이머 병 Alzheimer's disease

노인에게 주로 나타나는 치매의 주요 원인 가운데 하나이다. 병리조직학적으로는 뇌의 전반적인 위축, 뇌실의 확장, 신경섬유의 다발성 병변(neurofibrillary tangle)과 초로성 반점(neuritic plaque) 등의 특징을 보인다.

알코올 남용 alcohol abuse

알코올 남용과 알코올 의존이 흔하게 알코올 중독(alcoholism)으로 불리나 이는 정확한 정의가 결여되어 있는 것이며, 미국 정신의학회(American Psychiatric Association)의 정신장애 진단 통계편람(DSM-Ⅳ-TR)에서는 알코올 중독이라는 용어를 사용하지 않는다. 알코올 남용은 과도한 음주로 인한 정신적·신체적·사회적 기능에 장애가 오는 것을 일컫는 말이며, 알코올 남용이 심한 경우 알코올 의존에 이르게 된다. 알코올 남용 및 의존은 다른 정신 질환과 마찬가지로 한 가지 원인으로 설명할 수 없으며, 심리사회적·유전적 그리고 행동적 요소가 복합적으로 작용하여 생기게 된다. 각 요소의 중요도도 개인마다 차이가 있을 것으로 추정된다.

알코올 남용 및 의존의 원인에 관해서는 정신역동 이론, 사회문화적 이론, 그리고 행동 및 학습 이론 등이 원인 모델로서 연구 보고되어 있다. 생물학적 이론으로는 유전적 요소가 관심의 대상인데, 심한 알코올 남용의 가족력이 있는 경우 3~4배 위험도가 증가하는 것으로 되어 있고, 쌍생아 연구나 입양 연구 결과도 이러한 유전적 요인을 지지하고 있다. 한 개인이 정상적인 기능을 유지하기 위해서 상당한 양의 음주를 매일 해야만 하는 경우, 주말 등 특정 시간에 집중히여 과음을 하는 패턴을 규칙적으로 보이는 경우, 수 주에서 수 개월 폭음을 한 후 일정기간 금주를 하는 패턴을 반복하는 경우 등은 알코올 남용이나 의존을 의심해 보아야 한다. 음주 습관이 특정 행동과 연관된 경우가 흔한데, 가령 일단 시작하면 통제하지 못하고 폭음하게 되는 경우, 금주를 위해 반복되는 노력을 하는 경우, 최소 이틀 이상 하루 종일 취해 있는 경우, 흔히 필름이 끊긴다고 말하는 음주와 연관된 기억장애를 보이는 경우, 심각한 신체 질환이 있음에도 지속적으로 음주를 하는 경우 등이 이에 포함된다.

알코올 남용 및 의존 상태에 이르게 되면 직업 사회적 기능에 저하가 오고 법적인 문제나 교통사고를 자주 일으키고 가족 구성과의 마찰이 커지게 된다.

알코올 중독 alcoholism

급성중독과 만성중독이 있는데, 일반적으로는 장기간의 음주에 의한 만성중독을 말한다. 급성중독은 알코올을 한꺼번에 다량 섭취함으로써 일어난다.

암페타민 amphetamine

중추신경계를 자극하며 교감신경계를 흥분시키는 약물이다. 신경계에 작용하는 물질로 몸 전체의 작용이 일시적으로 활성화되는 효과를 가진다. 각성제는 몸속에 들어갔을 경우에 아드레날린과 비슷한 방식으로 작용하기 때문에 교감신경계가 흥분된다. 교감신경계의 흥분을 통해 심장박동이 빨라지고, 혈압이 높아지는 등의 효과를 얻을 수 있으며, 이러한 작용으로 잠을 쫓고 피로를 회복할 수 있기 때문에 각성제라는 이름이 붙었다. 약으로 쓰이는 각성제는 암페타민(페닐아미노프로페인) 계열이 가장 유명하며 여기에는 필로폰(히로뽕)이라는 상표명으로 널리 알려져 있는 메스암페타민(페닐메틸아미노프로페인)도 포함되어 있다. 또한 자연물질에 들어 있는 코카인, 니코틴, 카페인도 모두 각성 효과를 가지고 있기 때문에 넓은 의미로는 모두 각성제에 들어간다.

애착 attachment

매력과 의존에 바탕을 둔 개인들 간의 정서적인 연대. 이것은 인생의 중요 시기에서 발전되었다가 한 사람이 다른 사람과 관계를 더 이상 갖지 못할 때 사라진다.

약물남용 drug abuse

육체적 또는 정신적 안녕에 해로운 화학물질의 부적절한 사용.

약물의존 drug dependence

약물중독(drug addiction) 또는 약물탐닉(drug habituation)의 결과가 되는 화학물질의 오용과 의존.

약물중독 drug addiction

신체조직이 원활한 기능을 발휘하는 데 필요하지만, 결과적으로 생리적 의존을 유발하는 화학물질의 남용을 말한다. 그물질이 부족하면 금단증상(withdrawal symptoms)을 겪는다. 약물의존(substance dependence).

약물탐닉 drug habituation

심리적 의존을 초래하고 신체적 의존과는 무관하며, 이 약물의 결핍 시 금단증상(withdrawal symptoms)은 생기지 않으나 심리적 불안을 초래하는 약물을 병적으로 갈구하는 화학물질의 남용.

약속 appointment

사회복지사나 다른 전문가가 클라이언트와 만날 것에 동의한 특정 시간대에 대한 명칭.

양가감정 ambivalence

논리적으로 서로 어긋나는 표상의 결합에서 오는 혼란스러운 감정. 어떤 대상, 사람, 생각 따위에 대하여 동시에 대조적인 감정을 지니거나, 감정이 이랬다저랬다 하는 것 따위이다.

양극장애 bipolar disorder

부적응적인 감정이나 정동 상태를 보이는 정신병의 한 범주로, 이전에는 조울병(manic-depressive illness)으로 알려졌다. 이것은 조증(mania)의 형태[행동과다증(hyperactivity), 다행증(euphoria), 주의산만증(distractibility), 언어촉박(pressured speech), 떠벌림 증상]와 울증의 형태(비애, 무관심, 불면증, 식욕부진, 자기 비하, 사고장애), 그리고 조증과 울증이 혼합된 형태(빈번히 조증과 울증이 교차되는 유형)로 구분된다.

양극화 polarization

둘 이상의 물체나 사람 또는 집단이 서로 상반되는 경향으로 분리되는 현상. 사회행동주의와 지역사회 조직(community organization)에서 이 용어는 조직의 구성원들이 한 가지 문제나 정책을 놓고 양 진영으로 대립하여 조직이 의사결정을 할 수 없는 상태에 이르는 과정을 지칭할 때 사용된다. 그러나 양극화는 조직에 활력을 줄 수도 있다. 숙련된 사회복지사는 더욱 열띤 경쟁과 보다 적극적인 참여, 그리고 파벌 간의 강력한 협력을 이루도록 하기 위해 파벌 간의 차이를 지적하거나 강조할 수 있다. 또한 각 경쟁 집단은 집단 내부의 협조와 충성을 더 잘 이루어 낼 수 있어 집단의 목표를 달성하기에 더욱 유리하다. 그러나 이와 같은 양극화를 이용하기 위해서는 집중적인 노력과 매우 숙달된 전문가의 도움이 필요하다.

양성애 bisexuality

일반적으로 이성애의 욕망과 동성애의 욕망을 함께 가지고 있는 상태를 말하며, 양성소질이라고도 한다. 정신분석이론에서는 흔히 유아 성욕의 미분화된 성격과 성인(여성)의 히스테리(정신신경증) 상태를 가리킨다.

양적 연구 quantitative research

양적 연구는 계량화된 자료를 통하여 증거를 제시하고 분석하여 연관성을 밝히는 문화 연구 방법이다. 양적 연구는 인간의 내면적인 특성까지 계량화함으로써 사실을 지나치게 단순화시키고, 심지어 인간의 자율적이고 역동적인 상호관계를 수량적 관계로 바꾸어 놓음으로써 사회 현상에 내재되어 있는 인간의 의도나 가치로부터 분리하여 이해하려고 한다는 지적을 받고 있다.

억압 repression

의식에서 고통스럽고 불쾌한 관념·사고·기억을 무의식 속에 가두어 놓으려는 마음의 작용. 정신분석학 용어. 이 작용은 의식적으로 행하여지는 것이 아니라 무의식적·자동적으로 행하여진다. 이 점이 의식적·의지적으로 행해지는 억제와 다르다. 억압의 결과, 고통스러운 사고·관념은 의식 안에 존재하지 않게 되지만(망각되어) 그 힘은 없어지지 않고 무의식 안에 남아서 인간의 행동을 지배한다.

억제 containment

경계를 유지하거나 이탈하려는 운동을 감소시키려는 노력. 동료집단으로부터 이탈하려는 일련의 집단에 특별한 혜택을 주어 이탈 유인을 줄이는 사회동제 방법.

언어심리학 psycholinguistics

심리사회적 요인에 영향을 받는 것으로서의 언어, 의사소통, 초커뮤니케이션(metacommunication)을 연구하는 학문. 의사소통 이론(communication theory).

언어장애 language disorder

말을 바르게 발음하지 못하거나 정확하게 이해하지 못하는 상태. 인간은 말(언어표상, 심벌)로 의사를 교환하고 있는데, 이와 같은 커뮤니케이션이 잘 되지 않는 경우를 넓은 뜻으로 언어장애라고 한다. 말에는 형식 면인 음성과 내용 면인 의미의 두 측면이 있는데, 커뮤니케이션은 말하는 사람이 말을 하고 듣는 사람이 그것을 받아들이는 것으로 성립된다.

따라서 증상 면에서 본 언어의 장애는 형식 면의 장애와 내용 면의 장애로 대별되며, 전자에는 구음장애(構音障碍) · 말더듬이, 토순(兎脣: 언청이)과 구개열(口蓋裂)에 의한 장애, 조구증(早口症)이 있고, 후자에는 실어증(失語症), 언어발달의 지연이 있으며, 양자에 수반되는 것으로는 뇌성소아마비에 의한 언어장애를 들 수 있다. 말을 산출하는 과정에서 보면, 전자는 생리학적 과정, 후자는 언어학적 과정의 장애에 거의 해당되는 셈이지만, 정신병이나 치매(痴呆)와 같은 사고 과정에 문제가 있어서 일어나는 장애도 있다. 장애의 성인으로서는 실어증 · 마비성구음장애 · 언청이 · 구개열 · 청력장애 · 뇌성소아마비와 같은 기질적(器質的)인 것과, 기능적 구음장애 · 말더듬이, 언어발달의 지연 등과 같이 기질적 소견이 인정되지 않는 것이 있다. 말은 인간의 정신활동 중의 고차적인 능력인 동시에 학습에 의하여 획득해 가는 것이므로 실제의 증상은 가령 최대의 요인은 생각할 수 있어도 많은 요인이 복잡하게 엉킨 결과라고 생각된다. 따라서 이들의 장애의 진단이나 치료는 전문의가 해야 한다.

에이즈 AIDS

인간 면역 결핍 바이러스에 의하여 면역 세포가 파괴됨으로써 인체의 면역 능력이 극도로 저하되어 병원체에 대하여 무방비 상태에 이르는 병. 최초 감염으로부터 증상이 나타나기까지는 평균 10년 정도 걸리며 사망률이 대단히 높다. 성적 접촉, 오염 주사기 사용, 오염 혈액 및 혈액 제제 사용, 에이즈 산모로부터 수직 감염 따위에 의하여 감염된다.

엑스 염색체 X chromosome

한 개인의 성을 결정하는 짝(여성은 XX, 남성은 XY)을 지닌 2개의 인간 성염색체들 중의 하나.

엔트로피 entropy

자연 물질이 변형되어, 다시 원래의 상태로 환원될 수 없게 되는 현상을 말한다. 조직의 해산 또는 해체에 관한 체계이론(system theories)에서 쓰이는 개념.

엘렉트라 콤플렉스 Electra complex

딸이 아버지에게 애정을 품고 어머니를 경쟁자로 인식하여 반감을 갖는 경향을 가리키는 정신분석학 용어. 정신분석학에서 오이디푸스콤플렉스와 대비되는 개념이다. 프로이트가 이론을 세우고 융이 이름을 붙였다. 프로이트에 따르면 3~5

세의 남근기(男根期)에 여자아이들은 자신에게는 남동생이나 아버지가 갖고 있는 성기(penis)가 없다는 사실을 알고 남성을 부러워하는 한편 자신에게 남성 성기를 주지 않은 어머니를 원망한다고 한다. 프로이트는 이와 같은 음경선망(penis envy)이 여자아이로 하여금 엘렉트라콤플렉스를 갖게 하는 적극적인 원인으로 보았다. 이러한 욕구는 어머니의 여성적 가치를 자기와 동일시하고 초자아(超自我)가 형성되면서 사라진다. 오이디푸스콤플렉스와 대비되지만 그만큼 중요시되지는 않는데, 이는 최악의 상황이라도 어머니가 딸을 거세(去勢)할 수는 없으므로 남자아이들만큼 거세콤플렉스를 느끼지 않는다고 보기 때문이다. 이런 관점에서 프로이트는 여성의 초자아가 남성보다 약하다고 믿었다. 명칭은 그리스신화에서 아가멤논의 딸 엘렉트라가 보여 준 아버지에 대한 집념과 어머니에 대한 증오에서 유래하였다. 미케네 왕 아가멤논은 10년 동안의 트로이전쟁을 마치고 귀국한 날 밤에 아내인 클리타임네스트라와 간부(姦夫) 아이기스토스에게 살해당하였다. 엘렉트라는 동생인 오레스테스와 힘을 합쳐 어머니와 간부를 죽이고 복수하였다.

엘리자베스 구빈법 Elizabethan Poor Laws

엘리자베스 빈민법은 이전까지의 빈민구제를 위해 제정된 여러 법령들을 집대성한 영국 빈민법의 기본토대라 할 수 있으며 교내의 자선에 의한 구빈에는 한계가 있다고 판단하여 빈민구제의 책임을 교회가 아닌 국가(정부)가 최초로 지게 되었으며 이 점이 엘리자베스 빈민법의 가장 큰 의의이다.

여론조사 opinion survey

사회성원이 각종 사회적 문제나 정책·쟁점(issue) 등에 관하여 가지고 있는 신조(信條)·견해·태도·의향 등을 밝히려는 목적에서 행하는 사회조사.

원예치료 horticultural therapy

식물을 이용하여 사회적·정서적·신체적 장애를 겪고 있는 사람의 육체적 재활과 정신적 회복을 추구하는 활동을 원예치료라고 하며, 이러한 치료를 담당하는 사람들을 원예치료사라고 한다.

원예치료는 정원과 경작을 뜻하는 원예와 몸과 마음의 질병을 약물 투여나 수술 없이 고친다는 뜻의 치료의 합성어이다. 씨를 뿌리고, 이것이 잘 자라도록 온갖 정성으로 가꾸고, 그 결과로 활짝 핀 꽃을 보면서 사람들이 느끼는 기쁨과 희열을 치료 목적에 이용하는 것이다.

원예치료에는 정원 가꾸기, 식물 재배하기, 꽃을 이용한 작품활동 등이 포함된다. 치료 대상자는 이런 활동을 통하여 운동능력을 향상시키고, 성취감과 자신감을 증진시킬 수 있으며, 재배하는 꽃이나 식물의 향기를 맡음으로써 정신적인 안정을 얻는다. 이 밖에도 원예치료활동을 통해 원예작물 재배

기술을 습득함으로써 향후 직업을 얻는 데 도움이 되기도 한다. 원예치료사는 업무의 성격상 원예학과 더불어 정신의학, 상담심리학, 재활의학, 사회복지학, 간호학 등 다양한 분야를 이해하고, 이를 적용할 수 있는 능력이 있어야 한다.

2004년 교육기관으로는 현재 1개 대학, 2개 대학원, 14개 이상의 대학 부설 평생교육원에 원예치료사 교육과정 개설되어 있다. 원예치료사에 관한 국가공인 자격증은 아직 없으며, 한국원예치료협회나 한국원예치료연구센터 등의 민간단체에서 발급하고 있는 민간 자격증이 있을 뿐이다.

역기능 dysfunction

적절한 실행을 방해하는 제도상 결함. 기능장애(malfunction)와도 같은 말이다.

역소득세 negative income tax

소득수준이 면세점에 미달하는 모든 저소득자에게 면세점과 과세 전 소득과의 차액의 일정비율을 정부가 지급하는 소득보장제도. 보통의 소득세는 납세자로부터 징수하는 데 반해, 이것은 역으로 저소득자에게 지급하기 때문에 부의 소득세 또는 역소득세라 부른다.

역연령 chronological age

출생 이후부터 달력상의 나이.

역전이 countertransference

보통 임상 분야에서 사회복지사 혹은 다른 전문가들이 한 명
의 클라이언트에게서 경험하는 일련의 의식적 혹은 무의식적
인 정서적 반응. 정신역동 이론에 따르면, 이러한 감정들은
사회복지사의 발전적 갈등 속에서 생성되어 클라이언트에게
투영된다고 본다. 프로이트(S. Freud)도 이 용어를 썼는데 분
석가가 클라이언트의 전이(transference) 감정에 반응하여 취할
수도 있는 치료행위를 지칭하는 의미로 사용하였다.

역진세 regressive tax

과세 물건의 수량 또는 금액이 많아짐에 따라 세율이 낮아지
는 조세. 누진세(累進稅)와 대립되는 개념이다. 과세 물건의
크기에 따라 상대적 부담을 배분하는 방법에는 비례세율·누
진세율 및 역진세율에 의한 세 가지 과세방법이 있다.

역차별 reverse discrimination

역차별은 부당하게 차별을 당하는 쪽의 차별을 막기 위한 제
도나 방침, 행동 따위가 너무 강해서(급진적이어서) 도리어
반대편이 차별을 당하게 되는 경우이다.

역할 role

특정한 지위에 있는 개인이 행해야 할 문화적으로 결정된 행
동양식 또는 어떤 사회적 위치에 속해 있는 사람에게 따라다
니는 사회적 규범. 예를 들면 사회복지사는 클라이언트, 슈퍼

바이저, 동료 전문 사회복지사들 또는 일반대중으로부터 모든 사회복지사들에게 보편적으로 규정되는 행동을 해 주기를 기대받는다.

역할 갈등 role conflict

2개 이상의 사회적 위치를 가진 사람이 서로 상충되는 기대를 수행함으로써 겪게 되는 경험. 예를 들면, 클라이언트는 위기상태에 놓인 경우 지체 없이 사회복지사와 상담하기를 희망하는 반면, 슈퍼바이저는 사전에 결정된 계획에 따라서만 클라이언트를 상담할 수 있다고 주장하는 경우이다.

연계 linkage

사회사업에서 다른 기관과 요원, 자발적 집단, 그리고 관련된 개인들과 같은 자원을 결합시키고, 클라이언트나 사회목표를 위하여 그들의 노력을 중개하거나 조화시키는 기능, 합동.

연금 pension

피용자(被傭者) 또는 국민이 소정의 기여금을 일정 기간 납부하고 퇴직하거나, 노령·장애 혹은 사망 등의 보험사고가 발생했을 때, 일정 기간마다 계속해 지급받는 급여를 말한다. 공무원연금 제도는 공무원의 퇴직 또는 사망과 공무로 인한 부상·질병·폐질에 대해 적절한 급여를 실시함으로써 공무원 및 그 유족의 생활 안정과 복리 향상을 목적으로 하는 공무원들에 대한 사회보장 제도를 말한다.

연령차별 ageism

나이로 사람을 일반화하고 정형화하는 것. 주로 나이가 더 많은 사람과 구별하는 방법이다.

연역적 추론 deductive reasoning

진리라고 믿는 일반적인 원칙으로부터 출발하여 특정한 결론에 이르는 과정. 예를 들어 사회복지사는 모든 강간희생자는 결국 어느 정도의 정서적 불안을 겪는다고 생각한다. 사회복지사는 강간당한 클라이언트를 보고 그 여자가 고통을 겪고 있다고 말하지 않아도 어느 정도의 불안을 갖고 있다고 추론한다.

열등처우의 원칙 less-eligibility principle

국가의 도움을 받는 사람의 처우는 스스로 벌어서 생활하는 최하위 노동자의 생활보다 더 높지 않아야 한다는 원칙.

영향분석 impact analysis

사회정책 수립가가 관련 지역사회에 대한 새로운 법률이나 정책의 효과를 결정하는 데 쓰는 평가.

에코주택 echo housing

자녀와 부모세대가 같은 울타리 안에서 살도록 계획된 주택으로, 기존의 주택이 위치한 대지에 노인을 위해 지은 작고 이동 가능한 조립식 주택.

예방 prevention

사회사업 관계자 및 다른 사람들이, 신체 및 정서적 결함 또는 사회경제적 문제를 야기한다고 알려진 사회적·심리적 상태를 극소화하거나 제거하려고 취하는 조치. 여기서는 증정적인 성과를 달성코자 개인, 가족, 지역사회를 위한 기회 증진의 여건조성 등이 포함된다.

예산 budget

사회기관 혹은 조직이 수령할 것으로 예상하는 모든 예산과 조직운영에 필요하다고 예상되는 총예산과 지출에 대해 항목별로 작성한 목록. 즉 특정기간 동안의 가능한 예산과 지출의 대차표.

예측변수 predictor variable

사회과학 연구에서 차후 목표의 달성 가능성을 예측하는 데 사용할 수 있도록 체계적으로 측정된 성과, 등급 또는 점수. 예를 들면 상당수의 사회사업학과에서는 응시생이 학과에 대한 적성검사를 받도록 요구하는데, 이 적성검사의 결과가 바로 학생이 학과의 교육과정을 성공적으로 이수할 가능성을 나타내는 예측변수가 된다.

5대 악 Five Giants

베버리지는 5대 악(Five Giants)으로 결핍, 질병, 무지, 불결, 나태를 5대 악으로 규정하고, 사회적 해결과제로 삼았으며, 그중 결핍을 핵심과제로 꼽았다.

오이디푸스 콤플렉스 Oedipus complex

출생 후 3세에서 6세까지 해당되며 아동이 자신의 성기를 만지고 자극하는 데에서 쾌감을 느끼는 시기이다. 이 시기부터 원초아, 자아, 초자아가 역동적으로 작용하기 시작하며, 이성의 부모에게 성적 동일시를 하므로 남자아이는 남자답게 굴고 여자아이는 여자답게 행동하려 애쓴다. 남근기의 두드러진 특징으로 아동이 이성의 부모에게 성적 관심을 갖고 접근하는 욕망을 갖는 것인데 남아가 어머니를 애정의 대상으로 느끼고 아버지를 경쟁상대로 느끼는 것이 오이디푸스 콤플렉스이다. 남아는 어머니에 대해 애정을 느끼면서 아버지에 대해서는 강한 적대감을 느끼는데 자신의 이러한 감정을 아버지가 알아채고 해칠지도 모른다는 거세불안에 휩싸이게 된다. 그 결과 남아는 아버지에게 느꼈던 적대감을 억압하고 자신을 아버지와 동일시함으로써 경쟁관계를 해소하고 콤플렉스를 극복하게 되는데 이를 통해 초자아가 확립된다.

온정주의 paternalism

노사 관계를 대등한 인격자 상호 간의 계약에 의한 권리·의무 관계로 보지 않고, 사용자의 온정에 따른 노동자 보호와, 이에 보답하고자 노동자가 더욱 노력하는 협조관계로 보는 것이며, 합리적인 계약 관계 대신에 서로의 정감(情感)에 호소함으로써 노사관계를 원활하게 하려는 노무관리 방법이다. 유럽에서는 상여(賞與)·복지시설 등을 충실하게 함으로써 협조관계를 유지하는 방법이 제1차 세계대전 이후로 독점자본의 노무관리 정책으로서 중시되어 왔다. 한국에서는 8·15 광복과 6·25전쟁 이후로 주종(主從) 간의 정의(情誼), 가족주의 등의 형태로 온정주의가 노무관리의 기조(基調)로 되어 있어, 온정주의가 노무관리의 주요 부분을 차지하는 경우가 적지 않았다. 그러나 근래에는 세계적으로 온정주의 대신 파트너십(공동의 사업추진자) 사상이 점차 강조되고 있다.

옴부즈맨 ombudsman

정부나 민간기관에서 채용한 사람들이 저지르는 불법적, 비윤리적 혹은 불공정한 업무들을 조사하고 보고하는 임무를 부여받은 정부나 민간기관이 임명한 사람.

요양원 nursing home

아프거나 자신을 스스로 돌보지 못하는 사람들에게 넓은 의미의 의료혜택을 제공하는 수용시설.

욕구 needs

생존이나 안녕, 충족을 위한 물리적, 심리적, 경제적, 사회적인 필요.

욕구사정 needs assessments

사회복지사들이나 전문가들이 클라이언트들을 진단하면서 문제점, 기존의 자원, 잠재적 해결능력, 또는 문제 해결에 장애가 되는 것 등에 대해 체계적으로 평가하는 것. 사회기관에서, 욕구 사정은 임상서비스를 받는 클라이언트를 위해 만들어진다. 일반적으로는 모든 거주자를 위해서 만들기도 한다. 욕구사정의 목적은 욕구를 기록하여 서비스의 우선순위를 설정하는 것이다. 자료는 상담이나 연구를 통해서뿐만 아니라 인구조사나 정부통계 같은 기존 자료를 통해서 뽑기도 한다.

위기 crisis

사회복지사들이 두 가지의 다른 의미로 사용하는 용어로서, 첫 번째는 정서적 변화와 고통을 겪는 내부적 경험이라는 의미를 지니며, 두 번째는 기존의 사회제도에 의해 수행되는 어떤 필수적 기능을 와해시키는 파국적 사건이라는 의미로 사용된다. 위기를 첫 번째 의미로 보게 되면, 특정 개인이 주로 사용하는 대처전략이 효과가 없는 내적 불일치를 가져오는 주요 목표에 대한 생활상의 문제나 장애를 인식함으로써 위기가 촉진된다고 생각한다. 익숙하지 않은 사건을 해결하는 새로운 대처기제(coping mechanisms)를 찾아내면 위기는 긍정적인 결과를 가져올 수도 있으며 따라서 효과적인 적응 기술을 더 갖게 되는 것이다.

위기개입 crisis intervention

긍정적인 성장과 변화를 유도할 수 있는 효율적인 대처기술을 개발시켜 줌으로써 위기에 처해 있는 클라이언트를 원조하는 데 사용되는 치료방법, 효과적인 대처기술의 개발은 클라이언트에게 문제를 인식시켜 주고, 그 문제가 가져올 충격을 깨닫게 하며, 또한 유사한 경험에 직면했을 때 이에 대처하는 새롭고 더욱 효과적인 행동을 학습시킴으로써 이루어진다.

위기교섭 crisis bargaining

불안하거나 위험을 당하고 있을 때 상황을 완화하고 갈등을 최소화하기 위해 취하는 제반 행동을 의미한다. 이 개념은 퀴블러로스 사망단계(Kubler-Ross death stages) 이론에서 가장 분명하게 설명되어 있다. 이 이론에서 교섭은 임박한 죽음에 대한 반응에서 나타나는 세 번째 위기단계이다. 개인은 거부(denial)와 분노(anger) 기간을 거친 후에 약속 혹은 '거래'를 하거나 혹은 다른 기준에 동조함으로써 죽음을 회피하거나 연기하려고 시도한다.

위기보호센터 crisis care centers

단기간의 긴급 보호를 제공하거나 개인과 집단을 위기 이전의 상태로 돌아갈 수 있도록 도와주기 위해 설치된 대인 서비스 분야나 보건의료 분야의 시설. 이러한 센터에서는 재해 구호, 자살 예방, 비상식량과 임시거처 제공, 약물 남용자에 대한 치료와 어타의 많은 서비스를 제공한다.

위기이론 crisis theory

새롭고 익숙하지 못한 사건에 직면했을 때 나타나는 사람들의 반응과 연관된 제반 개념, 이러한 사건들은 자연적 재앙, 중요한 것의 상실, 사회적 지위의 변화, 생활주기의 변화와 같은 형태로부터 발생할 수 있다.

위탁 referral

필요한 서비스를 제공할 수 있을 것으로 알려진 기관, 자원, 또는 전문가에게 클라이언트를 직접 연결시켜 주는 사회사업의 한 과정. 이 과정은 유용한 자원이 무엇인가와 클라이언트의 욕구가 무엇인지를 알아보고, 그 서비스에 클라이언트가 참여할 수 있도록 기회를 제공하고, 그러한 접촉(연결)이 이루어졌는가를 계속 확인하는 것을 포함한다.

우울증 Depressive Disorder

우울증은 가장 흔한 정신과적 질환으로 인구의 1~5% 정도가 전문가의 도움을 받아야 할 정도이며 남자는 평생 10~15%, 여자는 15~20%가 우울증을 앓을 가능성이 있는 것으로 보고되고 있다.

노령화가 빠르게 진행되고 있는 우리나라에서도 노인 우울증 환자가 지속적으로 증가하고 있다. 우울증은 저조한 기분 상태를 말하며, 기분이란 외적 자극과 관계없이 자신의 내적인 요인에 의해서 지배되는 인간의 정동(情動) 상태를 말한다. 일반적으로 외적인 어떤 자극 때문에 반응성으로 생기는 일시적인 '반응성 우울증'은 정상적이다. 여기서 말하는 우울증은 특별한 이유 없이 생기며 상황에 맞지 않는 '정신병적 우울증'을 의미한다. 우울증의 가장 특징적인 증상으로는 우울 정서를 들 수 있다

이는 환자의 90% 이상에서 나타나며 일상적인 관심과 흥미가 상실되고 식욕이 감퇴하며 열등감·절망감에 사로잡혀 자살충동까지 느낄 수 있게 된다. 또한 인지기능 및 사고의 장애가 나타나며, 자신감 결여, 장래에 대한 불안, 사회적 지위에 대한 절망감, 이유 없는 죄책감, 망상 등도 나타난다.

우울증이 심해지면 사고 흐름의 장애행동장애, 판단력장애, 사회 대처능력의 감소, 집중력의 감소와 아울러 자살을 시도하게 된다. 일반적으로 우울증 환자 5명 중 4명은 자살을 생각하며 6명 중 1명은 실제로 자살을 시도하는 것으로 보고되고 있다.

유기 desertion

어떤 의무를 지고 있는 사람이나 사물을 저버리는 행위. 결혼한 부부 중 한 사람이 상대방의 동의 없이 떠나 다시 돌아올 의사가 없을 때 일어난다. 유기는 부양거부(법적인 의무가 있는데도 고의로 음식, 주택, 부양비를 제공하지 않는 것)를 동반할 수도 있고 그렇지 않을 수도 있다. 유기는 종종 이혼의 사유가 된다.

유랑생활 nomadism

흔히 좀 더 나은 환경이나 경제기회를 찾아 개인이나 집단이 거주지를 옮겨 다니는 것.

유사빈곤층 'near poor' population

고용되었기는 하나 공공원조나 사회보장의 혜택을 받는 사람들보다 겨우 조금 더 버는 정도밖에 되지 않는 사람들(개인이나 가족).

유아사망률 infant mortality rate

전체 인구 또는 가임 여성인구[다산율(fecundity rate)]에 비례하여 일어나는 신생아 사망의 총수를 인구 통계학적으로 추적하는 것. 유아사망률은 종종 한 국가나 지역사회의 건강과 건강보호 프로그램을 사정하는 데 중요한 요소로 이용된다.

유전 heredity

유전은 부모의 형질이 자손으로 전달되며 그 과정이 일정한 법칙이 있다는 것이다.

유전병 genetic diseases

유전병은 유전자나 염색체와 같은, 유전에 관련된 인자가 원인이 되어 일어나는 질환을 말한다.
적혈구성 빈혈(sickle-cell), 테이색스병(Tay-Sachs disease), 헌팅턴 무도병(Huntington's chorea) 등과 같은, 유전되는 질병.

유효수요 effective demand

유효수요 재화(財貨)와 용역(用役)을 구입하기 위한 금전적 지출을 수반한 수요. 인간의 물질에 대한 욕구는 무한하지만, 구매력을 수반하지 않는 욕망은 단지 잠재적 수요에 지나지 않는다. 유효수요는 크게 2종류로 나누어진다. 하나는 소비 물자에 대한 수요, 즉 소비(수요)와 다른 하나는 공장설비나 원료를 증대시키기 위한 수요, 즉 투자(수요)이다. 이런 경우 기업이 경영적인 생산 활동을 계속하기 위하여 필요로 하는 원료 등의 중간수요는 포함되지 않는다. 소비와 투자로 이루어지는 유효수요의 크기에 따라 사회 경제활동의 수준이 정하여진다고 하는 이론을 유효수요의 이론이라고 한다.

기업의 생산 활동은 생산에 참가한 사람들에게 임금·이윤 등의 소득을 주게 되는데, 이 소득을 지출의 측면에서 보면 소비지출과 저축으로 나누어진다. 소비로 향한 부분은 소비수요가 되어 기업으로 되돌아오나, 저축된 부분은 되돌아오지 않는다. 그러므로 이 저축을 메울 만큼의 투자수요가 생기지 않으면 유효수요의 총액은 생산규모를 유지하기에 부족하게 되므로, 경제활동의 수준은 낮아지고 투자수요가 크면 유효수요도 커져서 경제활동의 수준은 상승한다.

윤리 ethics

옳고 그름에 대한 도덕적 원리와 지각의 체계. 그리고 개인, 집단, 전문가, 혹은 문화에 의해서 실천되는 행위의 철학이다.

윤리강령 code of ethics

전문직으로서의 교직의 사명과 권익옹호를 역설한 규정.

은퇴촌 retirement community

일기조건이 좋은 지역에 중상류층 은퇴자들이 독립주택이나 서비스 주택 또는 요양시설에서 거주하는 미국의 대표적 노인주택.

음악치료 music therapy

음악치료자가 치료적인 상황에서 체계적으로 내담자에게 음악을 듣게 하거나 적절한 연주 행동을 하게 함으로써 개인의 신체적, 심리적, 정서적 통합과 바람직한 행동 변화를 가져오게 하는 등의 치료적 효과를 보게 하는 특수한 심리 치료법이다. 그 효과는 내담자의 기분뿐만 아니라 신체적 기능에까지도 작용하는데, 음악을 통해서 심신의 건강이 심리적 원인에 의해서 영향받는다는 것을 이해시키고 음악의 기능을 통해 건강을 회복, 증진시키기는 것이다. 음악치료 프로그램은 개인적인 표현과 정서적 욕구를 위하여 안전한 환경과 구조를 마련한 것이어서 내담자의 고통스러운 정서를 표현하게 하고 받아 주기 위한 그릇이라 할 수 있으므로 자신을 되돌아보는 데 안정감을 가지게 하고 현실을 그대로 받아들이도록 도와준다. 장애아동들의 문제 가운데 하나는 언어적인 수준에서의 소통이 매우 곤란하다는 것인데, 이때 비언어적 전달 수단으로서의 음악이 치료자와 아동을 서로 결부시키는 유효한 매체로서 기능을 한다. 이것은 치료를 유효하게 추진하는 데 필요하고, 특히 자폐증 아동의 경우 아동과 다른 사람들과의 인간적인 접촉을 가능하게 하며 상호 간에 의사소통의 기회를 넓힐 수 있게 도와준다. 비음악적인 행동을 수정하고, 정신 건강, 사회성 발달, 사회 적응을 위해 이뤄지는 모든 형태에서 음악을 사용하는 것을 말한다. 때로 음악요법은 재활에서 치료적 기구로 사용되며 레크리에이션이나 교육 목적을 위해서도 사용된다. 특수교육에 있어 음악의 가장 중요한 공헌은 활동을 통해 학습을 즐겁게 촉진시켰다는 것을 들 수 있다. 치료적으로 볼 때 음악은 장애아동의 성격에 심리적·생리학적인 면에 있어 중요한 영향을 미치는 것으로 알려져 왔고, 행동주의자들은 행동을 바꾸고자 할 때 음악을 사용한다고 한다. Freudians는 불안감을 감소시키고, 카타르시스, 승화 그리고 효과적인 상태로의 변화를 위해서는 음악사용이 효과적임을 제시하였다. 음악치료는 병원, 학교, 기관, 1:1로 치료·교육하는 임상센터 등에서도 다양하게 적용되고 있으며 이에는 음악, 음악 기구, 춤, 음악회 참석, 작곡, 노래 부르기, 노래 듣기 등이 포함된다. 특수교육에 있어 음악요법은 보상적인 목적으로 장애아동에게 논리적인 연속으로 운동하고, 발생하며, 음악에 대해 반응하고, 참여하기, 지시 따르기 등의 능력을 증가시키기 위해 사용된다. 따라서 모든 아동에게 심리적이고 즐겁고 풍부한 경험을 위해 지식과 기술을 가르치는 음악교육과는 구분된다.

음모이론 conspiracy theory

피븐(F. F Piven)과 클로워드(R. A. Cloward) 등이 주장. 본 이론은 대규모 실업 등으로 인해 사회가 불안정할 경우 사회복지정책을 확대·시작하고, 고용이 확대되는 등 사회가 안정될 경우 사회복지정책을 축소·폐지하자는 것으로, 이러한 요인을 지배계급의 빈민규제책으로 보는 것이다. 즉 사회복지가 인도주의나 지배계급 동정주의의 결과라는 기존의 통념과 차별되는 것으로, 사회복지정책의 확대는 서민들이 생활처지 추락으로 궁핍에 대해 저항하고 투쟁하는 것을 막기 위한 대응책으로 보는 것이다. 대표적인 사례가 비스마르크의 사회보험이다. 군사정부(korea)가 쿠데타로 정권을 잡을 경우, 정권의 정당성을 확보하기 위해서 국민들에게 각종 사회복지정책을 펼치는 것도 음모이론과 그 맥락을 같이한다고 할 수 있다.

응보 retribution

나쁜 행동에 대해 처벌받는 것. 이 용어는 착한 행동에 대한 미래의 보상에도 또한 적용할 수 있다.

응용조사 applied research

잠재적 결과들이 당면한 문제를 해결하는 데 이용되는 체계적 연구.

의도적인 감정표현 purposeful expression of feelings

사회복지사-클라이언트 간의 관계(relationship)에서 기본적인 요소 중의 하나. 즉, 사회복지사는 클라이언트와 정서(감정)를 교류할 때 클라이언트를 격려해 주어야 한다. 이러한 교류가 이루어지지 않을 표현하도록 의도적으로 노력한다. 사회복지사는 클라이언트의 진술을 경청하고, 관련사항에 대해 질문하며, 주의 깊게 답변을 경청하고, 비관적용어나 심판자처럼 보이는 행동을 하지 않음으로써 의도적인 감정표현을 격려한다.

의사소통 이론 communication theory

의사소통은 둘 또는 그 이상의 사람들 사이에 사실, 생각, 의견 또는 감정의 교환을 통하여 공통적 이해를 도모하고 클라이언트의 의식이나 태도 또는 행동에 변화를 일으키게 하는 활동이다. 커뮤니케이션 이론의 주요 요소로는 내용분석(content analysis), 인공두뇌학(cybernetics), 숨은 의도 해석(decoding), 환류(feedback), 동작학(kinesics), 메타메시지(metamessage), 주변언어학(paralinguistics), 인간공학(proxemics) 등이다.

의식화 conscientization

교육학자 프레이리(Paolo Freire)가 만든 용어로서 클라이언트나 다른 사람들이 자신들의 문제, 목적, 가치를 깨닫고 관심을 가지도록 돕는 과정.

의욕 conation

의지 혹은 결단력을 포함한 정신기능의 일부를 말한다.

의존성 anaclitic

아기가 양육자에게 의존하는 것과 같은 의존형태에 관한 용어. 어린이들의 전형적인 특성인 의존성이 성인이 되어서도 지나칠 때는 병리증세를 의미한다.

이데올로기 ideology

가치관, 경험, 정치적 신념, 도덕적 발달 수준, 그리고 인간애에 대한 열망의 산물인 사고의 체계. 사회복지사의 이념은 모든 사람들을 위한 평등권(equal rights)과 관계되며, 특권이 적은 사람들에게 더 큰 기회를 제공하는 데 관심을 갖는 경향이 있다.

이민 immigration

주로 영구 정착을 목적으로 새로운 나라나 지역으로 이주하는 것.

이민노동자 migrant laborer

주로 영주 또는 장기간의 노동을 목적으로 외국으로 이주하는 것. 대부분은 가족, 재산을 수반하여 이주한다. 인구의 국제적 이동인 이주의 한 형태이다. 보통, 국책적 성격이 강한 식민과는 구별되며 또한 개인의 자유로운 의사에 의하지 않

는 이주민인 난민과도 구별된다. 이민의 취급에 대한 일반적
인 국제적 제도가 없고 당사국 간의 이민에 관한 조약이 없
으면 접수국의 국내법에 의해 규율된다. 또한 이민, 난민 등
의 조직적인 수송, 기타 이주 서비스의 제공 등을 위한 목적
으로 국제이주기구(International Organization for Migration:
IOM)가 1989년에 설립되었다. 또한 국제노동기구(ILO)는 일
찍부터 이민노동자의 권리보호를 위한 조약, 권고, 결의를 하
고 있다.

이익집단이론 interest group

경제적 이익, 주의(主義) 주장, 관심 등의 총칭으로서의 이익
을 공유하는 자가 주체적으로 모여 집단으로서 어떤 사회적
활동을 전개하는 단체이다. 일반적으로 게마인샤프트 또는
커뮤니티라는 말로 표현되는 지연·혈연 등의 공동생활의 기
초적인 것을 공유하는 집단은 포함되지 않는다. 단, 이러한
단체일지라도 특정의 이익을 위해 사회에 대해 활동을 전개
하는 경우 정치분석의 틀 속에서는 이익집단으로 취급된다.
오늘날의 사회는 고도로 정치화되어 있으며 사회생활의 거의
모든 측면이 정치적 결정이나 행정조치의 영향하에 놓여 있
다. 따라서 어떠한 이익도 그 실현을 보다 확실하게 하기 위
해서는 정치, 행정 또는 사회에 대한 압력활동이 불가결하다.
즉, 압력활동이란 무연의 목적에 의해 만들어진 단체일지라
도 때로는 압력활동을 전개하는 경우가 있으며 적어도 그 가

능성은 어느 단체에나 있다. 이와 같이 실체적으로는 결코 압력단체라고 할 수 없는 단체의 활동이 정치적 결정에 영향을 주어 정치분석상으로 무시할 수 없는 존재가 되는 경우가 있다. 사회의 복잡성의 증대로 이익의 다양화는 이 경향을 보다 일반적인 것으로 하고 있다. 그리고 어느 단체가 압력단체이고, 어느 것이 그렇지 않은가의 구분이 곤란해져 실체개념으로서의 압력단체는 의미를 갖지 않게 되었다. 오늘날의 정치과정론을 발전시킨 트루먼(David Bicknell Truman)은 압력단체보다 이익집단이라는 말을 사용하였다. 이익을 공유하고 있는 단체가 정부에 작용하여 이익의 실현을 도모한 경우 압력단체로 전환하였다는 견해를 갖는다.

이용자부담 user fee

사회보장제도가 제공하는 급여를 받을 때 이용자가 일정한 액수(비율)의 이용자 부담을 한다. 한국의 건강보험의 경우 이용자 부담은 40~60%로 대단이 높은 수준이다. 한편 2008년 7월부터 시행한 노인 장기요양보험의 경우 본인부담금(이용자부담금)은 재가급여 15%, 시설급여 20%이며, 총비용이 법정 한도액을 초과하는 금액에 대해서도 본인이 부담하도록 되어 있다. 이용자 부담이 필요한 이유는 다음과 같다. 첫째, 이용자 부담을 통해 사회복지서비스의 남용을 방지하는 데 있다. 둘째, 이용자부담은 과대한 정부부담의 한계를 극복하는 데 도움이 된다. 셋째, 사회복지서비스의 질을 높일 수 있다. 넷째, 서비스를 이용할 때 본인이 일부라도 부담하면 수치심을 극복하고 자아존중감을 높일 수 있다. 그러나 이용자 부담은 소득재분배에 역진적이며, 저소득층에게 부담이 되어 필요한 서비스 이용이 어려울 수 있고, 이용자의 선택 폭을 줄일 수 있다는 단점을 가지고 있다.

이야기치료 Narrative therapy

1980년대 이후, 포스트모더니즘과 함께 사회구성주의의 영향을 받아 가족치료사인 White, M.와 문화인류학자인 Eption, D.에 의해 호주와 뉴질랜드를 중심으로 발전해 온 심리치료 이론 중의 하나이다.

인간은 자신의 삶에 대해서 끊임없이 의미를 부여하고 해석하여 이야기하는 존재이며, 또한 그러한 이야기들로 구성된 인생을 살아가는 존재라는 생각을 기본 바탕으로 하고 있다.

이타주의 altruism

행위의 목적을 타인을 위한 선(善)에 두는 윤리학상의 한 학설. 즉 타인을 위한 선(이익)을 행동의 정칙, 의무의 기준으로 생각하는 입장으로서, 윤리적 이기주의(에고이즘), 그리고 부분적으로는 공리주의(功利主義)와 대립한다.

이혼 divorce

혼인한 남녀가 생존 중에 성립된 결합관계를 해소하는 행위. 이혼은 혼인의 본래적 목적인 부부의 영속적 공동생활을 파기하고 사회 기초단위인 가족의 해체를 초래하는 현상이다. 이는 혼인제도와 함께 나타나는 일반적인 현상으로 각 사회의 습속, 도덕, 종교, 정치 등의 존재양식에 따라 변천해 왔다.

인공수정 artificial insemination

출산을 위해 성적 접촉이 아닌 다른 방법으로 정자와 난자를 결합하는 것. 자연적으로 임신할 수 없었던 많은 여성들이 이 방법을 통해 임신하게 되었다. 의사는 외과용 기구를 이용하여 해당 여성의 남편이나 타인에게 받아낸 정액을 나팔관이나 자궁에 주입하는 것을 인공수정이라 한다.

인구통계학 demography

인구 변동과 그 특징을 체계적으로 연구하는 학문.

인권 human rights

사람이 사람답게 살기 위해 필요한 것으로서 당연히 인정된 기본적 권리(기본적 인권). 인권에는 모든 개인에게 보편적으로 해당하는 광범위한 가치들이 포함된다. 인권의 개념은 헬레니즘 시대의 스토아학파의 자연법사상에서 유래했다. 스토아학파는 모든 창조물에는 어떤 보편적인 힘이 스며들어 있기 때문에 인간의 행동은 자연법과 만민법에 따라 평가되어야 한다고 보았다.

인두세 payroll tax

임금이나 봉급에 부과되어 고용주가 지불하는 세금으로서 보통 실업보상(unemployment compensation)과 같은 프로그램을 말한다. 일부 경제학자는 이를 소득세(income tax)라고도 한다.

인보관 settlement house

인보관운동은 빈민가 사람의 생활개선을 목표로 시작되었다. 1884년 바네트 목사에 의해 런던에 세계 최초의 인보관인 토인비 홀이 설립되었고 이 운동은 곧 미국으로 옮겨져 1886년 Stanton Coit에 의해서 뉴욕에 미국 최초의 근린조합이 설립되었다. 이어 1889년 애덤스와 스타가 시카고의 빈민가에 설립한 유명한 헐 하우스 등으로 이어지면서 주민 상호 간에 서로 배우고 가르치고 돕는 인보관운동이 전개되었다.

인사관리 staffing

사회복지 행정에서 직원의 효과성을 유지하고 증대하기 위해 고안된 조직의 활동. 유명한 피고용인이나 자원봉사자를 면접하고 채용하며, 직원들에게 임무부여 · 승진 · 발령 · 해고를 하며, 현장훈련(inservice training)과 직원 개발을 한다.

인적 자본 human capital

교육을 통해서 축적된 생산력은 결국 노동소득과 연결된다는 측면에서 인적 자본의 개념은 교육의 투자효과를 강조하고 있다.

인종차별 apartheid

나치스에 의한 유대인 차별, 남아프리카 공화국에서 백인과
흑인을 차별하는 정책인 아파르트헤이트, 오스트레일리아에
서 유색 인종의 이민을 금지하는 백호주의 등이 대표적이다.
오늘날에는 아파르트헤이트와 백호주의는 폐지되었으나, 여
러 민족이 함께 섞여 사는 미국이나 유럽의 여러 나라에서는
아직도 인종 문제가 완전히 해결되지 않았다.

인종차별주의 racism

대개 인종을 이유로 인간에 대해 부정적으로 고정화하고 일
반화하는 것. 통상 인종적 소수집단의 구성원에 대한 식별
(discrimination)에 기초하고 있다.

인지 cognition

관련된 정보를 지각하고 이해하고 기억하며 평가하는 정신적
과정.

인지도 cognitive map

환경에 대한 개인의 이미지나 지각적 영상.

인지모델 cognitive models

사람이 현상을 인식하고, 지각하거나 이해하게 되는 방법의
표현. 이러한 모형은 피아제 이론(Piagetian theory)에서처럼
인간 개개인이 자신들의 세계를 이해하고 지식을 형성하는

능력을 어떻게 개발하는지를 생각하고 기술하는 데 사용될 수 있다. 또한 이 모형은 합리적·정서적 치료(rational-emotive therapy)[엘리스(Albert Ellis)], 현실치료(reality therapy)[글래서(William Glasser)], 개인심리학적 치료(individual psychology)[아들러(Alfred Adler)], 합리적 개별사회사업(rational casework)[선리(Robert Sunley)]와 워너(Harold D. Werner) 등과 같은 치료 접근법을 설명하는 데 사용된다.

인지발달 cognitive development

개인이 정보를 지각하고 평가하며 이해할 수 있는 지적인 능력을 습득하는 과정. 피아제(Jean Piaget)는 가장 완전한 인지 이론을 형성하였다. 그는 인간 발달을 네 가지 전형적인 단계로 분류하였다. 즉 감감운동기(sensorimotor stage, 출생~2세), 전 조작기(preoperational stage, 2~7세), 구체적 조작기(concrete operations stage, 7~11세), 형식적 조작기(formal operations stage, 11세~청년기). 피아제 이론(Piagetian theory) 참조.

인지이론 cognitive theory

개인이 정보를 받아들이고, 처리하고, 반응하고, 반응하기 위한 지적인 능력을 개발시키는 방법에 관련된 일련의 개념들· 인지적 개념들은 행위가 일치적으로 본능적인 성향이나 무의식적인 동기보다는 오히려 사고와 목표에 의해 결정된다는 점을 강조한다.

인지치료 cognitive therapy

어떤 행위에 대한 클라이언트의 의식적 사고과정, 동기, 행위의 원인에 초점을 맞추어 인지이론(cognitive theory) 개념을 이용한 임상적 개입. 이 인지치료의 주요 창시자는 아들러(Alfred Adler)이다. 현재 이 접근의 유형으로는 합리적·정서적 치료(rational-emotive therapy), 현실치료(reality therapy), 실존주의 치료(existential therapy), 합리적 개별사회사업(rational casework) 등이 있다. 초기의 심리사회적 경향을 지닌 '프로이트 이전의' 사회복지사들은 인지적 접근과 공통점이 많았다.

인플레이션 inflation

통화량이 팽창하여 화폐 가치가 떨어지고 물가가 계속적으로 올라 일반 대중의 실질적 소득이 감소하는 현상. '물가 오름세'로 순화.

일 work

자신과 사회에서 필요한 재화와 서비스를 만들어 내는 유급과 무급의 제반 생산적 활동.

일반체계 이론 general systems theory

체계의 구성요소들과 이것들의 하부체계(subsystem)를 평형상태(equilibrium)로 유지하고 안정시키려는 통제수단 간의 상호작용을 인지함으로써 사람과 사회집단의 행동을 전체론적으로 설명하려는 개념상의 정립을 말한다. 그것은 경계(boundaries),

역할(role), 관계(relationship) 및 사람들 사이의 정보교환의 통로와 관련되어 있다. 일반체계이론은 미생물로부터 사회집단까지 생존물에 초점을 둔 체계이론(systems theories)의 한 부류이다.

일반화 generalization

한정적이거나 특수한 경험에 기초한 사람, 일 또는 사건의 부류에 관한 신념, 판단 또는 추상 등을 구성하는 과정 개인이 보편적으로 개인의 문제들의 성격을 규정함으로써 그것들에 대해 토론하기를 회피하는 행위 또는 행동양식. 예를 들면, 어떤 클라이언트는 현재의 부부 간의 갈등을 숨기기 위하여 "모든 부부는 싸운다"고 말한다. 일반화는 또한 클라이언트의 경험과 다른 사람들의 경험을 연결 짓거나 분명하게 하기 위해 사회사업실제에서도 사용된다. 예를 들면, 사회복지사는 "모든 사람은 때때로 우울하게 느낀다"고 말한다.

일차 집단 primary group

절친하여 빈번하게 긴밀한 개인적인 접촉을 갖는 사이로서 공통적인 규범을 보유하고, 상호 지속적으로 광범위한 영향력을 공유하는 사람들을 말한다.

일탈 deviance

어떤 사회의 사회적 규범으로부터 일탈된 행동. 정상행위나 기존의 기준과 뚜렷이 구분되는 행위, 또는 수용되는 기준과

뚜렷이 구분되는 행위, 또는 수용되는 기준과 상반되는 행동, 규범, 가치의 기준을 유지하는 행위이다.

임금피크제 salary peak

일자리 나누기(work sharing)의 한 형태로, 일정 연령 이후 업무능력이 떨어지는 장기근속 직원에게 임금을 줄여서라도 고용을 유지하는 능력급제의 일종이다. 즉 일정 근속 연수가 되어 임금이 피크에 다다른 뒤에는 다시 일정 비율씩 감소하도록 임금체계를 설계하는 것이다. 미국·유럽·일본 등 일부 국가에서 공무원과 일반 기업체 직원들을 대상으로 선택적으로 적용하고 있으며, 우리나라에서는 1998년에 공무원을 대상으로 임금피크제를 도입하려고 했으나 교원 정년 단축으로 백지화되었다. 2003년 7월 신용보증기금이 국내에서 처음으로 임금피크제를 도입했다. 임금피크제는 크게 정년보장형, 정년연장형으로 나뉜다. 우리나라의 경우 대다수의 임금피크제 도입 기업들은 정년보장형을 채택하고 있다. 이 유형은 정해진 정년까지 고용을 보장하는 대신 일정 연령에 도달한 시점부터 정년까지 임금을 삭감한다. 정년보장형 임금피크제는 임금 인상보다는 고용 안정을 원하는 근로자에게 현실적인 만족감을 줄 수 있다는 것과 기업에게는 고용 조정에 따른 부담감과 인건비 절감의 효과를 얻을 수 있다는 장점이 있다. 그러나 기업 내 인건비 절감이나 인력구조 변경 목적으로 악용될 소지가 있고 자칫 정리해고의 대체수단으로 사용될 여지가 있다.

임금통제 wage controls

고용주가 근로자에게 지불할 수 있는 임금의 인상이나 인하 액을 제한하는 정부 규제 명시된 목적은 주로 물가상승을 억제하고 고용을 증가시키는 것이다. 이러한 정책은 종종 가격 통제(price controls)에 수반된다.

임상가 clinician

주로 사무실, 병원, 진료소 혹은 다른 통제된 환경에서 클라이언트와 직접 일하는 전문가. 임상가는 이 시설에서 문제를 연구하고 클라이언트의 상태를 평가하고 진단하며 클라이언트가 정해진 목표를 달성하도록 직접적인 처치와 도움을 주며, 사회사업 임상가는 일반적으로 자신의 사무실에서 클라이언트(개인, 가족 혹은 집단)에게 직접적인 원조 서비스를 제공하는 사람이다.

임상사회사업 clinical social work

주로 사회복지사의 사무실에서 이루어지는 개인, 집단, 가족에 대한 직접적인 사회사업 개입의 특수한 형태. 일부 전문 사회복지사들은 이것을 개별사회사업(social casework)이나 정신의료 사회사업(psychiatric social work) 등과 동의어로 사용하지만, 다른 사람들은 이 용어를 매우 다른 의미로 받아들이고 있다. 1970년대로 접어들면서 미국은 존슨의 사회복지정책에 대한 보수주의자의 공격으로 인해 공공부문의 직업과 훈련수당이 삭감되는 등 어려움을 겪게 되었다. 이때 발전하게 된 것이 임상사회사업이다. 기존 NASW가 사회변화에 관심을 지나치게 가지고 있다고 생각하던 직접적 실천의 지지자들은 1971년에 임상사회사업연맹을 구성하였다.

임상사회복지사 Licensed Clinical Social Worker(LCSW)

1950년대 초에 전문직으로서의 사회사업이 우리나라에 소개된 이후 최근에 들어 임상사회사업(clinical social work)이란 용어가 사회복지분야에서 광범위하게 사용되고 있다. 근원적으로 의학 분야에서 시작되었으나, 현재에는 사회복지뿐만 아니라 심리학과 법학 분야에서도 광범위하게 사용한다.

임신 gestation

착상에서 출생까지의 기간을 말하며, 인간의 임신기간은 평균 266일이다.

입양 adoption

혈연관계가 아닌 일반인들 사이에서 법률적으로 친자관계(親子關係)를 맺는 행위. 이 관계를 맺기 위해서는 양자(養子)를 원하는 자나 양자가 되려는 자 사이에 합의가 있어야 하며, 양자가 될 자가 15세 미만일 때는 부모나 친족의 동의를 얻어야 한다. 부모·친족이 없거나 또는 양자가 되려는 자가 금치산자일 때는 후견인의 동의를 얻어야 하는데, 이 경우

가정법원의 허가가 있어야 한다. 또 배우자가 있는 자가 양자를 원하거나 양자가 되려는 경우에는 배우자의 동의를 얻어야 한다.

효력은 호적법의 규정에 따라 신고함으로써 발생하며, 이때 당사자 쌍방과 성년의 증인 2명이 공동 서명한 신고서를 제출하여야 한다. 입양신고를 마치면 양자와 양친 사이에 법정 친자관계가 발생하고 부양이나 상속에 자연혈족의 경우와 동일한 권리가 인정된다.

입양신고를 마친 뒤라도 입양 성립요건에 중대한 결격사유가 발생한 때는 가정법원을 통해 입양을 취소할 수 있다. 이 경우 친자관계는 자연 소멸되며, 양자는 원칙적으로 본디 호적으로 되돌아간다. 무효 또는 취소된 경우 당사자 한쪽은 과실이 있는 상대방에 대해 이로 인한 손해배상을 청구할 수 있다.

한국전쟁을 전후하여 생긴 전쟁고아와 혼혈아에 대한 대책의 일환으로 입양사업을 시작했고, 근대화 이후 미혼모 및 가정 불화 등에 기인한 아동유기(兒童遺棄)가 늘어나면서 점차 사회문제로 떠오르고 있다. 우리나라는 국내입양을 촉진하기 위해 정부에서는 1995년 「입양특례법」을 개정하여 입양가정에 주택융자 및 교육비·의료비·생활비 등을 보조해 주고 있다. 현재 입양에 관한 모든 절차는 2000년 1월 12일 일부 개정된 「입양촉진 및 절차에 관한 특례법」(법률 제6151호)을 근거로 하고 있다.

[ㅈ]

자격증 certification

자격은 일정한 신분이나 지위를 가지거나 일정한 일을 하는 데 필요한 조건이나 능력을 말하며, 자격증은 일정한 자격을 인정하여 주는 증서이다. 자격의 종류에는 국가기술자격, 국가전문자격, 국가공인민간자격(국가공인자격), 민간자격이 있다. 민간자격은 모두 한국직업능력개발원 '민간자격 정보서비스' 웹사이트에 등록되도록 되어 있다. 면허증이 있는 분야의 경우 없는 사람은 법적으로 그 일을 할 수 없으나, 자격증의 경우 그것이 없다고 해도 반드시 그 일을 법적으로 못한다는 것은 아닌 것이다. 일부의 경우 자격증 취득 후 해당 자격증에 따른 면허증을 별도로 발급받아야 업무 수행이 가능한 경우도 있다.

자기결정 self-determination

클라이언트의 자기결정이란 사회복지실천 전 과정에 걸쳐서 클라이언트가 모든 의사결정과정에 참여하여 스스로 선택하고 결정하는 것을 의미한다. 이는 모든 인간은 자기 삶에 대한 결정을 스스로 내릴 수 있다는 인간의 능력과 자유에 대한 믿음과 존중심에서 기인한다.

자기민족 중심주의 ethnocentrism

자신이 속한 집단의 가치관, 사고법, 생활양식을 미화하여 그것을 절대시하는 한편, 타(他) 집단에 대해서도 그 규범을 유용하여 반감을 갖거나 증오, 열악한 것으로 보는 태도를 말한다. 원래 섬너(William Graham Sumner)가 도입한 개념이지만 아도르노(Theodor Wiesengrund Adorno) 등이 권위주의적 퍼스낼리티의 척도로서 F스케일의 개념을 제창할 때 그 설정요인의 하나로서 자기민족중심주의 척도(E척도)를 이용함으로써 널리 알려지게 되었다.

이 용어는 민족 집단에 한정하여 사용되는 것은 아니며 동일한 종교나 이데올로기를 갖는 집단, 지역이나 국가의 집단 등 다양한 레벨에서 사용된다. 인간은 누구나 특정의 문화 환경 속에서 성장하여 거기에 적응한 가치관을 가지고 있기 때문에 그 이외의 문화를 부자연스럽게 느끼고 더 나아가 불합리하여 받아들이기 어려운 것으로 여긴다. 그 결과로서 나타난 편견이나 차별, 배척, 공격 등의 태도는 자기민족중심주의 증후군을 형성하고 이러한 태도가 배외주의(排外主義)적인 행동으로 이행하여 역사적으로 많은 항쟁의 원인을 만들어 왔다. 또한 자기민족중심주의는 인종적 편견, 권위주의적 퍼스낼리티, 보수성 등과 연계되어 대중의 태도를 대표하는 정치체제도 마찬가지로 권위주의적, 보수적인 것이 되는 경향이 있으며 비민주적인 탄압행위가 이루어지는 경우도 있다. 현대사회에서는 국제관계가 복잡해져 자기민족중심주의의 폐해를 없애기 위해 이문화(異文化) 이해의 필요성이 강조되고 있다.

자기중심주의 egocentrism

자기에 대한 지나친 집착이나 자기 중요성에 대한 과장된 견해를 말한다. 또한 피아제 이론(Piagetian theory)에서는 아직 다른 사람의 견해를 받아들이는 것을 배우지 못한 6세 이하 어린이의 정상적인 상태이다.

자기통제 self-control

인간이 자기가 처한 환경이나 상황에 합당하도록 자신의 충동 또는 행동을 통제할 수 있는 상대적 능력이다.

자기폭로 self-disclosure

사회사업 면접을 하는 과정에서 사회복지사가 클라이언트에게 자신에 대한 정보, 개인의 가치관, 또는 행동 등을 폭로하는 것. 전문직에서는 이와 같은 자기폭로에 대해서 해야 한다 또는 해서는 안 된다는 가치판단을 하지 않으나, 경우에 따라서는 자기폭로가 도움이 된다고 인정될 때도 있다. 그러나 일반적으로 자기폭로가 클라이언트를 도우려는 목적이나 치료적 효과에 도움이 되지 않는다면 자기폭로를 하지 않는 것이 바람직하다는 데 약간의 합의가 이뤄졌다.

자문 consultation

특별한 전문성을 소유한 기관이나 개인(가령 상담가) 혹은 특수한 문제를 해결하기 위해 전문성을 필요로 하는 사람들 간의 상호관계를 말한다. 카두신(Alfed Kadushin)은 사회사업 자문을 자문가들이 일과 관련된 문제에 직면한 개인, 집단 조직, 지역사회에 상담과 기타 다른 원조활동을 제공하는 문제 해결과정으로 묘사했다. 상대적으로 연속적이고 많은 관심영역을 포함하는 지도감독(supervision)과는 달리, 자문은 임시적이거나 일시적인 기반에 근거해서 일어나며 특별한 목표나 상황초점(situation focus)을 갖는다. 감독관과는 달리 자문가는 충고를 받는 사람들에게 어떤 특별한 행정적 권한을 가지고 있지 않다.

자본주의 capitalism

이윤추구를 목적으로 하는 자본이 지배하는 경제체제. 현재 서유럽과 미국, 대한민국을 비롯한 많은 나라의 국민들은 '자본주의체제'리는 경제체제 아래서 경세생활을 영위하고 있다. 이와 같은 체제가 발생한 것은 인류의 유구한 역사에서 볼 때 비교적 오래되지 않은 일이다. 이 경제체제는 16세기 무렵부터 점차로 봉건제도 속에서 싹트기 시작하였는데, 18세기 중엽부터 영국과 프랑스 등을 중심으로 점차 발달하여 산업혁명에 의해서 확립되었으며, 19세기에 들어와 독일과 미국 등으로 파급되었다. '자본주의'라는 말은 처음에 사회주의자가 쓰기 시작하여 점차 보급된 용어인데, 자본주의란 무엇인가에 대하여는 명확한 정의(定義)가 있는 것은 아니다. 자본주의란 말은 사람에 따라 여러 가지 뜻으로 쓰이고 있다. 예를 들면 이윤획득(利潤獲得)을 위한 상품생산이라는 정도의 뜻으로도, 단순히 화폐경제(貨幣經濟)와 동의어로도 쓰이며(이 경우 부분적으로는 고대와 중세에도 자본주의가 존재하였다고 가정), 사회주의적 계획경제에 대하여 사유재산제(私有財産制)에 바탕을 둔 자유주의 경제라는 뜻으로 쓰이는 경우도 있다.

자산조사 means test

생활보장사업의 대상자 선정에서 필히 행하여지는 것으로 복지수혜자에게 사회적 낙인을 조장시키는 등 명예훼손에 영향을 주고 있다. 이에 자산조사에 대한 비판과 더불어 찬성과 반대의 의견이 대립되고 있다. 먼저 찬성의견을 보면 공금을 절약할 수 있고 개인의 욕구를 규명할 수 있고 공적부조의 보완적 성격을 충족할 수 있다는 것이며, 반대의견을 보면 개인의 권리와 존엄성이 침해되고 클라이언트의 욕구 정도를 결정하기가 어렵고 자산조사를 위해 막대한 행정비용이 소요된다는 것이다. 그러나 어느 국가든 자산조사는 행해지고 있다. 가능한 한 수혜자의 명예가 보장되는 범주 내에서 시행되도록 유도함이 바람직하다.

자살 suicide

행위자가 자신의 죽음을 초래할 의도를 가지고 자신의 생명을 끊는 행위. 자살의 어원은 라틴어의 sui(자기 자신을)와 cædo(죽이다)의 두 낱말의 합성어이다. 여기서 알 수 있듯이, 자살이란 그 원인이 개인적이든 사회적이든, 당사자가 자유의사(自由意思)에 의하여 자신의 목숨을 끊는 행위를 말한다.

자선 charity

동료 인간에 대한 사랑으로, 욕구가 있는 사람에게 물건이나 서비스를 기부하는 것이다.

자선조직협회 Charity Organization Societies(COS)

현대적인 사회서비스 기관의 효시로서 민간이 운영하고 박애주의에 의해 기금이 조성되는 기관. 1877년에 뉴욕과 버펄로에서 처음으로 조직되었고 그 후 동부지역의 대도시에도 많이 설립되었다. 이 협회의 직원들은 클라이언트에게 직접 서비스를 제공하고 사회 문제를 처리하기 위한 지역사회의 노력들을 조정하는 자원봉사자들로 구성되었다. 우애방문자(friendly visitors)로 알려진 COS 직원들은 점차 전문화됨에 따라 사회복지사로 불리게 됐다. 1930년대에 정부가 국민의 경제적·

사회적 안정에 더욱 책임을 떠맡게 됨으로써 COS의 목표는 달성되었고, 대부분의 기관은 폐쇄되거나 미국가족서비스협회(Family Service Association of America) 등과 같은 다른 민간 사회사업기관과 합병하게 되었다.

자아 ego

사고, 감정, 의지 등의 여러 작용의 주관자로서 이 여러 작용에 수반하고, 또한 이를 통일하는 주체. 자기 자신(the self), 인지(cognition), 인식(perception), 방어기제(defense mechanism), 기억(memory)과 운동통제(motor control)로 구성되어 있는 신체의 요구와 환경의 실제 나이를 중재하는 정신부분. 정신역학 이론에서는 이드(id, 생리적·원시적 충동)와 초자아(superego, 사회적 금지에 대한 내화체계)와 함께 정신(psyche)의 3대 분야 중 하나를 말한다. 건전한 자아는 이런 경쟁적 압력사이에서 타협의 길을 터서 우리로 하여금 환경의 욕구를 잘 처리할 수 있게 한다.

자아기능 ego functioning

자아가 사회적 요구를 처리하고 내적 심리적 갈등을 조절하는 방법을 말한다.

자아도취 narcissism

지나친 자기도취나 자기애, 자기중심주의의 극단적인 형태.

자아력 ego strengths

정신역학 이론상 문제해결을 위해, 정신적 갈등해결을 위해, 정신적·환경적 어려움을 방어하기 위해서 개인이 이용할 수 있는 정신적 에너지의 정도. 또한 논리적 사고, 지성, 지각력 그리고 직접적 만족을 성취하려는 충동을 자제할 수 있는 개인의 능력을 말한다.

자아실현 self-actualization

한 개인이 소유하고 있는 가능성(잠재력)의 최대한의 개발 및 발전을 칭하는 상대적인 개념 매슬로(Abraham Maslow)에 의하면 아래에 열거된 기본적인 욕구를 성취한 후에 모든 인간들이 성취하고자 하는 것이 바로 이 자아실현에 대한 욕구라고 한다. 이 기본적인 욕구는 생리적 욕구(physiological needs: 식량, 공기, 물, 휴식), 안전욕구(safety needs: 안정, 공포로부터의 해방, 생활보장), 소속욕구(belongingness needs: 가족, 친구, 애정, 친밀성), 존경 욕구(esteem needs: 자존심 및 타인으로부터 인정받음)를 포함한다.

자아심리학 ego psychology

인간의 생래적(生來的) 자아를 대상으로 하는 심리학. S. 프로이트 초기의 심리학은 무의식을 대상으로 하는 심층심리학이었으나, 후기의 심리학은 자아를 대상으로 하는 심리학으로, 이를 심층심리학과 구별하여 자아심리학이라 부른다. 또,

최근에는 흔히 프로이트 정통학파임을 주장하는 미국의 H. 하르트만 일파의 심리학을 자아심리학이라 하는 경우가 있다. 자아는 불안이나 심리적 갈등에 근거하여 형성되는 것이 아니고, 오히려 생래적·자생적(自生的)인 것이어서, 갈등과는 관계없이 형성되는 자율적인 것으로 보았다. 사회적으로 격리되고 적절한 자극을 받지 못해 친자관계가 부적절하게 형성되면 자아는 발달하지 않는다. 자아심리학에서는 자아란 '지각하고 판단하며 결정을 내리고, 환경변화에 대응하여 적응해 가는 기능을 완수하는 것'이라고 주장한다. 그러나 이와 같은 자아에 대한 견해가 과연 프로이트 심리학의 정통인가 아닌가에는 문제가 있다. 프랑스의 분석가 J. 라캉은 자아심리학을 적응만을 고려하는 심리학이라고 비판하였다. 최근에는 자아심리학이 아닌 자기심리학(自己心理學)의 경향이 인정되고 있다.

자아통합 ego integration

통합체로서 개인성격의 여러 양상에 대한 내적 조화와 적합성을 달성하는 것.

자원 resources

욕구 충족에 쓰일 수 있는 필요한 기존의 서비스 또는 물질(상품)을 통칭하여 자원이라 한다. 사회복지사의 일차적인 기술(primary skill)은 클라이언트를 돕는 데 필요한, 현존하고 있는 지역사회의 자원에 대한 지식과 그것을 활용하는 능력이다. 사회복지사가 전형적으로 활용하는 자원들은 관련된 다른 사회기관, 정부의 프로그램, 자원봉사자 및 자조집단(self-help groups), 자발적인 원조자(natural helpers), 그리고 클라이언트를 도울 수 있는 자질과 동기를 갖고 있는 지역사회에 살고 있는 개인들이다.

자원봉사자 volunteer

자원봉사자(自願奉仕者)는 사회 또는 공공의 이익을 위한 일을 자기 의지로 행하는 사람이다. 자원봉사자를 줄여서 봉사자라고도 하며, 그런 자원봉사자가 모인 단체를 자원봉사단이라 한다. 이들의 봉사 활동은 보통 비영리단체(非營利團體, NPO: Non-Profit Organization)를 통하는 경우가 많다. 때때로 이 방식의 봉사 활동은 공식 봉사 활동으로 불린다. 하지만 이들 공식 봉사 단체와는 별도의 개인 또는 몇몇 사람들이 비교적 격식을 차리지 않고 자유롭게 봉사 활동을 펼치는 경우도 있다. 이러한 비공식적인 봉사 활동은 보통 알려지지 않기 때문에 통계수치로 잡기가 무척 힘들다.

자원봉사에 임하는 사람은 다양한 형태로 보상을 얻는다. 예를 들어, 보람이나 경험 등의 정신적 보상이나 교통비나 식사비, 소정의 활동비 등을 제공받는 금전적 보상이 있을 수 있다. 또한 그 밖에도 취업 또는 진학에 도움이 되는 경력을 쌓기 위한 목적에서 자원봉사를 하기도 한다. 어떤 기준으로

자원봉사인지 그렇지 않은지를 나눌지에 대해서는 다양한 견해가 있다.

자원체계 resource systems

물질적, 정서적 또는 정신적인 욕구를 충족시켜 줌으로써 생존을 가능케 하고 개인의 희망을 달성시키고 기타 생활의 과제를 해결하는 데 필요한 사회심리학적·생물학적 및 환경적 근원을 말한다. 대체로 세 가지 형태로 자원체계를 분류할 수 있는데, 비공식 유형(informal type: 가족, 친구 및 이웃), 공식 유형[formal type: 전국사회복지사협회(NASW)와 노동조합 같은 조직의 멤버십], 사회제도적 유형(societal type: 사회보장 프로그램, 교육 및 보건보호 제도)이 있다. 사회사업실천의 기본적인 목표는 이들 자원체계의 기능을 강화하는 것이며, 클라이언트와 이들 체계를 연결해 주는 것이다.

자유방임 laissez-faire

개인의 경제활동의 자유를 최대한으로 보장하고, 이에 대한 국가의 간섭을 가능한 한 배제하려는 경제사상 및 정책.

자율성 autonomy

독립적인 행동을 할 수 있는 개인의 감각. 즉 자신의 욕구를 충족시킬 수 있는 능력, 또는 다른 사람의 통제로부터의 독립을 말한다.

자조조직 self-help organization

체계를 갖춘 공식화된 단체로서 문제를 지닌 성원을 이미 성공적으로 문제의 해결을 경험한 성원들과 만나게 함으로써 상호부조의 서비스를 제공하는 조직을 말한다. 미국 전역에 지부를 갖고 있는 이러한 유형의 조직들은 다음과 같다. 알코올중독자갱생회(Alcoholics Anonymous: AA), 알아논(Al-Anon), 습관성구타갱생회(Batterers Anonymous), 우울증환자모임(Depressives Anonymous), 도박금지단체(Gamblers Anonymous), 자녀보호권이 박탈된 어머니회(Mothers Without Custody), 약물중독자 모임(Narcotics Anonymous), 신경증환자모임(Neurotics Anonymous), 과식자모임(Overeaters Anonymous), 조산아 및 질환이 많은 유아부모들의 모임(Parents of Premature and High-risk Infants), 편부모모임(Parents Without Partners: PWP), 갱생협회(Recovery, Inc.), 국제스트로크클럽(Stroke Club International), 여성금주조직(Women for Sobriety) 등이다.

자조집단 self-help groups

공통의 문제나 욕구를 가지고 있는 비전문가들이 하나의 그룹 또는 단체를 형성하여 상당 기간 동안 상호부조의 목적으로 자신들이 공통으로 당면하고 있는 문제의 해결을 위해 정보와 자원을 교환하려고 조직한 자발적인 연합체이다.

자존심 self-esteem

자신에 대한 존엄성이 타인들의 외적인 인정이나 칭찬에 의해서가 아니라 자신 내부의 성숙된 사고와 가치에 의해서 얻어지는 개인의 의식.

자폐증 autism

외부 세계에 거의 관심을 기울이지 않고 다른 사람들이나 사물과 효과적으로 관계를 형성할 능력도 거의 없으며 내적인 소망이나 감정에 온통 관심을 집중시키는 발달 장애(developmental disorder), 다른 증상으로는 의사소통 기술이 결여되어 있고, 타인과 비정상적인 방법으로 관계를 형성하며, 감정에 대하여 일상적이지 못한 반응을 나타낸다. 이러한 증상은 저연령의 아동이나 유아에게서 가장 흔히 나타나며 이러한 것을 유아자폐증(infantile autism)이라 한다.

ㅈ

작업장 workhouse

18세기 여러 국가들에서 보편적이었던, '부조(assistance)'의 원내구호(indoor relief) 형태. 이것은 원조를 받는 빈곤한 사람들에게 특정한 시설에서 거주하고 일하도록 했다. 정부는 빈곤한 사람들의 노동력과의 교환으로 이들에게 주거와 식사를 제공하기 위해 개인들과 계약을 맺었다. 건강한 성인뿐 아니라 유아, 아동, 노령자, 불구자, 질환자를 수용시킨 이 프로그램은 18세기 후반에 조금 더 인간적인 구빈원(almshouse)과 원외구호(outdoor relief)를 지지함으로써 단계적으로 폐지되었다.

작업치료 occupational therapy

치료를 목적으로 환자가 일·놀이·자가 간호 등의 활동을 하는 것. 정신장애인, 결핵 회복기의 환자, 신체장애인 등에 응용되며 사회복귀요법과 이어지는 치료법의 하나이다. 어린이의 경우에는 놀이가 이용된다. 신경정신과에서 취급하는 것은 정신요법(심리요법)의 일종으로서, 정신질환 때문에 사회 적응성을 잃은 환자에 대하여 실시한다. 생활지도(예의요법)나 레크리에이션 요법 등과 병행하여 생산적인 일에 종사시키는 근로요법(협의의 작업요법)을 통하여 사회로의 적응력을 키우는 것이다.

18세기 말 프랑스의 정신병 전문 의사 P. 피넬(1745~1826)이 우리 속에 감금되어 죄인과 같은 취급을 받고 있던 광인을 개방하여 의학적 치료로서 시도한 작업요법이 최초의 것이다. 결핵환자에 대해 실시하는 것은 자극요법의 일종으로, 비활동성 또는 정지성인 병세를 보이는 환자가 대상이 된다. 정신적·육체적 활동과 함께 일광·공기·바람·온도 등이 자극이 되어 치유를 촉진시키는 외에, 실생활로의 복귀준비로서, 단련이나 교육, 혹은 예후나 근로능력의 판정방법 등의 의미도 지니고 있다. 원예나 농작물의 재배작업 등 비교적 가벼운 작업으로 옥외에서 하는 것이 많다.

정형외과 또는 물리요법내과 등에서 하고 있는 것은 훈련요법이라고도 하며, 운동요법에 이어서 실시하고 있다. 뇌졸중후유증·운동신경마비·관절강직·근위축 등의 운동장애가 생긴 환자가 대상이 된다. 먼저 운동동작의 반복훈련부터 시작하고, 후에 일련의 작업에까지 발전시켜 가는 것이다. 많은 요소가 조합되어 있어 치료효과가 크다. 작업으로는 줄질을 비롯하여 톱질·실톱질 등의 목공, 수직기에 의한 직조, 금공(金工)이나 판금(板金), 피세공(皮細工)이나 죽세공, 점토세공, 타자 등 많은 방법이 이용되고 있다. 이때 이러한 작업요법을 훈련·치료하는 업무에 종사하는 의료기사를 작업요법사라고 한다.

「의료기사 등에 과한 법률」에 의해 1973년부터 자격시험이 실시되고 있는데, 숙련되고 병적 심리에 정통한 작업치료사가 필요하다. 환자는 그에게 의존하여 감정전이(感情轉移)를 가지고, 그와 자기를 동일시하는 경향을 나타내게 된다. 따라서 작업치료사는 명랑하고 친절하며, 공평하고 품위가 있는 사람이어야 한다. 그런 의미에서 작업치료는 하나의 심리요법이라 할 수 있다.

장기요양보험 long-term care insurance system

현대 국가는 그 내용이나 정도에 차이가 있으나 모두 복지국가를 표방하고 있다. 대부분의 국가에서는 경제발전과 보건의료의 발달로 인한 평균 수명의 연장, 자녀에 대한 가치관의 변화, 보육 및 교육문제 등으로 출산율이 급격히 저하되어 인구구조의 급속한 고령화 문제에 직면하고 있으며, 이러한 사회변화에 따른 새로운 복지수요를 충족하기 위한 것이 장기요양보장제도이다.

즉, 노화 등에 따라 거동이 불편한 사람에 대하여 신체활동
이나 일상가사활동을 지속적으로 지원해 주는 문제가 사회적
이슈로 부각되기 때문이다. 특히, 고령화의 진전과 함께 핵가
족화, 여성의 경제활동참여가 증가하면서 종래 가족의 부담
으로 인식되던 장기요양문제가 이제 더 이상 개인이나 가계
의 부담으로 머물지 않고 이에 대한 사회적·국가적 책무가
강조되고, 이와 같은 사회 환경의 변화와 이에 대처하기 위
하여 이미 선진 각국에서는 사회보험방식 및 조세방식으로
그 재원을 마련하여 장기요양보장제도를 도입하여 운영하고
있다.

장애 handicap

다른 사람들이 보통 행하는 기능에 대한 개인의 능력을 방해
하거나 제한하는 신체적 또는 정신적인 손상.

장애급여 disability benefit

신체적, 정신적 상태 때문에 어떤 활동을 할 수 없는 사람에
대한 현금, 현물, 서비스의 급여, 장애에 기초한 일종의 범주
적 부조(categorical assistance)를 의미한다. 미국의 지체부자유
지에 대한 보충직 소득 보장(Supplemental Security Income: SSI)
계획은 근래 이 형태의 프로그램 중 가장 대표적인 실례이다.

장애인 disabled

특정한 신체적, 정신적 조건과 질환 때문에 어떤 임무나 기능을 수행하지 못하는 사람. 상황은 일시적이거나 영구적일 수도 있고, 부분적이거나 전체적일 수도 있다.

재난 disaster

천연적이든 인위적이든 간에 시간적·공간적으로 집중되어 재산, 인명 및 건강에 피해를 주는 결과를 가져오는 이상사건. 이것은 또 필수기능을 지속시켜야 할 사회제도의 능력을 파괴하기도 한다.

재무관리 financial management

어떤 사람의 소득과 지출의 계획, 통제, 감독. 이것은 적절한 기록과 부기, 구매결정을 위한 우선순위와 시기를 계획하고 집행하는 것, 낭비의 최소화, 그리고 예산을 포함한다. 사회사업 행정가는 그들의 관리책임상 통합적 한 부분으로서 재무관리에 관심을 갖게 된다. 일선에서 일하는 사회복지사는 흔히 그들의 일부 클라이언트에게 재정을 계획하고 관리하는 방법을 가르치거나 도와준다.

재활 rehabilitation

건강하고 유용한 능력을 되찾거나, 현 상황을 가능한 한 만족스러운 상황으로 복귀시키는 것. 사회복지사는 통상 부상(상해), 질병, 역기능으로 인해 손상을 받은 사람들을 돕는 데

이 용어를 사용한다. 이러한 재활을 돕는 과정은 병원, 사회 사업 기관, 진료소(clinic), 학교, 교도소 및 기타 여러 곳에서 이뤄지며, 물리치료, 심리치료, 운동, 훈련 및 생활방식의 변화 등을 실시한다.

저능 imbecile

지능지수 IQ 25 이상 50 이하를 보이는 정신적으로 뒤처진 사람과 관련되어 한때 쓰인, 시대에 뒤떨어진 용어.

저항 resistance

사회복지사의 영향력에 대해 방어하려는 클라이언트들이 사용하는 회피(avoidance) 행동. 또한 정신분석 이론(psychoanalytic theory)에서 한 개인의 무의식(unconscious) 생각을 의식의 세계로 끄집어내는 것을 막는 정신적 과정이다.

적응 adaptation

생존, 발달, 충분한 재생산기능을 위해 환경에 잘 적응(goodness of fit)해 나가려는 개인과 종족의 활동적 노력. 저메인[Carel B. Germain(Social Work Practice: People and Environments, New Yark, Columbia University Press, 1979)에 따르면, 적응은 개인과 환경 사이의 상호과정인데 개인이 환경을 변화시키고, 환경에 의해 변화되는 것을 포함한다. 체계이론(systems theories)을 지향하는 사회복지사는, 적응능력을 지지하고 강화시킴으로써 스트레스가 많은 삶을 전환시키도록 도와주는 일은 개입전략의 중요한 부분이라고 생각한다.

전기치료 electrotherapy, Elektrotherapie

전기를 응용하는 치료법의 총칭으로 대별하여 ① 전기자극을
사용하는 것, ② 온열효과를 사용하는 것, ③ 기계적 진동효
과를 사용하는 것 등이 있다. ①에 속하는 것으로는, 각종의
신경마비에 대한 전기자극요법 외에, 심장에 대한 제세동(際
細動)이나 부정맥의 치료 등이 있고, ②에 속하는 것으로는
전광욕(열기욕), 초단파치료법, ③으로는 초음파요법 등이 있다.

전달 deliver

급여나 서비스를 어떤 방법으로 수급권자에게 전달할 것인가
와 관련된 가치 선택의 영역.

전문가 specialist

가치 지향이나 지식의 특정한 목표가 문제에 집중되어 있고,
특정 활동에 대한 기술적인 전문성과 기법이 고도로 발달되
고 세련된 사회복지실천가.

전문간호사 nurse practitioner

석사학위 과정 같은 교육을 마치고 기술을 습득하여 일반적
인 물리검사를 포함한 완전한 의료 경력을 갖추고, 독자적인
심리요법을 제공하며, 보건·사회봉사자원을 조정하는 등 전
통적으로 내과의사들만이 하던 임무를 수행하는 것이 전문간

호사이다.

전문요양시설 skilled nursing facility

만성질환을 앓는 노인들을 위한 전문 요양시설로 병원과 가정의 중간형태. 치매·중풍 등의 만성질환을 앓는 노인들을 위한 전문 요양시설이다. 병원과 가정의 중간 형태로 미국·일본 등 선진국에서는 이미 보편화된 시설이다.

전문직 profession

한 집단의 구성원들이 공유하면서 특정한 사회적 필요를 충족시키기 위해 사용하는 가치, 기술, 기능, 지식 및 신념의 체계. 일반대중은 이러한 전문직에 종사하는 사람들이 특정한 사회적 필요를 충족시키는 데 필요 불가결하다고 생각하여, 관련된 서비스를 제공하는 법적 근거로 인·허가 등을 통해 공적 또는 법적인 인정을 하고 있다. 전문직업인들은 일반대중의 신뢰를 더 높이기 위하여 지식의 범위를 확대하고 같은 직종에 종사하는 다른 사람들이 이 지식에 접근할 수 있도록 하는 한편, 기술과 가치를 갈고닦으며 이들이 기존의 기준체계를 준수할 수 있도록 하면서, 이러한 목적을 달성하기 위해 취하는 조치를 대외에 공표한다.

전의식 preconscious

전의식은 현재 의식되지는 않지만 전에 의식했던 것이 저장된 것으로 주의집중을 통해 쉽게 의식될 수 있는 경험이다.

예를 들면, 초등학교 시절의 친구에 관해 당장 생각하고 있지 않더라도 누군가 물으면 생각해 낼 수 있다. 전의식은 무의식과 의식의 영역을 연결한다. 정신분석 치료에 의해 무의식 속에 잠재되었던 내용이 전의식으로 나오고 전의식 수준에서 다시 의식될 수 있다.

전이 transference

정신분석 이론(psychoanalytic theory)에서 비롯된 개념으로, 초기에 발생한 미해결되고 무의식적인 경험이 현재의 관계성에 부가된 감정적(정서적) 반응을 말한다. 전이란 클라이언트가 치료과정에서 자신이 유년기에 갈등을 겪었던 대상과의 경험을 치료자에게 옮겨서 재경험하는 것이다.

전치 displacement

어떤 사상, 감정 또는 소망을 더 바람직하고 수용 가능한 다른 사상, 감정 또는 소망으로 바꾸어 놓음으로써 거기에 따르는 걱정을 줄이기 위해 사용하는 일종의 방어기제이다.

절충 mediation

쌍방이 논쟁을 할 경우에 그들 간의 차이점을 무마하고, 타협점을 찾게 하며, 양자가 서로 만족할 만한 수준에서 동의하도록 하는 개입방법. 사회복지사들은 그들의 독특한 기술들과 가치지향을 사용하여 갈등하는 집단들(예를 들어, 집주인과 세입자 조직, 지역사회 거주자들과 중간의 집 직원, 노동관리 대표자들이나 이혼하려는 부부들) 사이를 다양하게 중재한다.

점진주의 incrementalism

사회계획에서 가능한 한 가장 이성적인 결정뿐만 아니라 타협과 상호 동의로부터 생기는 받아들이기에 가장 알맞은 절차를 위해 다양한 정치적·다원적인 영향을 고려하는 노력. 그러므로 계획 수립가는 다양한 경로를 탐구하고 교섭, 타협 그리고 만족(satisficing, 일부 관여자들의 관점에서 반드시 가장 좋은 것이 아니라 과정을 수립하기에 충분히 좋은) 단계를 취함으로써 원하는 목표를 향한 과정을 수립해야 한다.

정상 normal

일반적이고 평균적인 기대치와 크게 다르지 않은 행위나 현상을 문화적으로 규정한 개념을 지칭하는 용어.

정상분포 normal distribution

어떤 기록이나 사례가 발생하는 한도 내에서 기대되는 빈도분포. 이 정상분포를 보여 주는 연구발표를 표현할 때 결과는 종 모양의 대칭형 도표로 기록한다. 대부분의 기록은 종 모양의 가장 높은 지점을 형성하는 중간점 근처에서 떨어진다. 중간점에서 거리가 넓어짐에 따라 경사면의 양쪽에 자리 잡는 경우는 드물다.

정서 emotion

사람의 마음에 일어나는 여러 가지 감정. 또는 감정을 불러
일으키는 기분이나 분위기.

정서일치 affective congruency

같은 일에 대하여 대부분의 다른 사람이 갖는 감정과 일치하
는 감정. 예를 들어 아동학대를 보고 괴로워하는 사회복지사
는 대부분의 다른 사람과 정서적 일치를 갖는다.

정서장애 affective disorders

우울증(depression), 다행증(euphoria), 조증(mania) 같은 기분의 만
성적 또는 일시적 변화를 특징으로 하는 정서적 장애. DSM-Ⅲ
에서 이와 같은 장애는 주요 정서장애(major affective disorder)에
해당하며, 주우울증(major depression), 양극장애(bipolar disorder),
순환적 장애(cyclothymic disorder) 등이 포함된다.

정신병 psychosis

병적 정신상태. 넓은 뜻으로 정신병이라 함은 정신기능에 이
상을 나타내어 사회생활에 적응하지 못하고 일상생활에 지장
을 초래하는 병적 상태를 말하지만, 좁은 뜻으로는 선천성인
정신이상, 즉 정신지체나 인격의 변질을 일으킨 정신병질이
나 심인반응(心因反應: 노이로제) 등을 제외한 나머지의 병
적 정신상태를 정신병이라고 말한다.

정신병의 원인에 대해서는 아직 밝혀지지 않은 것이 많지만,

흔히 내인(內因)·외인(外因)·심인(心因)으로 나눈다. 내인이란, 사람이 가지고 있는 소질을 뜻하며, 가장 중요한 것으로 소질과 유전문제를 든다. 성별·연령·민족의 차이 등도 문제가 된다. 외인이란, 후천적으로 신체, 특히 뇌에 가해진 신체적 원인을 말하며, 심인은 정신적·심리적 원인을 뜻한다. 이 중 한 가지만이 정신병을 일으킨다고는 볼 수 없고, 이런 원인들이 서로 복합하여 병적 상태를 만든다고 보고 있다.

가장 중요한 원인이 내인·외인·심인 중에서 어떤 것인가에 따라 내인성 정신병, 외인성 정신병, 심인성 정신병으로 크게 나누어 왔으나 이런 분류법은 시대의 변천과 국가나 학자 개인에 따라서 변천을 거듭해 왔고 아직 통일된 정설은 없다. 그러나 정신의학에서 다루고 있는 정신병에는 다음과 같은 것들이 있다.

정신분열병, 망상성 정신병, 정동장애(情動障碍)로 생기는 우울증이나 조병(躁病) 등의 질환군, 인격장애로 생기는 질환군, 정신신체의학에서 말하는 정신생리적 장애, 성(性)의 장애, 약물사용에 기인하는 장애, 알코올중독성 정신장애, 기질성 질환에 따라 생기는 정신장애, 매독으로 생긴 정신병, 간질, 정신지체, 어린이나 청소년에 발생하는 정신과적 장애, 노인기에 발생하는 정신장애, 재판 때에 야기되는 정신장애문제, 기타 자살이나 범죄에 관한 정신의학적 문제 등이다.

이전에는 정신병은 유전병이라고 단정적으로 생각하던 시대도 있었으나, 정신의학의 발달과 정신안정제라고 속칭하는 향

(向)정신약물의 발달을 비롯한 치료법의 진보로 유전병이라는 그릇된 생각은 많이 개선되었다. 특히 발달된 약물과 병행하여 여러 가지 생활요법의 병용으로 치유율도 많이 높아져 사회복귀에 대한 희망도 커져 가고 있다

정신병원 mental hospitals

정신병으로 고통을 받는 사람들을 전문적으로 보호하고 치료하는 시설.

정신분열성 schizoid

집중력 결여, 사회적 퇴행 또는 타인의 감정에 무관심함 등의 특성을 보이는 성격을 일컫는 용어. 만일 이러한 특성이 만연하고 비교적 지속적일 경우에는 정신분열성 성격장애 (schizoid personality disorder)의 소유자라고 진단받을 수 있다. 18세 이하의 사람이 이러한 성격장애를 지닐 때는 '아동기 또는 청소년기의 정신분열성 성격장애'라고 진단할 수 있다.

정신성적 장애 psychosexual disorder

부분적 혹은 전체적으로 정신병학적(psychogenic)인 데서 기인하는 인간의 성적 장애. 이 장애의 구체적인 형태는 성정체감[gender identity, 성전환주의(transsexualism) 포함], 성도착 [paraphilia, 소아기호증(pedophilia) · 노출증(exhibitionism) 포함], 정신성적 역기능(psychosexual dysfunction)이다. 이런 장애가 심인성(psychogenic)인지 생물학적(biogenic organic) 원인으로

나타나는 것인지는 여전히 논란의 대상이다.

정신의학자 psychiatrist

정신적 질병을 전문으로 치료하는 의사. 정신의학자들은 정신적 질병에 대해 특수한 진단과 처방을 하며, 감독하고, 필요한 치료를 직접 해 준다. 치료에는 심리치료(psychotherapy), 향정신의약품(psychotropic drugs), 환경치료(milieu therapy), 기타 의학적 치료가 있다. 정신의학자가 되는 자격요건은 4년간 의과대학에서 공부하고 정신병원이나 병원 정신과 병동에서 4년 이상 인정된 레지던트 과정을 이수해야 한다.

정신적 학대 mental cruelty

비난, 모욕, 위협, 협박 등의 언어 및 비언어적 행위를 통하여 정신적으로 고통을 주는 행위.

정신지체 mental retardation

지적 능력이 평균 이하의 조건에 있거나 지적 발달이 늦은 것. 이것은 유전적 요인, 정신적인 충격, 기관의 손상, 사회적인 손상 등이 그 원인이 된다.

정신질환 mental illness

생물학적, 화학적, 생리학적, 유전학적, 심리학적, 사회적, 환경적 기제들의 작용들 가운데서 하나 또는 그 이상의 것들이 문제를 일으킴에 따라 일어나는 심리사회적, 인지적 기능의 손상을 말한다. 정신질환은 그 주기나 정도, 예후가 극단적으로 다양하고 특정 형태의 고통이 수반된다. 정신질환의 주요한 형태에는 다음의 것들이 포함된다: 정신병(psychosis), 신경증(neurosis), 정서장애(affective disorders), 성격장애(personality disorders), 기질적 정신장애(organic mental disorders), 정신성적 장애(psychosexual disorders).

정족수 quorum

그 원인만으로도 공식적 업무를 수행할 수 있는 한 화합에서 요구되는 최소한의 인원수.

정주법 및 이주법 Law of Settlement and Removal

1662년에 시행된 역사적으로 중요한 영국 법으로서, 공적부조(public assistance)의 적격성을 결정하는 데에 주거제한법(residency laws)이 광범위하게 쓰이도록 유도했다. 이 법의 특징으로서는 빈민들이 일자리를 찾아서 부유한 교구로 이동해 다녔기 때문에 이로 인하여 많은 부랑인들이 생겨났고 구빈 비용은 계속적으로 증가하게 되었다. 이에 빈민의 자유로운 이동을 금지하기 위해 교구와 귀족들의 압력으로 제정된 법이 바로 정주법이다. 이법은 낮은 임금으로 일을 시킬 여력의 노동력이 필요한 농업자본가의 이익을 대변한 법이며, 빈민의 주거선택과 이전의 자유를 침해한 것으로 비판을 받게 되었다.

정책결정론 policy decision-making theories

특정한 정책과 법으로 옮겨지는 사회정치적 영향과 고려사항에 대한 설명. L. D. Man 등의 학자들은 어떻게 정책이 결정되는지를 설명하기 위하여 다섯 가지 모델을 규정하였다. 이 다섯 가지 모델은 첫째, 일반 대중을 위하는 사람들이 모여 기획집단을 이루고 정책입안자를 고용하여 합리적인 결정을 내리며 적절한 계획을 제안하는 '전통 모델', 둘째, 소수의 기업인들이 정치인들에게 영향력을 행사하여 사회 하부구조에 결정을 강요하는 '권력피라미드 모델', 셋째, 각기 다른 이슈가 다른 리더십 형태를 갖게 되는 '예일(Yale) 식과 두 권력형 모델', 넷째, 시간에 따라 규모와 중요성이 바뀌는 여러 이익집단이 영향력을 갖고 있는 '영향력 분산 모델', 다섯째, 의사결정은 이해관계가 얽힌 여러 체계들이 상호작용한 결과의 흐름이라고 설명하는 '의사결정 과정 모델'이다(C. S. Prigmore and C. R. Atherton, Social Welfare Policy. Lexington, Mass: D.C. Heath & Co., 1979, 193~194쪽).

정책분석 policy analysis

정책 및 정책이 형성되는 과정에 대하여 체계적인 평가를 하는 것. 정책을 분석하는 사람들은 장·단기적인 측면에서 정책형성 과정과 그 결과가 합리적이었는가, 명확했는가, 형평에는 어긋나지 않았는가, 합법적이었는가, 정치적으로 실현 가능한 것이었는가, 사회적인 가치규범에 부합되는가, 투입된 비용이 효과적으로 쓰였는가, 그리고 더 좋은 대안은 없는가 등에 관해 검토한다.

정체성 identity

다양한 상황에서 유지되는 가치관, 행위, 사고의 기본적인 통합과 지속성뿐만 아니라 개인의 자의식과 독특성.

정체성 대 역할 혼란 identity versus role confusion

대략 12~18세 때 일어나는, 에릭슨(Erikson)의 인간 심리발달의 다섯 번째 단계. 청소년들이 직면하는 갈등은 가치관, 직업목표, 인생에서의 위치 등에 대해 분명한 이상을 수립하려는 것이거나, 사회 환경에 어떻게 적응할 것인가에 대한 확신이 부족한 것일 수도 있다. 이 시기는 정체성 위기(identity crisis)가 나타날 가능성이 가장 큰 시기이다.

정체성 위기 identity crisis

생활에서 자신들의 역할에 대해 혼란을 느끼는 상태. 개인은 다른 사람의 기대에 부응하여 살 수 있는가 의심해 보는 시기가 있으며, 만일 그러한 기대가 충족되지 않는다면, 어떤 사람이 될 것인가에 대해 불확실하게 생각한다.

제도 institution

결혼, 재판, 복지, 종교와 같은 문화의 기본적인 관습이나 행동유형. 또한 조직은 몇몇 공공목적과 조직의 사업을 위한

ㅈ

물리적 시설, 예를 들면, 감옥과 같은 것을 만든다.

제도망 institutional network

서비스조직을 구성하는 지역사회 안에 있는 사회복지기관들의 모임.

제3세계 Third World

기술적으로 저개발 상태에 있으며 빈곤율, 문맹률, 인구성장률, 질병률, 영양결핍률이 높은 나라들을 말한다. 서부 유럽과 소비에트권에서 제3세계와 선진국들을 구별하는 데 이 용어를 사용하고 있다.

제3의 길 Third Way

제3의 길은 사회주의 복지국가와 신자의주의 시장경제의 단점을 배제하고 장점만을 배제하고 장점만을 융화시킨 새로운 개념의 차별화 전략으로서, 기든스(A. Giddens)가 이론적으로 체계화하였고, 이를 영국 수상이었던 블레어(T. Blair)가 정치노선으로 채택함으로써 세계적으로 널리 알려지게 되었다. 제3의 길은 복지국가를 지향하는 사회민주주의를 제1의 길로, 시장경제를 지양하는 신자유주의를 제2의 길로 규정하고, 이에 대한 절충적 대안으로 제3의 길을 지향하자는 것이다. 신자유주처럼 복지국가를 청산하자는 것이 아니라 복지국가의 비효율성 등을 개선하자는 것이다.

조세 tax

정부를 운영하는 데 드는 비용을 충당하기 위해 정부가 강제로 징수하는 세금.

조세비용 tax cost

투자수익금 중 조세를 차감한 것을 말하며, 조세차감 전 수익률에 비해 대체적 투자안의 선택에 있어서 보다 중요한 정보를 제공한다. 그 이유는 조세란 기타 비용과 마찬가지로 수익의 차감항목이므로 진정한 수익률을 얻기 위해서는 세율을 차감하여 계산하기 때문이다. 대체적 투자안의 선택에서는 각 투자안의 과세율이 다른 경우 진정한 수익률의 비교가 필요하므로 조세차감 후 수익률이 사용된다.

조세지출 tax expenditure

정부가 받아야 할 세금을 받지 않음으로써 간접적으로 지원해 주는 조세 감면을 일컫는다. 정부가 조세를 통해 확보한 재원을 바탕으로 직접 지원해 주는 예산 지출과 대칭되는 개념이다. 조세 지출은 동일한 액수만큼의 보조금을 준 것과 같다는 의미에서 '숨은 보조금(hidden subsidies)'이라 부르기도 한다. 조세지출의 개념은 미국 재무부 차관보였던 서리(Stanley S. Surrey)에 의해 고안되었으며, 1968년 예산문서에서 처음 사용되었다. 미국의 1974년 의회 예산 및 지출거부통제법(Congressional Budget and Impoundment Control Act)에는 조세 지출을 "현실의 총소득에 특별비과세, 특별면제, 특별공제를 허용하거나 또는 특별한 세액공제, 특혜적 세율, 또는 세 부담의 이연(移延)을 허용하는 연방정부의 세법 규정 때문에 야기되는 세수 손실"로 정의하고 있다.

조세징수 tax collection

조세는 그 부과가 완전하다고 가정하더라도 징수의 완벽을 기하지 못하면 그 목적을 달성하였다고 볼 수 없다. 조세의 징수에는 대략 세 가지 제도가 있다. 청부법, 배부법, 국가자신의 기관에 의한 직접징수방법이다. 국가기관에 의한 방법은 말할 것도 없이 국가 자신이 징수하는 것으로 현재 제일 널리 채용되고 있다. 이것은 중앙집권에 합치되고 조세의 본질에도 적합하며 재정통일제에도 적응된다. 단지 징세의 편의상 일부의 사무를 시·군 등의 지방자치단체에 위임하는 일은 있다. 조세징수에 관한 기본법으로 국세징수법이 있다. 여기서 말하는 징수란 널리 국가의 수입 또는 국가에 대한 납입에 대하여 현실의 급부금액을 확정하여 이 급부를 요구하는 절차에서 현실의 납부에 이르기까지의 모든 과정을 총칭한다. 그리고 이 광의의 징수 중에는 협의의 징수, 즉 납액의 결정, 납입의 고지에 관한 사항과 수납, 즉 현실적으로 납입되는 금전 기타 납부물의 영수에 관한 사항 및 납입의 불이행시에 있어서의 체납처분에 관한 사항의 삼자를 포함하여 말한다.

조울증 cyclothyme

조울증은 양극성 정동장애라고도 불리며 외적 자극이나 상황과 관계없이 자신의 내적인 요인에 의해서 상당기간 우울하거나 들뜨는 기분이 지속되는 정신장애를 말한다. 평생에 한 번 이상 발병할 확률이 1%로 알려져 있고 평균 발병 연령은 30세이다. 기분이 저조하여 우울한 상태를 우울증이라고 하고, 들뜨고 몹시 좋은 상태를 조증이라고 하며 이러한 증상이 반복되어 나타나는데 조증만 있는 경우와 조증과 우울증이 번갈아가며 나타나는 경우를 모두 조울증이라고 한다.

조정 adjustment

환경과 조화를 이루는 데 장애가 되는 것을 극복하거나 욕구를 충족시키려는 개인의 활동. 이러한 활동은 관례적인 반응일 수도 있다. 성공적인 조정은 적응(adaptation)을 가져오며, 성공적이지 못한 조정은 부적응(maladjustment)이라고 부른다.

조직 organization

사회사업과 지역사회 개발에서 개인이나 집단이 그들의 노력과 의사소통체계, 구조를 잘 정비하여 상호이익이 되는 방향으로 하나의 목표를 성취하기 위해 함께 일 할 수 있도록 도와주는 과정.

좌절 frustration

어떤 목적지향적 행동이 훼방당하거나 연기될 때 일어나는 긴장 상태.

좌파 leftist

좌익 또는 좌파는 정치 성향 분포에서 우파의 반대편에 위치한 쪽으로, 사회개혁을 추구하는 정치성향을 가진 사람들을 일컫는다. 한편으로는 자유보다는 평등을 중시하는 정치 입장을 말하기도 한다. 비슷한 말로는 진보주의라고 할 수도 있다. 세계적인 기준에서 볼 때에 일반적으로 사회주의, 공산주의와 무정부주의와 여성주의(페미니즘)를 좌익으로 본다.

주간보호(보육) day care

부모 또는 보호자가 아동이나 다른 피부양자를 보호할 수 없을 그들을 보호하기 위한 시설과 프로그램. 이 용어는 저녁에는 집으로 돌아가는 모든 연령층을 위한 건강과 신체 보호 프로그램(health and physical care programs)을 지칭하기도 한다.

준거집단 reference group

한 개인이 모방하고 동경하는 행동, 가치, 생활방식 등을 가지고 있는 사회적 지위(status), 문화, 하위문화, 또는 다른 형태의 결합체. 그 사람은 자기가 동일시하고 있는 집단의 성원일 수도 있고, 아닐 수도 있다.

준전문가 paraprofessional

전문지식을 가지고 있으며 기술훈련을 받은 사람으로서 전문가와 함께 일하고, 전문가의 지도와 감독을 받기도 하며, 공식적으로는 전문가가 맡고 있는 업무를 수행하기도 한다. 예를 들면 법률보조원, 의사보조원, 사회사업 보조원(social work associates) 등이 있다.

중간값 median

점수의 분포에서 높고 낮은 수 가운데 가장 중간에 위치한 수로 중심경향측정(measure of central tendency)을 말한다. 통계 자료를 처리하는 데서 이 중간값의 이점은 평균(mean)값에 비해 극단적인 몇몇 점수에 의해 영향을 받지 않는다는 것이다.

ㅈ

중간시설 halfway houses

어떤 전문적인 지도감독, 지지, 보호를 필요로 하지만 전 시간 시설수용이 필요하지 않은 개인을 위한 과도적인 주거시설. 그런 시설은 대부분 전에 입원하였던 정신병 환자, 가석방자, 알코올 및 약물의존(drug dependence)자들이 활용하고 있다(욕구에 따라 서비스를 많이 또는 적게 제공하는 4반분 및 4분의 3반분 시설로 불리는 다른 과도적인 주거시설들도 있다).

중개자 역할 broker role

클라이언트를 적절한 인간자원과 연결시키는 역할이다. 사람들을 자원과 연결시키기 위해서는 지역사회자원에 대해 잘 파악하고 있어야 적절하게 의뢰할 수 있다. 자원체계의 정책을 잘 파악하고 연결 담당자와 좋은 업무관계를 유지하는 것이 성공적 의뢰의 필수요소이다.

중독 addiction

약품을 이용할 수 없을 때 내성(tolerance)과 금단증상(withdrawal symptoms)을 일으키는 화학약품에 대한 생물학적 의존. 이러한 물질에는 알코올, 담배, 마취제, 다량의 진정제가 포함된다. 대부분의 전문가들은 근래에 들어 약물의존(substance dependence)이라는 용어를 사용한다.

중독 intoxication

외부로부터 물질을 섭취한 결과로서 도취된 상태. 이러한 물질에는 알코올, 약물이 있으며 결과적으로 나타나는 행동은 일시적인 황홀감, 불분명한 발음과 운동기능의 손상부터 비효율적인 작업 수행, 판단불능, 사회적 기능 저하 등 부적응 행동이다.

중앙집중화 centralization

한 집단이나 기관 또는 정치조직 내에서 행정력이 집중되는 것. 예를 들어 공적부조 프로그램(주로 주나 지방정부에서 관리)은 사회보장법(Social Security Act) 및 최근의 보충적 소득보장(SSI) 프로그램으로 더욱 중앙집중화되었다.

중재 mediation

중재자는 미시, 중범위, 거시체계 사이의 논쟁이나 갈등을 해
결하는 역할을 담당한다. 견해가 다른 개인이나 집단 사이의
의사소통을 향상하고 타협하도록 돕는 역할이다. 중재자는
중립을 유지하며 서비스 전달과정에 존재하는 장애물을 제거
하는 역할을 수행해야 한다.

증상 symptom

내면화된 심리적, 신체적 장애 또는 심리사회적인 문제가 생
길 가능성을 나타내는 지표를 의미한다. 예를 들면, 무감각(flat
affect)은 정신분열증(schizophrenia) 또는 우울증(depression)의 증
상이고, 관계사고(ideas of reference)는 편집증(paranoia)의 증상
이며, 열이 비정상적으로 높은 것은 전염병의 증상이고, 갑작
스러운 체중감소(몸무게의 25%)는 식욕상실증(anorexia nervosa)
의 증상이며, 인플레이션(inflation)은 수요와 공급의 불균형상
태이다.

증후군 syndrome

특정 질병이나 어떤 상태를 만들기 위해 발생하는 행동 유형,
성격 특성, 또는 신체적 증상(symptom)을 총칭하는 용어.

지능지수 intelligence quotient(IQ)

전문화된 검사를 실시함으로써 결정되는 개인의 상대적인 지
능수준의 지수. 검사가 추상적 개념을 효과적으로 파악하며,

관련 환경에 관한 정보를 얻고, 새로운 상황에 적응하는 개인별 능력을 결정하기 위해 고안되었다. 결과로서 나타나는 지능지수 점수는 개인의 지적 잠재력을 나타내며, 검사의 부차적 점수는 정신병 판단 여부에 사용된다. 평균 지능지수 점수는 100이고, 90~110의 점수를 가진 사람들이 정상으로 여겨진다. 70d 이하의 사람들은 종종 특수한 교육적 도움이 필요하다고 생각된다. 주요 지능검사에는 성인지능검사(WAIS: Wechsler Adult Intelligence Scale)와 아동용 지능검사(WISC: Wechsler Intelligence Scale for Children) 등이 있다.

지역사회 community

공통의 이익을 가지고 있거나 같은 지역에 사는 개인들의 집단. 지역사회복지는 지역주민과 사회적 약자들의 복지증진을 위한 사회복지의 한 방법적인 영역이다.

지역사회 조직 community organization

지역사회조직은 전통적인 방법론인 개별사회사업, 집단사회사업과 더불어 전문적인 사회복지의 한 방법으로서 중요한 위치를 차지하고 있다. 이는 사회복지기관의 사회복지사에 의해서라기보다 조직적이고 의도적·계획적이며, 과학적인 지식과 기술을 이용하여 전개하는 포괄적인 방법이다. 지역사회조직은 전문사회복지의 한 방법으로서 지역사회를 구성하는 개인, 집단, 조직, 이웃 등의 사회적 복리를 바람직한 방향으로 향상시키기 위해 지역사회 수준에서 전개되는 일련의 활동을 의미한다.

지위 status

사회 또는 집단에서 개인이 차지하고 있는 위치를 지위라 한다. 그런데 한 개인은 여러 집단에 소속되어 있기 때문에 하나의 지위만이 아니라 둘 또는 그 이상의 지위를 가질 수도 있다.

지인 an acquaintance; a friend

이름 정도만 알고 있고 가끔 만나서 대화를 나누는 사람.

지지적 치료 supportive treatment

사회복지사와 다른 전문가들이 사용하며, 주로 개인들이 적응양식을 유지하도록 원조하려고 계획한 원조 개입. 이것은 재보증(reassurance), 충고와 정보 제공, 클라이언트의 장점과 자원을 지적해 주는 면접에서 제공된다. 지지적 치료는 무의식적 요소를 다루거나 변화시키려고 하지 않는다. 그러나 지지적 치료(supportive treatment)와 '더욱 심오한' 통찰치료(insight therapy)와의 경계는 불명확하고 중복되어 있다.

지체 retardation

개인의 신체적·정신적 발달이나 사회적 진전이 늦는 것. 또한 지적 기능이 평균능력보다 현저하게 낮은 경우[정신지체

(mental retardation)], 또는 신체적·정서적 반응이 늦는 경우 [정신운동 지체(psychomotor retardation)]도 포함된다.

직업의식 professionalism

한 개인이 클라이언트에게 서비스를 제공할 때 자신이 가지고 있는 전문 직업에 대한 지식, 기술 및 자격을 활용하며, 그 가치와 윤리에 충실하는 것.

직업재활 vocational rehabilitation

신체적으로나 정신적으로 결함이 있는 사람들이 유익한 일을 할 수 있고, 더욱 자립하고, 공적인 재정 원조에 덜 의존하도록 훈련시키는 것. 장애인이 직업훈련 및 구직활동, 고용유지 등을 할 수 있도록 지원하는 전반적인 일을 직업재활이라 한다.

직업지도(직업안내) vocational guidance

적합한 직업을 할당하는(찾아내는) 체계적 과정으로 사람들을 돕는 것. 이러한 활동은 자질과 가능한 직업기회를 서술하고 개인이 어떤 직업에 대한 적성과 자질을 갖고 있는지 결정하는 것을 돕고, 일하는 데 필요한 훈련을 받을 수 있도록 도우며, 직업에 응모하는 방법에 대해 상담하는 것이다.

직접치료 direct treatment

사회복지사가 클라이언트와의 개인접촉을 통해서 특별한 변화수단과 개선점을 이루고자 하는 개별사회사업(social casework)

또는 임상사회사업(clinical social work)에서 사용되는 개입절차. 이 용어는 '간접치료' 또는 환경의 문제해결과 발달적 사회사업을 구별하기 위한 것으로서, 클라이언트 개인과 사회복지사의 직접대면의 상호 영향을 나타내기 위하여 리치몬드(Mary Richmond)가 처음 사용했다.

진단 diagnosis

(의학적일 뿐만 아니라 사회적, 정신적인) 어떤 문제와 그 근본적인 원인을 증명하고 해결책을 공식화하는 과정. 초기의 개별사회사업에서 이 말은 조사, 치료와 함께 세 가지 중요한 과정의 하나였다. 근래에는 흔히 '진단'이라는 용어에 수반되는 의학적으로 함축된 의미 때문에 이 과정을 사정(assessment)이라고 부르기를 좋아하는 사회복지사들이 많다. 다른 사회복지사들은 진단을 기초적 원인을 탐구하는 것으로, 사정을 적절한 정보수집과 더 관계가 많은 것으로 여긴다.

진정제 downers

깊은 이완상태를 유도하기 위하여 어떤 약의 남용자가 흔히 사용하는 신경안정제(barbiturates) 또는 중추신경 진정제를 일컫는 속어 또는 은어. 진정제에 너무 의존하는 남용자는 가끔 내성을 높이기도 한다.

질문 questioning

사회사업 면접에서 가장 기초적인 도구. 사회복지사는 이러한 질문을 체계적으로 진행하여 클라이언트에게서 정보, 환류, 정서적 표현 등을 알아낸다. 사회복지사의 질문과정은 클라이언트에게 초점을 맞추고 작업관계(업무관계, working relationship)를 지향하고 있으며, 클라이언트로서는 자기 이해를 발전시키고 새로운 기술과 통찰력을 배우는 매개수단이 되기도 한다. 질문은 면접의 장·단기 목적에 따라 여러 형태가 있다.

질병 morbid

질병이란 유기체의 신체적 기능이 비정상적으로 된 상태를 일컫는다. 인간에게 있어서 질병이란 넓은 의미에서는 극도의 고통을 비롯해 스트레스, 사회적인 문제, 신체기관의 기능장애와 죽음에까지를 포괄한다. 물론 질병이란 꼭 개인에게만 한정되는 것이 아니어서 사회적으로 큰 맥락에서 이해되기도 한다. 더 넓게는 사고나 장애, 증후군, 감염, 행동 장애 등을 모두 나타낼 수 있다.

질병률 morbidity rate

어떤 기간에 특정한 질병이나 장애를 지닌 것으로 알려진 특정한 인구층의 비율.

집단 group

동일한 관심을 갖고 모여 일관되고 획일적인 활동을 할 수 있는 사람들의 집합. 집단의 주요 유형에는 회원들이 친밀한 관계를 유지하고 광범위한 특징과 상호작용을 공유하는 1차

집단(primary group) 및 회원들이 대면적인 접촉을 드물게 하거나 결코 하지 않으면 비개인적으로 제휴되어 있고 단지 하나 또는 약간의 특징과 공통관심사를 공유하는 2차 집단(secondary group)이 있다. 집단의 다른 유형으로는 일회성 집단(single-session group), 주제집단(theme group) 및 마라톤 집단(marathon groups) 등이 있다.

집단사회사업 social group work

사회복지실천에 있어 집단개입은 "소집단을 활용하여 집단구성원의 자신에 대한 태도, 대인관계, 환경에 대한 효과적 대처능력을 지지하고 수정하는 실천방법"이라고 정의할 수 있다(Northen, 1969). 즉, 의도적 집단경험을 통해 개인의 사회적 기능과 문제에 대한 대처능력을 향상시키는 사회복지실천의 목적을 달성할 수 있도록 원조하는 것이라고 할 수 있다(Konopka, 1983).

집단심리치료 group psychotherapy

상호작용과 상호관계를 강조함으로써 정서장애를 지닌 개인들을 동시에 치료하는 심리치료(psycho-therapy)의 한 형태. 대부분의 전문가들은 이 용어를 집단치료(group therapy)와 동의어로 간주한다. 그러나 몇몇 필자들은 집단심리치료, 집단치료 및 집단사회사업(social group work)을 구별하고 있다. 그들은 집단심리치료를 단지 집단치료 가운데 한 유형으로 간주하고 있다. 전자는 개인들을 돕기 위해 집단치료 기술을 사용하지만, 후자는 개인의 정서장애뿐만 아니라 사회부적응의 문제를 다루기 위해 폭넓은 분야의 개입전략을 활용한다. 비록 집단사회사업이 이들 목적과 기술 중 몇 가지를 공유할지라도, 그것은 장애와 문제를 치료하는 데 한정되지 않고 교육 및 더 큰 개인적인 성취를 이루도록 원조하는 적극적인 집단경험을 포함하고 있다.

집단치료 group therapy

사회복지사나 다른 전문치료자의 지도 아래 둘 또는 그 이상의 개인들이 가까워지게 하여 감정적 장애 또는 사회부적응 문제를 지닌 개인들을 돕는 개입전략. 개인들은 그들의 문제를 집단의 다른 구성원들과 공유하기 위해 질문하고, 문제 해결방법을 토론하며, 문제 해결을 위한 자원과 기술에 관한 정보와 견해를 교환하고, 성원들이 어려운 일을 통하여 그들에게 일할 능력을 부여한 통제된(전문가에 의해) 환경 내에서 감정적 경험을 공유한다. 집단치료의 전형적인 형태는 매주 90분 동안 치료자가 제공하는 시설에서 6~8명의 성원들이 전문 치료자와 만나는 것이다. 집단치료의 많은 변형 중에는 '폐쇄집단(보통 종료일을 미리 정해 놓고, 일단 집단이 구성되면 새로운 성원을 받아들이지 않는다)'과 '개방집단(집단의 성원이 없어질 때나 집단이 무기한으로 계속될 때에도 언제나 새로운 성원을 받아들인다)'이 있다. 집단치료는 다른 분야

308

의 많은 개입자들을 활용하는 형태로서, 행동주의(behaviorism), 의사거래(transactional analysis), 가족치료(family therapy), 게슈탈트치료(gestalt therapy), 정신분석(psychoanalysis), 감수성훈련집단(sensitivity group), 마라톤 집단(marathon group) 등이 있다.

ㅈ

차별 Discrimination

종교, 장애, 나이, 신분, 학력, 이미 형(形)의 효력이 없어진 전과, 성별, 성적 지향, 인종, 신체조건, 국적, 나이, 출신 지역, 이념 및 정견 등의 이유로 고용, 교육시설 및 직업 훈련기관 이용 시 특정인을 우대하거나, 불리하게 대우하여 평등권을 침해하는 행위이다.

참여관찰 participant observation

조사자가 체계적으로 연구되고 있는 집단의 구성원이 되어, 가능한 한 가까이서 그 집단을 관찰하는 사회과학 조사연구법.

참여모델 participant modeling

행동치료(behavior therapy)와 행동수정(behavior modification)에서 사용되는 기법으로, 클라이언트가 사회복지사나 다른 사람들이 아무런 해로움 없이 두려운 자극과 상호작용하는 것을 관찰하도록 하는 것이다. 그러면 클라이언트는 점차 해로움에 대한 두려움 없이 동일한 자극과 상호작용할 수 있는 용기를 갖게 된다.

책임성 accountability

지역사회, 생산물 또는 서비스의 소비자, 기관장 위원회(board of directors)와 같은 감독기관에 대해 책임이 있는 상태. 또한 그 기능과 방법이 무엇인지를 명백히 밝히고, 클라이언트에게 실행자들의 능력이 분명한 기분을 충족시킨다는 확신을 주는 전문가의 의무.

처벌 punishment

① 나쁜 행실이나 불법행위(예를 들면, 전자의 경우 아동에 대한 부모의 매질 또는 학대, 고립이나 격리, 아동의 특권박탈 등이며, 후자의 경우 구금 등)에 벌칙을 가하거나 ② 행동수정(behavior modification)에서 어떤 행동을 한 뒤 불쾌하거나 원하지 않는 사건(event)을 제공하여, 그러한 행동을 반복하게 될 가능성을 줄이는 것이다.

청소년 juvenile

청소년은 어른과 어린이의 중간 시기이다. 청소년에 대한 연령 규정은 법규마다 다르나, 「청소년기본법」에는 9세에서 24세 사이의 사람으로 규정되어 있다. 흔히 '청소년'이라 하면 만 13세에서 만 18세 사이의 사람을 칭하며, 이러한 경우에는 간단하게 '학생'이라는 말로 대신하기도 한다. 사춘기를 겪고 있는 사람을 칭하기도 한다. 학년으로는 중학교 1학년부터 고등학교 3학년까지이다.

청소년기 adolescence

유년 시절과 성인기사이의 인생주기. 사춘기에 시작하여 성인기 초기에 끝난다. 이 시기 동안의 발달과제로서 부모와 가정으로부터 정신적 독립과 이 시기 후에 따라오는 사회적 독립을 기대하고, 자기의 정체성을 찾으려 한다. 자신이 대인관계와 사회에서의 입장, 자신의 사회적·인간적 역할, 생에 대한, 사회에 대한 의무 등에 대한 철학적 사고와 가치관과 개체성을 확립하여야 한다. 이성과 교제를 시작하므로 건전한 이성관계에 대한 가치관과 태도, 능력이 필요하다. 이러한 발달과제의 미숙과 관련하여 발생하는 정신건강 문제는 불안과 우울, 청소년 비행 및 반사회적 성격, 신경성 식욕부전증, 학교거절증, 약물남용과 중독, 주체성 장애, 지연장애청소년, 충동조절장애, 성인정신장애의 초기 증상으로서 청소년 정신장애, 즉 정신분열증, 조울증, 경계선적 성격장애 등이다.

체계 system

복합물 또는 단일물을 이루는 상호관세와 동일한 경계를 가지는 요소들의 결합. 체계는 물질적이고, 기계적이며, 살아 있고, 사회적이며, 또는 이것들의 결합일 수도 있다. 예를 들면, 사회체계는 개별가족들, 집단들, 특정한 사회복지기관, 국가의 전체 교육의 유기적 교육과정을 포함한다.

초자아 superego

개인의 정신 내에서 사회나 이상의 측면과 관계있는 것. 정신분석의 인격이론(人格理論) 중 구조론(構造論)에서 인격의 사회가치·양심·이상(理想)의 영역. 상위자아(上位自我)라고도 한다. 구조론에서는 인격을 하부(下部)의 충동·본능영역의 이드(id)와 의식적 주체(意識的主體)의 중핵(中核)이 되는 자아, 그리고 초자아의 영역으로 나누어 생각한다. 초자아는 대부분 무의식적이다.

초자아의 기능으로서는 개인의 행동에 대해 내부로부터 선악(善惡)의 판단을 내려서 그 행동을 촉진하거나 제약하거나 한다. 또 행동을 비판적인 눈으로 보기도 하고, '나쁜' 행동을 하였을 경우 죄악감을 불러일으키기도 하고, '착한' 행동을 하였을 경우 자존심을 높여 주기도 한다. 유유아기(乳幼兒期)에는 선악이 부모나 주위 사람들의 판단에 맡겨지지만, 이러한 가치는 점차 본인 자신 속으로 도입되어 간다.

이와 같은 형성과정에 관하여 S. 프로이트는 오이디푸스기(Oedipus期: 性의 역할이 문제가 되는 시기로서 小兒性器期)이후라고 생각하였으나, 클라인 등은 생후(生後) 반년 정도에서 형성된다고 생각하였다.

촉매자 역할 catalyst role

사회복지사나 지역사회 조직가가 클라이언트나 지역사회로 하여금 자기 평가와 반성의 분위기를 형성하고 의사소통을 촉진시키며, 문제 파악을 자극하고, 변화 가능성에 대한 신념을 고무하는 기능이다.

촉진 facilitation

사회복지사가 클라이언트체계들 사이의 연계(linkage)를 자극하고 중개하며, 새로운 체계를 개발하도록 돕고, 혹은 현재 있는 체계를 개발하도록 돕고, 혹은 현재 있는 체계를 강화하도록 돕는 사회사업 개입의 한 접근방법. 사회복지사는 클라이언트가 바람직한 목표에 도달하도록 길을 놓으며, 클라이언트를 위한 조정자, 지원자, 중재자, 중개자로서 일한다. 핀커스(Allen Pincus)와 미나한[Anne Minahan(Social Work Practice: Model and Method, Itasca. III: F. E. Peacock Publishers, 1973, 113쪽)]에 따르면, 촉진활동은 정보와 의견의 도출, 감정 표현의 촉진, 행동의 해석, 행동의 대안에 대한 논의, 상황명료화, 용기 부여, 논리적 사고의 실천, 성원의 충원을 포함하는데, 흔히 협조관계나 협상관계에서 이루어진다.

촉진자 역할 facilitator role

사회사업에서 사람들을 끌어모으고 의사전달의 길을 터주며, 그들의 활동과 자원을 연결하고(channeling), 전문가에게 접근

할 수 있도록 함으로써 변화노력을 촉진시키는 책임. 다른
일차적 사회사업 역할 촉진시키는 책임. 다른 일차적 사회사
업 역할은 조장자 역할(enabler role), 교육자 역할(educator role),
동원자 역할(mobilizer role) 등이다.

최저생계비 minimum cost of living

인간으로서 건강하고 문화적인 생활을 유지하기 위하여 소요
되는 최소한의 비용. 최저생계비는 보건복지부장관이 일반국
민의 소득·지출수준과 수급권자의 생활실태, 물가수준 등을
고려해 중앙생활보장위원회의 심의·의결을 거쳐 최저생계비
를 결정·공표한다. 중앙생활보장위원회는 기초생활보장제도
의 시행과 관련해서 중요한 사안들을 심의·의결하는 기구로
서 보건복지부장관을 위원장으로 하고, 재정부, 노동부, 행안
부, 기획예산처 차관과 관련 전문가 공익위원 등 총 10인으
로 구성되어 있다.

매년 12월에 발표되는 최저생계비는 다음해 기초생활보장 수
급자 선정 및 급여 기준으로 활용된다. 국민기초생활보장법
은 수급자에 대한 급여수준을 "가구소득과 생계급여, 주거급
여, 의료급여, 교육급여 등 각종 급여를 합하여 최저생계비
이상이 되도록" 규정(제7조 제2항)하고 있다. 최저생계비는
기초생활보장을 비롯한 각종 사회복지 수급자 선정 및 급여
책정의 기준이 된다. 소득이 최저생계비에 미치지 못하는 기
초생활수급자의 경우 최저생계비에서 부족한 액수만큼 정부

가 보전해 주며, 최저생계비를 기준으로 소득이 120~150% 이하에 머물 경우 차상위계층으로 분류해 다양한 복지혜택을 제공한다.

최저임금 minimum wage

법이나 계약을 통해 피고용자에게 지급되는 임금으로, 고용주가 특정 업무에 대한 대가로 지불하는 데 허용될 수 있는 최소의 금액. 미국의 노동정책은 고용주들이 정부가 법으로 규정한 최소한의 임금을 지급하지 않고서는 노동자를 고용하지 못하도록 하고 있다.

출산력 fertility

재생산을 할 수 있는 생물학적 능력.

출산율 birthrate

인구 1,000명 혹은 10만 명당 출생하는 수로 표현되며, 일정한 인구와 일정한 시기 동안 총인구 중 출생자 수의 비율.

출산휴가 maternity leave

출산 전의 건강이나 출산 후의 발육을 안전하게 보장하기 위해 산모나 임산부에게 제공되는 휴직기간을 말한다. 다양한 고용조직들은 출산휴가에 대해 매우 다양한 정책들을 실시하고 있다. 일부는 출산 전후의 몇 달 동안 휴직할 경우에 정상적인 봉급을 주고, 휴가 후의 복직을 인정한다. 반면 일부는 휴직에 대한 급료의 지불을 인정하지 않거나 단지 며칠간의 '병가'만을 인정한다. 대부분의 사회사업가들은 출산휴가를 인정하지 않는 것은 여성을 차별하는 것이며, 이것은 국가의 미래 복리가 건강한 재생산을 격려하는 데 달려 있음을 인정하지 않는 것이라고 하면서 오랫동안 출산휴가 정책의 국가적·사회적 보편화를 주장해 왔다.

충격 shock

피해자의 혈액순환에 장애가 오며, 심신에 충격적인 상해(traumatic injury)가 따르는 신체적 현상. 증상으로는 희미한 맥박, 현기증, 오한 불규칙적인 호흡, 구역질, 허약함 등이다. '충격(shock)'이라는 용어는 일반적으로 놀라움, 무서움과 신체의 기능이 일시적으로 정지하는 느낌을 뜻하기도 한다.

충동 drive

정신분석 이론(psychoanalytic theory)에 따르면, 명백한 행동을 유도하는 기본적 충동 또는 자극을 말한다.

충동성 impulsiveness

생각 없이 그리고 행위의 결과를 거의 고려하지 않고, 내적 충동에 대하여 갑작스럽게 행동하려는 성향.

측정 measurement

조사에 명목측정(nominal measurement), 서열측정(ordinal measurement), 등간측정(interval measurement)의 속성(properties)을 포함하는 측정의 수준(level of measurement), 물론 순수 영(true zero)의 속성도 갖는다.

치료자 therapist

질병 장애 또는 문제를 극복하려 하거나 완화시키려는 개인들을 원조하는 사람. 치료자는 대개 광범위한 양의 훈련과 지도감독의 경험을 가지고 있으며, 특정화된 기술, 도구, 약물치료와 목표를 성취하기 위한 자원을 사용한다. 사회복지사들은 이 용어를 심리치료자(psychotherapist)와 동의어로 사용하고, 물리치료사, 부부문제 치료사, 직업치료사 등의 치료사들을 논할 때 더 명확해진다.

치매 dementia

치매라는 말은 라틴어에서 유래된 말로서 '정신이 없어진 것'이라는 의미를 지니고 있다. 태어날 때부터 지적 능력이 모자라는 경우를 '정신 지체'라고 부르는 반면, 치매는 정상적으로 생활해 오던 사람이 다양한 원인에 인해 뇌기능이 손상되면서 이전에 비해 인지 기능이 지속적이고 전반적으로 저하되어 일상생활에 상당한 지장이 나타나고 있는 상태이다. 여기서 인지 기능이란 기억력, 언어 능력, 시공간 파악 능력, 판단력 및 추상적 사고력 등 다양한 지적 능력을 가리키는 것으로 각 인지기능은 특정 뇌 부위와 밀접한 관련이 있다.

수술 후 혼돈 상태와 같이 의식의 장애가 있어 이차적으로 인지 기능의 저하가 나타나고 있는 경우는 '섬망'이라고 하며, 치매와 구분된다. 과거에는 치매를 망령, 노망이라고 부르면서 노인이면 당연히 겪게 되는 노화 현상이라고 생각했으나 최근 많은 연구를 통해 분명한 뇌질환으로 인식되고 있다. 흔히 치매를 하나의 질병으로 생각하고, 치매는 모두 똑같고 별다른 치료법이 없다고 속단해 버리는 경향이 있다. 그러나 치매는 단일 질환을 가리키는 말이 아니고 앞서 정의한 상태에 해당되는 경우를 통칭하는 것이다.

의학 용어를 사용한다면 특정 증상들의 집합인 하나의 '증후군'에 해당되는 것으로 이러한 치매라는 임상 증후군을 유발하는 원인 질환은 세분화할 경우 70여 가시에 이른다. 다양한 치매 원인 질환들 중에서 가장 많은 것은 '알츠하이머병'과 '혈관성 치매'이지만, 그 밖에도 루이체 치매, 전측두엽 퇴행, 파킨슨병 등의 퇴행성 뇌질환들과 정상압 뇌수두증, 두부 외상, 뇌종양, 대사성 질환, 결핍성 질환, 중독성 질환, 감염성 질환 등 매우 다양한 원인 질환에 의해 치매가 발생할 수 있다.

친밀감 대 고립감 intimacy versus isolation

에릭슨에 따르면, 대개 18~24세에 일어나는 사회심리학적 발달의 8단계 중에 여섯 번째로서, 개인은 한 가지 이상의 가깝고 따뜻한 관계를 발전시켜야 하는 도전에 직면하거나 외로운 삶에 부닥친다.

ㅋ

카타르시스 katharsis

정화(淨化)·배설(排泄)을 뜻하는 그리스어. 아리스토텔레스의 『시학(詩學)』 제6장 비극의 정의(定義) 가운데에 나오는 용어. '정화'라는 종교적 의미로 사용되는 한편, 몸 안의 불순물을 배설한다는 의학적 술어로도 쓰인다.

아리스토텔레스의 진의에 대해서는 이 구절의 표현이 불명료하기 때문에 예로부터 이설(異說)이 분분한 채 오늘에 이르지만, 요컨대 비극이 그리는 주인공의 비참한 운명에 의해서 관중의 마음에 '두려움'과 '연민'의 감정이 격렬하게 유발되고, 그 과정에서 이들 인간적 정념이 어떠한 형태로인가 순화된다고 하는 일종의 정신적 승화작용(昇華作用)으로 해석할 수 있다. 한편 정신분석에서는 무의식 속에 짐겨 있는 마음의 상처나 콤플렉스를 말·행위·감정으로써 밖으로 발산시켜 노이로제를 치료하려는 정신요법의 일종으로, 정화법(淨

化法) 제 반응(除反應)이라고도 한다.

그러나 이와 같은 마음의 상처·응어리는 상기하거나 말하기
가 괴롭고, 전혀 생각나지 않는 수도 있다(抵抗). 이 방법을
처음으로 발견한 오스트리아의 생리학자 J. 브로이어는 이 저
항을 완화하기 위해 최면술을 사용하였으나, 오늘날에는 마
취제(아미탈·펜토탈)를 사용하는 경우도 있다(麻醉分析). 그
러나 이 방법을 사용하는 경우라도 치료자와 환자 사이에 어
느 정도의 마음의 연결이 없으면 성공하지 못한다. 문제아의
치료에 쓰이는 유희요법(遊戱療法)도 카타르시스의 원리를
응용한 것이다. 블로일러에 의한 이러한 카타르시스의 발견
은 정신분석의 새로운 계기가 되었다.

케어 care

질병을 관리하거나 제한된 일상생활능력을 보완하는 대인서
비스로서 단순한 기계적, 신체적 원조가 아니라 전문적 지식
과 기술에 근거한 원조행위.

케어워커 care worker

케어 업무를 담당하는 사람으로 일본에서는 개호복지사라고
일컫고 있으며, 우리나라의 민간협회에서는 케어복지사로 명
명하고 있다.

케인스 경제학 Keynesian economics

영국의 경제학자 케인스(John Maynard Keynes)의 이론으로,

ㅋ

경제불황기 동안 정부가 고용기회를 제공하고, 무역을 자극하기 위해 공공소비를 증대시켜야 한다고 제안했다.

케인스주의 Keynesianism

케인주의는 1930년대 세계경제가 대공황을 겪을 당시 시장의 자기조정성과 경제의 완전고용 및 성장을 강조하던 기존 경제학 및 행정이론에 대한 반발로 케인스를 필두로 정부의 개입을 강조한 이론이다. 정부의 개입과 시장의 불안정성을 강조하는 이론이다.

케인주의는 우선 경제가 본질적으로 불안정하며, 수요의 부족이 스태그네이션(물가와 고용의 감소)의 원인이라고 말하고, 인플레이션(물가상승)과 스태그네이션을 해결하기 위해서 정부의 적극적인 정책이 필요하다고 주장한다. 또한 정부의 소비는 총수요에 영향을 주고, 반면 화폐의 양을 조절하는 것은 큰 효과가 없다고 주장한다. 그 이유는 유동성 함정이라는 이론과 가계와 기업이 빠르게 반응하지 못하기 때문에 임금의 유동성은 떨어지고 시장의 능력만으로는 조정되지 않기 때문에 정부의 개입과 사장의 불안정성을 강조하는 이론이다.

코카인 cocaine

코카나무의 잎에서 추출한 불법적인 약으로, 복용자에게 도취감, 힘, 기민성, 자신감, 높은 감수성을 느끼게 해 준다. 코크(coke) 또는 스노(snow)로 알려진 이 약은 흔히 콧구멍을 통해 흡수하고(코로 들이켬), 헤로인(코카인과 헤로인 또는 대마초의 혼합주사) 등과 같은 다른 약물과 섞어 주사하기도 하며, 화학적으로 처리하여 흡연하기도 한다. 많은 연구자들은 이것이 육체적으로 중독되는 것은 아니며 육체가 내성(tolerance)을 키우지 못할 뿐이지만 심리적으로 습관성이 된다고 주장하였다. 반복된 복용은 신경체계의 치명적인 손상과 신체적 손상, 점막 파괴, 편집증, 우울증, 환각상태를 낳는다.

콜라 COLA

생계비의 조정. 화폐의 상대적인 구매력의 변화[인플레이션(inflation)이나 디플레이션(deflation)]에 따른 급여의 증가나 감소.

쾌락원칙 pleasure principle

인간은 오직 희열과 쾌락을 추구하며 고통이나 불편을 회피하는 삶을 시작한다는 프로이트 이론(Freudian theory)의 하나. 결과적으로 어린이는 자라면서 눈앞의 희열을 때때로 억제해야만 한다는 것을 배우게 되는데, 이때 현실원리(reality principle)가 모습을 나타내기 시작한다. 이후 인간은 평생 양자 사이에서 갈등을 겪는데, 건전한 자아(ego)는 쾌락원리의 여지를 다소 남겨놓은 채 현실원리에 집착하려 노력한다고 한다.

크랙 crack

소량의 코카인(cocaine)을 소다와 물에 섞어 건조시켜 만든 매우 중독성이 강한 코카인의 한 종류. 말릴 때 결정체가 부서

지거나 작게 쪼개지기 때문에 보통 특수 담배파이프에 담아 피운다. 크랙은 상대적으로 값이 싸고 매우 효능이 강하며 치명적일 수 있다.

클라이언트 client

전문적인 서비스를 찾거나 제공받는 개인, 집단, 가족 및 지역사회.

클라이언트 중심기록방법 person-oriented record

몇몇 사회복지사나 사회복지기관이 사용하는 기록형식으로, 각 클라이언트에게 개입한 과정을 구체적이고 책임감 있게 목표지향적으로 기록하는 것. 의의 문제중심기록(problem-oriented record: POR)처럼 개발지향적인 기록에는 초기의 기본자료, 치료계획, 사정, 진행노트 및 진행검토(6주 혹은 12주마다 구체적 기간에 따른 클라이언트의 진행을 평가하는 것) 등의 내용을 담는다.

클라이언트 중심치료 client-centered therapy

심리학자 로저스(Carl Rogers)가 시작한 심리치료(psychotherapy)의 한 형태. 고객은 자신의 능력을 최대한 개발하려는 동기를 대해주고, 감정이입적이고 허용적이며 비심판적인(nonjudgmental) 분위기를 제공해 줌으로써 자신의 문제를 해결할 수 있다는 것이 이 치료의 중심 가설이다.

클라이언트 체계 client system

클라이언트(client)와 그 문제 해결에 잠재적 영향을 주는 환경에 있는 사람들. 예를 들어 사회복지사는 핵가족(nuclear family)을 클라이언트로 보고 확대가족(extended family), 이웃, 교사, 고용주를 클라이언트체계의 한 부분으로 본다.

ㅋ

타당성 validity

사회조사에서 절차가 측정하고자 하는 질(quality)을 측정할 수
있는 정도와 관련된 개념.

탈시설화 deinstitutionalization

시설에 수용하는 것에서 탈피하여 지역사회에 거주하게 하고
필요한 서비스를 제공하는 것이다. 수용시설은 원래 수용자
들에게 보다 전문적이고 질적으로 우수한 서비스를 제공하여
지역사회로 복귀하는 것이 기본 취지였으나, 수용시설의 대
부분이 지역사회인과 접촉이 거의 없는 외곽지역에 위치하여
사회적으로 폐쇄적이어서 물리적·사회적 환경이 수용자 재
활에 부적절하다는 평가를 받아 왔다. 정상화의 원리가 강조
되면서 탈시설화 운동이 전개되었다.

태만 negligence

합당한 보호나 주의를 기울이지 못해서 그것이 다른 사람들에게 피해를 주거나 피해를 볼 위험에 처하는 결과를 초래하는 경우, 또는 다른 사람을 보호하고 도와줄 의무를 수행하지 못하는 경우를 말한다. 방조적인 태만은 어떤 사람이 신중한 주의를 하지 못하고 그것이 상대방의 부주의와 관련되어 제3자에게 피해를 주는 결과를 낳았을 때 발생한다. 예를 들어, 어떤 사람이 소홀히 해서 어린이가 피해를 입게 된 경우를 어떤 사회복지사가 알고도 보고하지 않는다면, 그 사회복지사는 방조적 태만이라는 이유로 입건될 수 있다. 형사적인 태만죄는 어떤 사람이 다른 사람의 안전에 대해 무자비할 정도로 아주 무관심하고 부주의해서 상해나 사망의 결과를 초래했을 때 발생한다.

태아학 fetology

태아기의 태아(fetus)의 보호와 치료를 다루는 전문의학.

토인비 홀 Toynbee Hall

1884년에 설립된 영국 인보관(settlement house)을 말한다. 토인비 홀 설립 이후 20년 동안 미국에서는 이것을 본보기로 하여 400여 개의 인보관이 설립되었다. 토인비 홀은 런던의 빈민지역에 자리 잡아, '선교활동의 전초기지'로서의 구실을 수행하였으며, 부유한 사람들이 그들의 사상, 가치 그리고 사

ㅌ

회적 기술 등을 가난한 사람들에게 전수하기도 하였다.

토착인 사회복지사 indigenous worker

전문가가 지역사회를 위한 서비스의 목표를 달성할 수 있도록 돕는 그 지역사회의 구성원. 토착인 사회복지사들은 자원봉사자일 수도 있고 보수를 받을 수도 있다. 그들의 역할은 주로 문제의 근원을 밝히고, 제공되는 서비스 제공자와 클라이언트를 연결하고 상담(counseling)하는 것 등이다.

통계 statistics

집단현상에 대한 구체적인 양적 기술(量的記述)을 반영하는 숫자. 특히 사회집단 또는 자연집단의 상황을 숫자로 나타낸 것이다. 예를 들어 서울 인구의 생계비, 한국 쌀 생산량의 추이, 추출 검사한 제품 중의 불량품의 개수 등이 그것이다. 통계는 집단에 관한 것으로서, 어떤 사람의 재산이라든가 한라산의 높이 등 어떤 개체에 관한 수적 기술은 아무리 구체적이더라도 통계는 아니다. 통계는 사회의 발전과 함께 발달해 왔는데, 오늘날의 사회생활과 과학은 통계 없이는 존재할 수 없다. 집단현상을 통계로 나타낼 때, 그 집단을 구성하는 각 개체를 통계단위 또는 단위라고 한다. 이 단위는 공통의 성질을 가지고 있는데, 이 공통의 성질을 표지(標識)라고 한다. 이를테면 한국의 인구를 구성하는 단위는 일정한 날짜와 시간에 한국에 살고 있는 사람이며, 이 조건이 표지가 된다. 이들 단위는 표지 이외의 점에서는 이질(異質)이다. 표지에는 남녀, 산업·직업 등 질적인 것과, 연령·소득금액 등 양적인 것이 있다. 질적인 표지의 통계를 속성통계(屬性統計), 양적인 표지의 통계를 변수통계(變數統計)라고 한다. 또, 집단의 성질에 따라 자연현상에 관한 자연통계와 사회현상에 관한 사회통계로 나누어지는데, 자연통계는 기후통계(氣候統計)·생물통계(生物統計) 등으로, 사회통계는 경제통계·경영통계 등으로 세분할 수 있다. 또한 국세조사(國勢調査)와 같이, 집단의 한 시점에 관한 것인 정태통계(靜態統計)와 1년간의 출생수·사망수·공업생산 등과 같이 어떤 기간에 관한 동태통계(動態統計)로도 나누어진다. 이 밖에 집단의 전체에 걸치는 전수통계(全數統計)와 일부분을 관찰한 부분통계로 나누는 수도 있는데, 전수통계는 비교적 소박한 기술적 수리(記述的 數理) 처리에 따른 방법으로 기술통계라고 불리며, 부분통계는 부분에서 전체에로의 추측기법(推測技法)을 포함하기 때문에 추측통계라고 한다.

통계를 이용하는 데는, 작성자·작성시기·작성방법·대상(단위표지)·대상의 존재장소 등에 관한 깊은 인식을 필요로 한다. 이 같은 모든 통계는 현실의 일정한 사회관계를 바탕으로, 조사자와 피조사자 사이에서 질문·응답이 행해지는 통계조사(統計調査)라는 특수한 과정을 거쳐 이루어지는데, 거기에는 상호협조와 이해에 따르는 대항관계가 작용한다. 또한 통계는 그 필요성과 작성능력이라는 점으로 보아, 그

대부분이 정부나 지방자치단체 등에 의한 관청 통계로 작성된다는 특성을 지닌다.

통제 control

규제하는 것, 즉 어떤 것에 대해 지시를 내리거나 구속하는 것으로, 사회조사에서는 비교의 기분을 의미한다. 사회복지 관리에서는 비교의 기준을 의미한다. 사회복지 관리에서는 정보나 활동의 흐름을 규제함으로써 목표 달성을 위한 노력을 조정하는 절차를 뜻한다.

통제범위 span of control

행정에서 한 사람이 감독할 수 있는 인원 수 또는 활동량. 여기에는 관리자가 효과적으로 지도·감독하는 데 드는 총 시간도 포함된다.

통제변수 control variable

연구자들이 독립변수와 종속변수 사이의 명백한 관계를 조사하기 위하여 도입한 변수.

통제집단 control group

조사에서, 실험되는 변수 외에는 드러나지 않는 경우를 제외한 모든 가능한 면에서 실험집단(experimental group)과 비교가 되는 대상집단.

통찰 insight

개인의 감정, 자극, 문제들에 대한 자기 이해와 인식, 심리치료와 임상사회 사업에서, 그것은 이전에는 잘 이해되지 않았던 영역, 즉 클라이언트의 내부영역과 그들의 본성에 관하여 의식을 도양하는 것, 조명해 보는 것 등과 관련해서 언급된다.

통합방법론 integrated method

개인, 가족, 집단, 지역사회에 봉사하는 데 쓰이는 개념과 기술을 모으는 높은 수준의 전문지식과 숙련된 기술 등의 사회사업 실천을 말한다. 통합방법론을 사용하는 사회복지사는 일반개업자(generalist)보다 더 우월하게 간주되거나, 기본적인 개별사회사업, 집단사회사업, 그리고 지역사회 조직의 지식과 기술을 간단하게 결합시키는 사람으로 간주된다.

퇴직 retirement

정규적인 고용이나 어떤 특정한 작업활동 형태로부터 물러난 상태. 어떤 고용주들은 노령이거나 장애를 가진 피고용인들에게 연금이나 일시불퇴직보상금(lump sum retirement compensation)을 지급하여 어느 일정시간까지 이들의 퇴직을 조장한다. 근로자들이 퇴직을 원한다 할지라도 부적절한 퇴직급여로 인해 퇴직할 수 없는 경우도 많으며, 만약 퇴직을 하도록 요구받는다면, 그들은 재정적 부조(financial assistance)가 필요하다는 것을 알고 있다.

퇴직연금 retirement pension

퇴직연금이란 매월 일정액의 퇴직적립금을 외부의 금융기관에 위탁하여 관리·운용하여 퇴직 시 연금으로 받는 제도이다. 기업이 도산하더라도 근로자의 퇴직급여가 보장될 수 있도록 2005년 12월 근로자퇴직급여보장법의 시행과 함께 퇴직연금제도가 마련되었다. 각 회사는 노사 합의에 따라 확정급여형퇴직연금(DB)과 확정기여형퇴직연금(DC) 중 택일할 수 있다. 확정급여형(DB)은 근로자가 받을 연금액이 사전에 확정되며 적립금의 일부는 사외에, 일부는 사내에 적립되어 운용되며, 확정기여형(DC)은 근로자가 받을 퇴직급여가 적립금 운용실적에 따라 변동되는 것으로 근로자개인별 계좌의 적립금을 근로자가 직접 운용하게 되므로 운용수익에 따라 연금급여액이 달라질 수 있다.

퇴행 regression

보다 미성숙한 정신 기능의 단계로 되돌아가는 것. 퇴행은 일반적으로 정신 조직이 실질적으로 붕괴될 때 일어나는 것으로서, 방어 기제의 하나이다. 퇴행 개념은 심리적 발달 과정에서 개인은 일련의 단계들을 거치며, 이 단계들은 각각 특정 본능, 자아, 자아-이상 그리고 초자아의 특성을 가지고 있다는 가정과 밀접하게 연관되어 있다. 이 단계들은 ① 본능적 욕동 방출이 갖는 성질, ② 자아 기능이 작용하는 방식, ③ 이상들과 양심을 가리키는 징표 등으로부터 추론된다.

퇴행은 일반적으로 두 부류로 나눌 수 있다. 리비도적 퇴행은 개인이 생물학적으로 결정된 성숙 단계의 도전을 감당할 수 없을 때, 본능적 조직의 이전 단계로 후퇴하는 것으로서, 이는 정상적인 발달 과정 안에서 발생하는 것이다. 이전 발달 단계에서 해결되지 않은 갈등과 불안은 정신 기구 안에 "약한 부분"(고착)으로 남게 된다. 이것들은 종종 정신 기능이 어디까지 퇴행할지를 결정한다. 또한 퇴행은 발달 단계 안에서 심리적인 외상으로 경험되는 새로운 사건들에 대한 반응으로 일어날 수도 있다. 성적 욕동의 발달이 아직 확고하게 이루어지지 못한 아동기에 이러한 리비도적 퇴행은 일반적인 현상이다. 예를 들면, 어린 동생과 경쟁하는 다섯 살 난 아동은 다시 손가락을 빨거나 자신이 이전에 극복했던 자위 활동을 재개한다. 이성애적인 성기기적 성욕을 지닌 성인이 감당할 수 없는 불안과 죄책감에 직면할 때, 성기기적 성욕을 전성기기적 형태의 성욕으로 대치할 수 있으며, 따라서 성도착 행동을 보일 수 있다.

자아 퇴행은 좀 더 발달된 자아 조직의 단계로부터 이전 단계의 기능 양식으로 되돌아가는 것이다. 자아 퇴행은 종종 리비도적 퇴행과 함께 일어나며, 일반적으로 갈등 상황에서만 자아 기능에 영향을 미친다. 이것은 갈등을 일으키는 욕동 파생물을 수반하는 환상에서 드러난다. 아동기에 흔히 발견되는 일반적인 예는 방광 조절 능력의 상실이나 스트레스로 인한 언어 능력의 상실이다. 예컨대 사람들 앞에서 발표

333

해야 하는 순간에 아동은 노출증적 환상으로 인해 해야 할 말을 잊어버릴 수 있다. 그런가 하면 초자아 퇴행은 전이에서 내재화된 부모의 권위를 분석가에게 다시 투사하는 피학적인 환자에게서 찾아볼 수 있다.

퇴행의 원인은 여러 가지이다. 어떤 형태의 퇴행은 내적 및 외적 압력으로부터 오는 다양한 욕구들에 대한 반응에서 발생한다. 이것은 아동과 성인의 삶 모두에서 정상적인 것이다. 퇴행은 발달 과정에서 전진과 후퇴의 일부분을 구성하고 있으며, 보다 높은 발달 수준에서 이전 문제들에 대한 재작업과 재통합이 가능하다. 성인들의 경우, 어떤 조건들은 원시적인 본능적 표현과 행동 유형을 다시 촉발시킬 수 있다. 이 조건들은 잠을 자거나 꿈을 꾸는 상태, 종교적 및 미적인 경험들, 사랑 그리고 전쟁 등의 상태를 포함한다. 퇴행은 또한 정신분석 과정의 본질적 요소이다. 환자는 전이 안에서 자신의 미해결된 갈등들을 재작업하기 위해 미성숙한 정신 구조의 단계로 되돌아가야 한다. 퇴행은 불안, 죄책감, 우울증, 수치심, 좌절, 자기애적 굴욕감 등의 불쾌한 느낌에 의해서 또는 신체적 질병, 마약 중독, 무기력 등에 의해서 촉발될 수 있다. 이 퇴행의 병리적 징후들은 신경증, 정신증 그리고 성도착으로 나타날 수 있다. 가장 일반적인 역동적 요소는 아마도 무의식적인 성적 및 공격적 충동을 담고 있는 해결되지 않은 오이디푸스 콤플렉스일 것이다. 그것은 이러한 무의식적 충동이 거세 불안과 죄책감을 유발하는 요소이기 때문이다.

투사 projection

받아들일 수 없는 충동이나 생각을 외부 세계로 옮겨놓는 정신 과정. 이것은 방어적 과정으로서, 개인 자신의 흥미와 욕망들이 다른 사람에게 속한 것처럼 지각되거나 자신의 심리적 경험이 실제 현실인 것처럼 지각되는 현상을 말한다.

참을 수 없는 생각이나 느낌들은 편집증적 투사의 경우에서처럼, 그것들이 투사되기 전에 무의식적인 변형을 거친다. 프로이트는 편집증 환자에 대한 설명에서 투사 과정에 대해 설명했다. 그 환자는 자신의 성적 및 공격적 느낌을 신에게 투사하여 신에게 박해받는다는 망상에 시달리고 있었다. 그는 자신의 동성애적 소망에 대한 두려움 때문에 무의식적으로 자신의 사랑의 감정을 미움으로 변형시켰고, 이러한 왜곡된 대체물을 신과 다른 사람들의 탓으로 돌렸다.

투사는 만족스럽게 작용하지 않을 때, 그 모습이 명백히 드러난다. 그것은 특히 편집증적 개인에게서 두드러지게 나타난다. 이런 이유로 인해 투사는 종종 부정적인 의미를 지닌 원시 방어로만 생각되기도 한다. 프로이트는 아동들이 다른 사람들이 자신들이 느끼는 것과 똑같이 느낄 거라고 생각한다는 사실에 주목했다. 이후의 분석가들은 투사가 초기 유아기에 겪었던 공생 경험을 나타내는 것일 수 있음을 보여 주었다. 게다가 좋은 느낌을 갖고, 사람을 좋게 보고, 세상을 행복한 곳으로 보는 사람은 설령 그가 자신의 무드나 태도를 투사하고 있다고 해도, 그것은 병적인 것으로 간주되지 않는

E

다. 유사하게, 대부분의 사람들은 로샤 검사와 다른 투사적 심리검사에서 투사가 유용하게 사용된다는 사실을 인정한다. 따라서 투사는 정상적이고 병리적인 상태 모두에서 나타날 수 있다. 단지 정상적인 것과 병리적인 것의 차이는 개인이 투사된 내용을 타당한 것으로 믿는 정도에 달려 있다. 즉 현실 검증에 대한 개인의 역량에 달려 있다.

투석 dialysis

신장병의 치료법으로 혈액투석 및 만성보행 복막투석이 있다.

투입 introjection

정신분석 이론(psychoanalytic theory)에서, 개인이 어떤 사람이나 사물로부터 받은 인상을 딴 곳으로 돌려, 내적으로 그 사람이나 사물의 가상형태로 향하게 하는 정신 기제. 예를 들면 개인이 부모의 비판을 자기 것으로 받아들여 일종의 자아비판의 형태로 전환하는 것이다.

ㅌ

투입 – 산출분석 input-output analysis

경제학자나 계획가들 사이의 연결을 도표화하기 위해 사용하는 수단. 사회복지에서 그 도표는 세로줄에 같은 순서로 그것들을 목록으로 만들어 구성된다. 총수는 몇몇 기준들에 의해 연결된 어떤 두 기관들의 빈도를 나타내기 위해 끝단에 기록된다. 이 방법은 조직이 독자적인지, 책임과 자원을 공유하고 있는지 등을 도표로 나타낸다.

특수아동 exceptional children

특별한 정신적, 신체적, 사회적 능력이나 한계 때문에 특수한 형태의 교육, 사회적 경험, 또는 처우를 필요로 하는 의존적인 아동들을 지칭한다. 이러한 아동이 포함된다. 또한 신체장애아, 기형아, 정신장애아, 특수한 재능아, 천재아 또는 특별한 신체능력을 가진 아동 등도 포함된다.

특수직역연금 special occupation retirement pension

특수직역연금는 공무원연금제도, 군임연금제도, 사립학교교직원연금제도로 구성되었다.

ㅌ

파괴행위 vandalism

공공 또는 사적 재산의 고의적이고 불법적인 파괴.

파킨슨 병 Parkinson's disease

뇌의 신경세포 손상으로 손과 팔에 경련이 일어나고, 다리는 보행이 어려워지는 손상을 입는 질병이다.

파킨슨증후군, 진전마비(振顫痲痹)라고도 한다. 1817년 영국의 J. 파킨슨이 이 질병을 보고하였다. 한동안 이 질병의 원인을 밝혀내지 못했지만 최근 연구결과에 의해 파킨(parkin)이라는 단백질을 생성하는 유전자의 이상이 발병의 원인으로 밝혀지고 있다. 과도한 산화질소가 파킨단백질에 결합하여 파킨단백질이 제 기능을 하지 못하는 것이 원인이 된다. 또한 도파민(dopamine)을 만들어 내는 뇌세포가 점차 손실되어 병의 진행은 점차 심각해진다. 2008년에는 이 단백질이 미토콘드리아와 관계가 있음이 밝혀지면서 파킨슨병의 원인을 규명하는 데 한 걸음 나아가게 되었다. 산화질소에 의해 손상된 파킨단백질에 이상이 있을 경우 이를 제거하는 오토파지(기능을 상실한 세포를 죽이는 메커니즘)가 작동하지 않는다는 사실을 밝혀내었다.

유행성 뇌염(일본뇌염), 뇌매독, 일산화탄소중독, 망가니즈중독, 윌슨병(病) 등일 때에도 파킨슨병과 유사한 증세가 나타나기도 한다. 발병률은 1천 명 중의 한 명꼴로 알려져 있지만 연령이 높을수록 발생빈도가 높다. 주로 뇌의 흑질(黑質, substantia nigra)의 뉴런이 환경적이거나 유전적인 원인에 의하여 손상되어 도파민의 생성에 문제가 생겨 발병한다. 다만 유전적 요인에 의한 발병은 드물게 나타나는 것으로 보이며 전체 파킨슨병 환자의 약 10% 정도에서 가족성 파킨슨병이 나타난다.

주증세인 운동장애가 서서히 발병하여 운동이 감소됨과 동시에 근육의 긴장이 증가하고, 손가락·목·입술 등에 진전이 보인다. 눈이 깜박거리지 않고 얼굴에는 표정이 거의 없다. 머리를 앞으로 내밀고 몸통과 무릎이 굽은 특이한 굴곡자세를 취한다. 음식을 먹거나 말하는 등의 동작도 원활하게 되지 않고, 심할 경우에는 일상의 동작이 전혀 불가능해질 때도 있다. 자율신경이상이 오면 유연(流涎)과 발한이상(發汗異常)이 있고, 동시에 안면의 지방분비가 많아져 광택을 띤다. 약물에 의한 대증요법이 시행되지만 예후는 좋지 않다. 중국 최고지도자 덩샤오핑[鄧小平]과 미국의 권투선수 무하마드

프

알리가 앓았던 병이기도 하다. 간뇌의 변성 또는 동맥경화적인 변화를 주로 한 중추신경계의 퇴행성 질환이며 치매와 함께 치명적인 노인성 질환으로 알려져 있다.

판결 adjudication

법적 심리나 재판을 통하여 결정하는 과정과 법원의 판결.

편견 prejudice

어떤 사물·현상에 대하여 그것에 적합하지 않은 의견이나 견해를 가지는 태도. 다시 말해서 특정 인물이나 사물 또는 뜻밖에 일어난 일에 대해서 가지는 한쪽으로 치우친 판단이나 의견을 가리키는 경우도 있지만, 보통 어느 사회나 집단에 속하는 다수의 사람들이 특정 대상(특히 특수한 인종이나 집단에 속하는 사람들)에 대해서 간직하는 나쁜 감정, 부정적인 평가, 적대적인 언동의 총체(總體)이다. 논리적인 비판이나 구체적인 사실의 반증(反證)에 의해서도 바꾸기가 어려운 뿌리 깊은 비호의적인 태도나 신념을 말한다.

편견에도 강약의 정도의 차가 있을 수 있으나, 호의적인 태도란 대상에서 일정한 거리를 두려는 경향과 상대를 헐뜯으려고 하는 경향의 두 관점에서 명확히 구별된다. 대부분의 편견은 사회 및 집단 내부에 전통적으로 이어졌으며, 어린 시절에 가정에서나 다른 연장자와의 접촉을 통해서 배우게 되고 획득하게 된다.

따라서 피교육자에게 편견에서 벗어나 사물을 합리적·구체적·객관적으로 생각하게 하며, 다른 사람과 의사소통의 광장을 넓히도록 지도하는 일이 중요하다. 그래서 일시적으로 편견에 사로잡혔더라도 다시 그것에서 벗어날 수 있는 자력회복형(自力回復型)의 인간으로 교육하는 것이 중요하다.

편부모가정 single-parent family

한쪽 배우자 없이 아버지 또는 어머니와 자녀로 이루어진 가족단위 또는 가구. 한부모가정이라 한다.

편집장애 paranoid disorders

지속적인 피해망상 혹은 망상적 질투로 특징지어지는 정신장애의 하나로서, 정신분열증(schizophrenia, 편집형), 기질적 정신장애(organic mental disorders), 성격장애(personality disorders) 등에서 비롯되는 것은 아니다. DSM-Ⅲ에 따르면, 편집장애의 유형에는 편집증(paranoia), 공유성 편집장애(shared paranoid disorder: 유사한 망상을 지닌 다른 사람과의 관계를 통해서 발전된 망상), '급성 인격장애(Acute Personality Disorder: 6개월 이내에 발생하는 피해망상)', '비정형 편집장애(Atypical Paranoid Disorder)'가 있다.

평가조사 evaluation research

어떤 특정 프로그램의 성공 여부를 결정하기 위한 체계적인 연구.

ㅍ

평균 mean

중심경향 측정(measure of central tendency)으로 산술 평균을 나타내며, 해당 점수를 더한 합을 그 점수들의 개수로 나눈 값이다. 예를 들어 기관에서 1주일 동안 클라이언트에게 할 당된 시간을 알고자 한다면, 사회복지사들이 1주일 동안 클라이언트를 상담한 시간을 모두 더한 값을 일주일 동안 상담한 클라이언트의 수로 나누는 것이다.

평등 equality

기본적인 사회사업 가치의 하나. 개인들은 서비스, 자원 그리고 기회에 평등하게 접근해야만 하고, 모든 사회제도, 교육제도 그리고 복지 제도에 의해서 동일하게 처우받아야 한다는 원리이다.

평등권 equal rights

신분에 상관없이 모든 사람에게 동일한 기회와 접근을 제공해야 하는 사회나 조직의 의무.

페비안 사회주의 Fabian socialism

"페비안(Fabian)"이라는 용어는 로마의 장군 파비우스에서 유래한 것이다. 총명하고 참을성 있던 파비우스(Fabius Maximus Cunctator)는 한니발의 침공을 맞아, 로마의 기병대가 한니발의 기병대에 비해 훨씬 열등함을 일찌감치 간파하고, 한니발 군과의 큰 전투를 피하면서 적의 보급과 순찰을 끊임없이 공격하며 지구전을 펼쳤다. 이러한 전술로 한니발의 전력을 조금씩 소모·고갈시킴으로써, 마침내 한니발을 이탈리아에서 내몰았다. 그는 당시의 성급한 로마 사람들로부터 지연자(Cunctator), 느림보라는 조롱을 받기도 하였다. 그의 전술에 싫증을 느끼거나, 자기들의 군사력을 정확히 파악하지 못한, 성급한 로마인들은 그의 전술을 무시하고 칸나이에서 한니발과의 대규모 전투에 뛰어들었다(B.C. 216년). 이 전투에서 로마는 참담한 패배를 하였고, 여러 원로원 의원들과 귀족들 그리고 사령관이었던 콘술을 포함하여 약 7만여 명을 잃었다. 칸나이 전투 이후, 로마인들은 다시 파비우스의 전술을 채택하고, 대규모 전투를 회피하였다.

페비안 사회주의는 1884년 소수의 지식인에 의해 설립되었으며 점진적인 사회개혁을 통하여 사회주의를 지향하는 단체였다. 로고는 거북이인데 그것은 서두르지 않고 그리고 쉬지도 않고 사회개혁을 추진한다는 의미이다. 비판론자들은 "기회를 포착할 때까지 기다려서 사회개혁을 이루려고 하는 시도는 결국 그 대상이 죽을 때까지 기다려야 하는 것을 의미하는 것일 뿐 스스로의 힘으로 사회개혁을 이루려는 자세가 아니다"라고 비판하였다.

페미니즘 이론 theory of feminism

복지국가의 주요 목표와 역할이 여성에 대한 지배를 강화하기 위한 데 있다고 보는 입장을 페미니즘 이론이라 한다. 즉 결혼한 여성을 남성의 파트너로서 가정을 지키고, 경제적으로 가정에 예속되어 국가의 이익을 위해 자녀를 양육해야만 하는 존재로 인식하고 있다고 보는 견해이다.

폐경 menopause

중년 여인이 더 이상 월경을 하지 않음으로써 나타나는 생리적 과정으로, 어떤 여성에게는 호르몬의 변화가 생리적, 심리적 증상을 유발하기도 한다.

폐쇄체계 closed system

체계이론(systems theories)에 따르면, 현 상태를 유지하고 변화를 억제하는 자기 유지 체계는 가족구성원이 아닌 사람들과는 비교적 관계를 맺지 않고 가족신화(family myths)와 어긋나는 관념들은 거의 용납하지 못하며 외부와는 최소한의 상호관계만을 유지한다.

폐쇄형 질문 questions, closed-ended

클라이언트가 자신의 의견이나 장식적이고 세부적인 설명이 없이 간명하고 사실적으로 특정한 정보를 밝히도록 돕고자 고안된 질문(questioning) 방식, 이러한 질문은 면접시간이 제한되어 있을 때 클라이언트가 주제에서 벗어나거나, 질문을 회피하거나 또는 엉뚱한 정보를 제공하는 것 등을 방지하기 위하여 사회복지사가 상용한다. 이러한 질문은 주로 '예, 아니오' 또는 한 단어응답(단답)을 요구하는 질문이다. 예를 들면, "당신은 이번 주 학교에 매일 나갔습니까?", "당신은 언제 실직하였습니까?"와 같은 질문이 폐쇄적 질문에 해당한다.

폐질 total disability

산업재해 보상(workers' compensation)과 보험계약에 사용되는 용어로, 업무를 수행하는 데 필요한 능력이 없는 상태. 대개 업무 수행 중 입은 부상이나 건강문제 때문에 생긴다.

폭력 violence

대개 상해나 파괴를 초래하는 심하고 격렬한 힘과 권력의 행사. '폭력범죄'라는 용어는 살인, 강간이나 구타와 같이 신체적인 상해를 입히거나 위협을 주는 범죄들과 관련이 있다.

표면적 타당성 face validity

어떤 도구나 척도의 타당성(validity)을 사정하기 위한 간단한 방법. 연구자에게 도구가 타당한 것처럼 보이거나 그렇게 생각되면, 연구자의 전문적 판단만으로 도구가 타당한 것으로 여긴다.

ㅍ

표적체계 target system

사회사업의 목표를 성취하기 위하여 변화되거나 영향을 미쳐야 할 개인, 집단, 지역사회를 말한다. 핀커스(Allen Pincus)와 미나한[Anne Minahan(Social Work Practice: Model and Method. Itasca. Ⅲ, F. E. Peacock Publishers, 1973, 58~60쪽)]에 의하

면, 이것은 사회사업 실천에서 네 가지 기본 체계 중의 하나
이다[다른 것들은 변화매개 체계(change agent system), 클라
이언트 체계(client system)와 행동체계(action system)이다]. 표
적체계와 클라이언트 체계는 때때로 일치하지만 언제나 일치
하는 것은 아니다. 이러한 불일치는 클라이언트가 변화되어
야 할 대상이 아닐 때 서로 다르게 나타난다. 예를 들면, 클
라이언트가 정서적 고통에서 빗어나는 것과 같은 어떤 자기
변화를 이루려고 할 때 동일할 수도 있다.

표적행동 target behavior

행동수정(behavior modification)에서, 분석이나 수정을 위해서
선택된 행동을 말한다. 표적행동을 확인하는 것은 치료자가
행동사정(behavioral assessment)을 하는 데서 첫 단계이다. 이
것은 특정 행동과 시간 그리고 그러한 행동을 유발시키는 상
황을 기술하는 것을 포함한다.

표준편차 standard deviation

분포의 평균치와 편차 정도를 나타내기 위한 통계적 수치.
표준편차는 분포에서 개인점수와 중간점수 간의 평균차이이
다. 이는 편차를 제곱하여 이를 모두 더하여 점수보다 적은
1 이하의 숫자로 나누어 결과의 제곱근을 취하여 구한다. 정
상분포(대칭형 또는 종형)일 때, 사례 중 68.2%가 중간값
mean으로부터 +1로 또는 -1로 표준편차 사이에 위치할 것

이고, 사례 중 95.4%는 +2, -2 표준편차 사이에 위치하며, 99.7%는 +3, -3 표준편차 사이에 위치할 것이다.

피아제 이론 Piagetian theory

스위스 심리학자 피아제(Jean Piaget, 1896～1980)가 주장한 인지발달(cognitive development) 이론으로, 인간이 인지하고, 지식을 동원하여 문제를 해결하고, 세계를 이해하게 되는 과정을 설명한다. 이 이론에 따르면 인간의 인지발달은 환경과의 상호작용을 통한 지속적이고 확실한 방식 혹은 계획(scheme)의 산물이다. 계획이란 어떤 사람이 의도한 결과를 성취할 수 있도록 도와주는 목표 지향적인 전략(goal－oriented strategies)이다. 이 계획은 반사작용(reflex)과 반사운동(motor responses)이 지배하는 유아기 및 유년기 초기의 감각운동적(sensorimotor) 성격과 경험과 정신적 심상(mental image)에 기초하여 추상적인 추론과 상징(부호체계)의 사용을 발전시키는 사람의 능력을 반영하는 인지적(cognitive) 성격을 지니고 있다, 인지발달에는 새로운 정보, 사건 및 문제 해결 방법이 기존 체계(계획; existing scheme)에 통합되는 동화(assimilation)와 주위 환경과의 상호작용 및 경험으로부터의 학습을 통하여 기존 체계에서 변화가 일어나는 조절(accommodation)의 두 가지가 있다 피아제는 인지발달을 감감운동기(sensorimotor stage), 전조작기(preoperational stage), 구체적 조작기(concrete operations stage), 형식적 조작기(formal operations stage) 등 4단계로 구분하였다.

[ㅎ]

하드웨어 hardware

컴퓨터에서 컴퓨터, 자판, 모니터, 변복조장치 등과 같이 자료를 저장·처리·분석·전달하도록 설계된 물리적인 기계를 말한다.

하류계층 lower class

사회학자들에 의하면 이 사회경제적 계급(socioeconomic class)에 속한 사람들은 최소한의 소득과 재정 보장, 보잘것없는 직업, 낮은 교육, 무감각하고 절망하기 쉬운 경향을 갖는다고 말한다.

하부체계 subsystem

그 자체가 상호작용하고 서로 영향을 주는 요소들로 구성된 체계의 한 부분. 예를 들면, 가족체계에서도 부모, 자녀들, 여성들, 남성들, 핵가족(nuclear family) 체계, 확대가족(extended family) 체계 등의 하부체계가 존재한다.

하층계급 underclass

오랜 기간 동안 가난이나 실직 상태에 있고 장래에 그러한 상태를 개선할 자원이나 기회가 부족한 사람과 가족들을 언론인과 경제학자들이 지칭하는 용어.

학교사회사업 school social work

학생들이 학교생활에 원만히 적응하도록 학교 당국과 가정 및 지역사회 간의 조정을 목적으로 하는 사회사업의 한 특수 분야. 일반적으로 학교사회복지사들이 교사 및 학부모로부터 개입을 요청받는 문제들은 무단결석, 사회적 퇴행(social withdrawal), 과도한 공격적 행동, 반항, 수업에 대한 흥미 상실, 신체적·정서적 또는 경제적 상황 등에 수반되는 문제들이다. 학교사회복지사들은 또한 학교철학과 교육방법을 학부모들과 지역사회에 설명하는 역할을 담당하기도 한다.

학습불능자 learning disabled

난독증(읽기 어려움, dyslexia), 쓰기 어려움(dysgraphia) 또는 셈장애(dyscalculia)와 같은 구체적인 장애를 학교에서 경험한, 정상적이며 평균 이상의 지능지수를 가진 어린이를 설명하는 용어.

학습이론 learning theory

행동치료(behavior therapy)와 행동수정(behavior modification)을 강조하는 개념인 행동주의(behaviorism)와 사회학습이론(social

ㅎ

learning theory). 즉, 인간의 행동은 다양한 환경의 자극에 대한 어떤 반응들의 성공과 실패의 결과로서 생긴다는 개념.

할당(고용)제도 quota system

동일한(또는 특정한) 지위(identified status)에 있는 사람들 중 얼마나 많이, 또는 어느 정도의 비율이 동일한(또는 특정) 집단(identified group)에 포함되는가를 상술하는 하나의 조직상 계획(organizational plan), 사회정책(social policy), 또는 법정 원리(legal doctrine)를 말한다. 이 제도는 사람들을 배제하거나 (과거 몇몇 미국 이민법은 미국에 이민 오는 사람들 중 아프리카나 아시아보다 유럽에서 오는 사람들에게 더 높은 점수를 준 것처럼), 포함시키기 위하여[차별수정계획(affirmative action)과 같은] 계획되었다. 예를 들면, 하나의 시가 인구비를 반영하여 경찰직의 절반을 흑인으로 하여 차별정책을 해소해야 한다고 결정할 수 있으며, 그래서 이러한 노력이 50대50의 지분에 도달하게 될 것을 명령하는 것이다.

합리화 rationalization

어떤 행동이나 사건에 대해 논리적인 용어로 묘사하거나 그 이유를 설명하는 것. 즉 한 사람이 자신의 행위나 생각을 심오한 심리학적인 수준에서 용납할 수 없을 때, 이를 받아들이게 하기 위하여 설명하거나 정당화시키고자 하는 방어기제(defense mechanism)의 하나이다.

합의 consensus

개인과 집단이 공동이익의 목표와 이것들을 성취하기 위한 수단에 대해 일반적인 동의를 얻는 과정. 합의는 처음에는 목표와 높은 수용성에 초점을 맞춰 공통적인 가치를 강조하고 갈등을 조정하고 회피함으로써 지역사회 조직가들에게 도움을 준다.

핫라인 hot line

비상시에 즉시 직접 전화 연락을 할 수 있도록 만들어 놓은 의사소통 체계. 많은 지역사회에서는 대기하고 있는 훈련된 수신자가 정서적이고 사회적인 문제를 경험한 사람들에게서 걸려오는 전화를 받도록 하는 체계를 확립해 왔다. 도망자, 밀고자, 자살예방, 가족폭력, 그 밖의 다른 문제들을 위한 특별한 목적의 핫라인도 있다.

항문기 anal phase

2~3세에 해당하는 정신성적 발달이론(psychosexual development theory)의 두 번째 단계. 성격발달 중 항문기 단계의 어린이는 항문의 기능에 관심을 가지며, 배설물과 배설물 배출을 통해 환경에 대한 더 큰 조절력을 배운다.

항문기 성격 anal personality

싫증을 자주 느끼고, 인색하고, 고집이 세며, 질서에 대해 강박관념을 가진 개인을 설명할 때 쓰이는 정신분석 이론(psychoa-

ㅎ

nalytic) 용어. 항문기 성격(anal character)으로도 알려져 있다.

항우울제 antidepressant medication

우울증(depression) 증상을 보이는 환자를 안정시켜 주기 위하여
정신과 의사 등이 사용하는 정신병리 약제(psychotropic drugs).
이 중 일부는 엘라빌(Elavil), 노르프라민(Norpramin), 페르토프
레인(Pertofrane), 아다핀(Adapin)이라는 상표로 알려져 있다. 항
우울제(antidepressant medication)를 통한 안정은 보통 조제에 따
라 정규적으로 복용한 이후 며칠이 지나야 나타난다고 한다.

향기치료 aroma marketing

향기를 이용하여 매출을 올리는 마케팅 기법. 인간의 감각기
관 중 향기와 관련된 후각기관, 코, 뇌의 작용, 심리상태 등
을 연구하여 소비자들의 구매 행태를 자극하는 판매촉진 마
케팅의 한 분야이다. 향기가 사람의 피로를 풀어주는 효과가
있다는 아로마테라피(향기치료)가 알려지면서부터 시작되었는
데, 그 용도가 넓어지고 향기 상품도 대중화되었다.

이 마케팅은 1990년대 영국의 마케팅 분야에서 향기를 이용
한 마케팅이 이론적으로 논의되기 시작하여 실제 제품화한
것은 일본이다. 1949년 일본의 한 비누회사가 제품 특성을
나타내는 향료를 잉크에 섞이 인쇄히기나 극소형 향료 캡슐
을 종이에 바르는 방법으로 신문에 냄새광고를 게재한 것이
세계 최초이다.

ㅎ

이 마케팅 기법에는 제품에서 직접 향기가 나게 하는 직접 향기마케팅과 향기를 이용하여 향기의 효과를 볼 수 있는 간접 향기마케팅이 있다. 직접 향기마케팅은 제품에서 향기가 직접 나오는 샴푸·의류 등을 통해서 제품 자체의 품질유지·고가정책·향기요법 등의 효과를 발휘한다. 예를 들면, 향기가 나는 와이셔츠, 중고자동차에 가죽 향을 뿌려 새 차를 사는 듯한 만족감을 주어 매출 증대로 이어지게 하는 것이다.

간접 향기마케팅은 주로 공간을 이용한 향기마케팅이다. 일반 업소 및 가정에 향기를 품어주어 향기가 가진 여러 기능의 효과를 볼 수 있다. 예를 들어, 숲속향이 나는 노래방은 마치 산속 느낌을 주어 고객들에게 신선한 실내분위기를 연출할 수 있고, 고객 확보에도 도움을 준다. 또한 가구점에 소나무향을, 빵집에 커피 향을 품어주어 구매 의욕을 자극한다.

해독 detoxification

적절한 생리적·심리적 기능이 재생되도록 충분한 기간 동안 신체로부터 독약이나 유해물질을 제거하는 과정. 이는 휴식, 적절한 식사, 간호, 적절한 약물치료와 사회서비스가 제공되는 동시에 개인에게서 오용된 물질을 제거함으로써 이루어진다.

해방 emancipation

개인 또는 사회집단 성원들이 다른 사람으로부터 벗어나는 것. 예로 자녀는 결혼하면 부모의 통제(그리고 부모의 부양을 받을 권리)로부터 해방될 수 있다.

핵가족 nuclear family

아버지, 어머니, 자녀들로 구성되는 친족집단.

행동수정 behavior modification

행동분석방법, 즉 조작적 조건화(operant conditioning), 고전적 조건화(classical conditioning), 사회학습 이론[social learning theory, 예를 들어 긍정적 강화(positive reinforcement)·소거(extinction)·모델화(modeling)]의 원칙에 기초하여 행동을 평가하고 변화시키는 방법.

행동이론 action theory

행동과, 행동을 실행하는 행위자에 대한 분석을 통하여 사회체계와 인성체계를 이해하고자 사회과학자들이 사용한 개념들의 집단. 행동을 측정할 때 조사자는 드러난 행위뿐만 아니라 행동으로 나타나는 행위자의 가치와 목표를 고려해야 한다. 행동이론은 개인행동의 동기가 된 가치 및 행동과 관련된 주관적인 의미를 강조하는 고전적 행동주의(behaviorism)와는 다르다. 행동은 문화적으로 규정된 상황과 관계 내에서 발생하는 것이며, 행위자의 내면화된 가치와 다른 사람의 반응에 대한 기대를 포함한다.

ㅎ

행동장애 conduct disorder

유년기나 청년시절에 분명하게 나타나며, 타인의 권리에 대한 계속적이고 반복된 침해, 혹은 연령에 걸맞은 규범(norms)과 사회적 규율의 위반으로 특징지어지는 부적합한 행동유형. 행동장애의 네 가지 하위유형은 ① 사회화되지 못한 것(under-socialized: 빈약한 교우 관계, 애정이나 유대감 결핍, 다른 사람의 감정에 대한 무관심, 자기중심주의), ② 사회화된 것(socialized: 특정인에게는 애정이 있지만 외부인에게는 냉담한 것), ③ 공격적인 것(타인에 대한 신체적 공격과 범죄행위), ④ 비공격적인 것[지속적인 거짓말, 무단결석(truancy), 가출, 약물남용(substance abuse)]이 있다.

행동주의 behaviorism

파블로프(Ivan Pavlov), 왓슨(J. B. Watson), 스키너(B. F. Skinner) 등이 창안한 심리학파의 이론. 행동주의는 관찰과 측정이 가능한 반응의 측면에서 행위를 설명하려고 한다. 이 학파의 기본 입장은 부적합한 행동 유형은 학습되지 않을 수 있으며 자기반성, 인지, 무의식(unconscious)은 비과학적인 가설이라는 것이다. 행동주의는 행동수정(behavior modification)과 사회학습 이론(social learning theory)과 같은 치료방법과 이론적인 개념을 동반한다.

ㅎ

행동치료 action therapy

행동 또는 변화에 대한 방해물을 직접 변화시키려는 치료절차와 개입전략. 이러한 요법에는 행동수정(behavior modification), 인지치료(cognitive therapy), 경험치료(experiential therapy) 등이 있다. '행동치료'와는 다른데, 정보치료는 클라이언트가 간접적으로 변화를 조장하는 자의식의 다른 형태와 통찰력을 얻을 수 있도록 하기 위한 것이다.

헤게모니 hegemony

어떠한 일을 주도하거나 주동할 수 있는 권력이나 지위 또는 주도권을 말한다. 가장 일반적인 의미에서는 한 집단이 다른 집단을 지배하는 것을 이르는 말.

20세기가 시작된 이래 특히 미국과 같은 초강대국의 활동과 관련하여 이 용어는 정치적 지배라는 뜻을 가지게 되었다. 한편으로는 국가의 지도층이 다양한 사회 계층을 지배하는 주도권이란 뜻으로도 쓰인다. 이탈리아 공산당의 창설자인 안토니오 그람시는 헤게모니를 지배 계급이 노동자계급을 통제하고 관리하는 의미로 처음으로 사용했다. 즉 지배계급이 단지 힘으로써가 아니라 제도, 사회관계, 의식화 등을 통해 노동자 계급의 동의를 이끌어 내어 자신들의 지배를 유지하는 수단이 바로 헤게모니이다.

헨리 구빈법 Henrician Poor Law

1536년 헨리 8세의 치세에 제정된 영국의 법률로서, 주요 목적은 국가가 신체 건강한 빈민을 다루는 방법을 조직화하려는 것이었다. 공식적인 명칭은 '건강한 부랑인과 거지의 처벌을 위한 법률'이며, 그러한 목적의 세금을 징수할 수 있는 지방 관리에게 빈민을 보호할 책임을 맡겼다. 그 관리는 실업자들에게 일자리를 마련해 주고 장애인들의 구걸을 제한하였다. 노동능력이 있는 사람들의 구걸에 대한 처벌은 낙인을 찍고 노예로 삼고, 그들의 자녀를 떼어놓으며, 반복적인 위반 시에는 사형에 처하였다.

현실치료 reality therapy

글래서(William Glasser)가 개발한 심리사회적 및 행동개입의 한 형태. 이 치료법은 클라이언트가 사랑과 인격에 근거하여 성공적 자아정체감(자신을 긍정적으로 인정하는)을 발전시키는 데 도움을 주는 치료방법이다. 현실치료자들은 클라이언트의 감정보다는 행동에, 과거보다는 현재와 미래에 초점을 둔다. 이들은 문제에 대해 책임 있는 행동과 대안적 해결을 강구하도록 격려한다. 이들은 클라이언트의 변명(excuses)을 용납지 않으며, 동정도 하지 않으며, '왜'라는 질문도 거의 하지 않는다. 이 현실치료는 특히 수용시설(institutional settings)에서 쓰일 때 긍정적 결과(positive results)를 낳는다고 보고되며, 또한 만성적 정신분열증 환자나 비행자로 낙인이 찍힌 사람들을 치료하는 데 개별 및 집단 사회사업에서 광범위하게 사용되어 왔다.

협상 negotiation

지역사회 조직과 사회사업의 여러 형태에서, 몇 가지 문제에 반대한 사람들과 함께 명확하고 공정한 의사소통을 통하여, 거래와 타협을 하고 상호 수용할 수 있는 결정에 도달하도록 조정하는 과정을 말한다.

호스피스 보호 hospice care

말기의 환자들을 위해 병원이 아닌 가정과 같은 시설에서 건강, 가정조성자, 사회봉사를 제공하는 것.

혼합가족 blended family

분리된 가족이 결혼이나 다른 상황으로 결합됨으로써 형성되는 가족. 몇몇 가족치료자들은 이 용어를 가족관계에서 자주적인 역할을 수행하지 못하거나 그들 자신을 명확히 하지 못하는 가족집단에 적용한다.

혼합경제 mixed economy

공공적이고 비영리적이며, 독점적인 조직들의 참여를 통해 자금에 대한 서비스와 이전이 이루어지는 사회나 환경을 말한다.

화해 conciliation

둘 또는 그 이상의 단체가 서로의 차이점을 최소화하거나 없애려는 중재 과정. 여기에서 사회복지사의 역할은 대개 자문 및 중재이다.

확산이론 diffusion theory

한 국가의 사회복지정책이 다른 나라에 영향을 미친다는 것에 초점을 두고 사회복지정책의 발달이 국가 간의 의사소통이나 영향력 교류에 의해 이루어진다고 보는 이론 사회복지정책의 도입을 각 국가들은 모방과정의 결과로 인식하는데, 선진국에서 후진국으로 확산되는 위계적 확산과 인접 주변국을 중심으로 점차적으로 확산되는 공간적 확산의 두 가지 유형이 있다.

사회복지정책의 발달을 국내적인 요인을 갖고 설명하려는 것에서 국제적인 관계와 범위로 그 영역을 넓혀 설명함으로써 설득력을 인정받고 있는데 교통·통신의 발달과 인터넷 등으로 인하여 확산이론의 설득력이 높아졌다. 그러나 국제적인 환경변수로 구체적인 사회복지정책 과정을 설명하는 것이 부족하다. 선진국에서 후진국으로 확산되어 간다는 위계적 확산에 대하여는, 후진국가에서 선진국가로 역확산되는 경우가 있다는 지적이 있다.

ㅎ

환각 hallucination

실제로 존재하지 않는 몇 가지 대상 또는 현상에 대한 상상된 인식. 정신병(psychosis) 증상의 일종인 환각은 존재하지 않는 음성을 듣거나(청각 환상), 냄새를 맡거나(후각 환상), 맛을 보거나(미각 환상), 만져 보는(촉각 환상) 것 등이 있다.

환경치료 milieu therapy

보통 시설에서 생활하는 사회적·정신적 부적응자들을 위한 치료와 재활의 한 형태. 치료는 전문적인 치료자와 함께하는 개별적인 시간에만 국한되는 것이 아니라 시설과 같은 폐쇄된 장소에서도 이루어지는데, 이것을 '치료적 공동체'라고 부른다. 시설에서 집단면담에 참석하며, 하루 종일 서로에게 사회적·정서적 지지를 제공해야 한다.

모든 환경은 치료과정에서 중요한 것으로 인식된다.

환기 ventilation

사회복지사와 클라이언트의 치료관계에서, 클라이언트가 문제 상황을 서술하는 동안 그의 감정을 표현하도록 하는 과정. 심리·사회학자에 의하면, 이것은 개인에게 내적인 스트레스와 갈등을 형성하거나 유발시키는 감정을 완화하거나 없앤다. 이것은 또한 정화(catharsis)라고도 불린다.

환류 feedback

행동을 취한 당사자에게 행동의 결과에 대한 정보를 주는 것. 이것은 행위의 효과에 대한 보다 객관적인 평가를 하게 해준다. 또한 이것은 성공률을 높이기 위해서 진행되고 있는 행동을 수정하게 한다. 사회사업행정에서 환류는 흔히 지도감독, 인사평가, 클라이언트 보고서, 그리고 사회복지사가 좋은 일을 할 때 대상자가 바람직한 것을 성취하도록 돕거나 그들에게 긍정적인 지표를 주는 객관적인 산출 측정 속에서 사용된다.

환자 patients

의사와 보건진료 요원의 보호와 치료를 받는 사람들. 사회복지사는 그들이 돌보고 있는 사람들을 일컬을 때 클라이언트(client)라는 용어를 사용한다. 그러나 보건진료기관에 고용된 사회복지사(예를 들어, 의료사회복지사)들은 '환자'라는 용어를 더 흔하게 사용한다.

활동 집단 activity group

특별히 치료목적으로 계획된 것일 수도 있고, 그렇지 않을 수도 있지만, 참가자들이 상호 관심을 갖고 있는 프로그램에 참여하는 집단참여 형태. 회원들은 민요 부르기, 요리 만들기, 목수일 또는 수공업일 등 다양한 활동에 참여한다. 역사적으로 활동 집단은 초기의 사회집단 기관(social group center),

ㅎ

특히 인보관(settlement house)과 청소년서비스센터(youth service centers)에 널리 퍼져 있었다. 활동 집단은 원래 칠를 위한 것이 아니었지만, 사회적 기술(social skill)을 배우고, 민주적 결정을 내리고, 효과적인 상호관계 능력을 발전시키기 위한 수단으로 사용되었다. 최근에는 요양원, 정신병원, 레크리에이션 센터에서 활동 집단을 찾아볼 수 있다.

황혼이혼 December divorce

결혼 생활을 20년 이상 한 부부들의 이혼을 말한다. 은퇴시기에 몰린 베이비부머(1945~1965년생)들에게 급증하는 이혼 추세에 따라 나온 신조어.

회귀분석 regression analysis

통계학에서 관찰된 연속형 변수들에 대해 독립변수와 종속변수 사이의 인과관계에 따른 수학적 모델인 선형적 관계식을 구하여 어떤 독립변수가 주어졌을 때 이에 따른 종속변수를 예측한다. 또한 이 수학적 모델이 얼마나 잘 설명하고 있는지를 판별하기 위한 적합도를 측정하는 분석 방법이다. 1개의 종속변수와 1개의 독립변수 사이의 관계를 분석할 경우를 단순회귀분석(Simple Regression Analysis), 1개의 종속변수와 여러 개의 독립변수 사이의 관계를 규명하고자 할 경우를 다중회귀분석(Multiple Regression Analysis)이라고 한다. 회귀분석은 시간에 따라 변화하는 데이터나 어떤 영향, 가설적 실

ㅎ

험, 인과관계의 모델링 등의 통계적 예측에 이용될 수 있다. 그러나 많은 경우 가정이 맞는지 아닌지 적절하게 밝혀지지 않은 채로 이용되어 그 결과가 오용되는 경우도 있다. 특히 통계소프트웨어의 발달로 분석이 용이해져서 결과를 쉽게 얻을 수 있지만 적절한 분석방법의 선택이었는지 또한 정확한 정보 분석인지 판단하는 것은 연구자에 달려 있다.

회상치료 reminiscence therapy

회상치료는 대화를 통해 과거에 대한 기억을 자연스럽게 돌이켜 볼 수 있도록 돕고 이를 통해 기억력 향상을 도모하고, 과거의 해결되지 않는 감정을 대화를 통해 표출하고 해석할 수 있도록 유도하며, 환류를 주고받으면서 자기 자신과 타인에 대해 보다 잘 이해할 수 있도록 돕는 활동을 말한다.

회피 avoidance

① 행동수정(behavior modification) 절차에서, 혐오스러운 사건의 발생을 연기하거나 회피하려는 개인의 반응, ② 정신역학(psychodynamic) 이론에서 거부(denial)와 방어기제(defense mechanism)를 말하는 것으로 어떤 상황을 피하려는 것을 말한다.

ㅎ

효과 efficacy

요구된 목표나 계획된 결과가 성취되는 정도를 말한다. 사회사업에서 합리적 기간 내에 클라이언트가 부여된 개입 목표를 달성하도록 돕는 효력이다.

효용이론 utility theory

경제학에서 한 사람이 상품의 소비를 통해 만족(효용)을 얻는다는 개념. 한 개인이 상품을 소비해 가능한 한 최고로 만족스러운 수준을 얻기 위해서 소비의 우선 사항들을 설정하는 데 노력한다는 것이다. 이 이론은 주어진 비용과 시간단위에 대한 만족의 수준이 높을수록 그 특정 항목을 더욱 원하게 된다고 주장한다.

후광효과 halo effect

평가하고자 하는 특성이 둘 이상일 때 어느 하나에서 받은 성향을 의미하며, 관용오류는 추천서를 쓰는 사람의 경우처럼 대상의 좋은 점을 과장해서 평가하는 경향을 의미하고, 대조오류는 학력이 낮은 사람이 고학력과 관련된 사항에 대해 부정적 또는 긍정적 경향을 보이는 것과 같이 응답자가 자신이 특성과 대조되는 사항의 평가에 부정 또는 긍정적인 영향을 미치는 경향을 의미한다.

휴먼서비스 human services

사람들의 발전과 복지를 향상시키기 위해 고안된 프로그램과 활동. 이것은 자신들의 욕구를 충족시킬 수 없는 사람들에게 경제적·사회적 원조를 제공하는 것을 말한다. '휴먼 서비스'라는 용어는 대개 '사회봉사(social services)'나 '복지서비스(welfare services)'와 동의어로 사용되며, 사람들을 위한 프로그램을 계획, 조직, 계발, 관리하는 것과 사람들에게 직접적인 사회봉사를 제공하는 것을 뜻한다. 이 용어는 미국 보건 및 인간봉사성(U.S. Department of Health and Human services: HHS)이 미국 보건교육복지성(U.S. Department of Health, Education, and Welfare)을 대신하여 수립된 1979년에 더 광범위하게 사용되었다. 그것은 '복지'라는 용어가 부정적인 의미를 함축한다는 것과 그 조직이 새로운 명칭을 가짐으로써 더 많은 영향력을 갖게 될 것임을 말해 주었다. '사회복지서비스(social welfare services)'라는 용어 대신에 '휴먼서비스(human services = human resources)'라는 용어를 사용하는 것은 서비스 활동의 장에서 적절한 사회복지사에 다른 전문가들을 추가하려는 하나의 추세이기도 하다.

휴식서비스 respite service

부양자의 과중한 역할부담을 경감하기 위한 보안적 가족서비스.

희망 hope

자신이 바라는 어떠한 상황이 벌어질 것이라는 기대나 예측을 의미한다. 주로 실현 시간이 불명확하다. 희망은 인류 역사상 많은 문학과 예술의 소재가 되어 왔으며 영화 등의 주요 테마이기도 하다. 순 한국어로 바람이라고 하며, 한국인 사이에서 흔히 '바램'이라고 잘못 언급하기도 한다.

ㅎ

희생양 scapegoat

불공정한 비판이나 갈등의 대상(목표)이 되는 가족이나 집단의 성원.

히스테리 hysteria

'자궁'이라는 뜻의 그리스어 hystera에서 유래. 광범위하고 다양한 감각·운동의 장애를 일으키는 정신장애의 일종. 전통적으로 정신신경증으로 분류되었으며, 아직 유기적·구조적 병인(病因)은 밝혀지지 않았다. 여성에게 흔히 나타나므로 자궁의 이상이 원인이라고 생각한 데서 붙여진 말이다. 히스테리는 대부분 청년기에 나타나지만 어린이와 노인에게서도 나타날 수 있다. 엄밀한 의미에서의 히스테리는 세상일에 밝은 사람들보다는 정신적으로 단순하고 순박한 사람들에게서 많이 나타나는 것으로 보인다. 또 이 증상은 지적 수준이 낮은 사람에게서 많이 나타나는 경향이 있다. 최근 여러 지역에서 히스테리 발병률이 낮아지고 있다.

ㅎ

사회복지사 윤리강령

사회복지사는 인본주의·평등주의 사상에 기초하여, 모든 인간의 존엄성과 가치를 존중하고 천부의 자유권과 생존권의 보장활동에 헌신한다. 특히 사회적·경제적 약자들의 편에 서서 사회정의와 평등·자유와 민주주의 가치를 실현하는 데 앞장선다. 또한 도움을 필요로 하는 사람들의 사회적 지위와 기능을 향상시키기 위해 저들과 함께 일하며, 사회제도 개선과 관련된 제반 활동에 주도적으로 참여한다. 사회복지사는 개인의 주체성과 자기결정권을 보장하는 데 최선을 다하고, 어떠한 여건에서도 개인이 부당하게 희생되는 일이 없도록 한다. 이러한 사명을 실천하기 위하여 전문적 지식과 기술을 개발하고, 사회적 가치를 실현하는 전문가로서의 능력과 품위를 유지하기 위해 노력한다.

이에 우리는 클라이언트·동료·기관, 그리고 지역사회 및 전체 사회와 관련된 사회복지사의 행위와 활동을 판단·평가하며 인도하는 윤리기준을 다음과 같이 선언하고 이를 준수할 것을 다짐한다.

- 윤리기준 -

▣ 사회복지사의 기본적 윤리기준

1. 전문가로서의 자세

1) 사회복지사는 전문가로서의 품위와 자질을 유지하고, 자신이 맡고 있는 업무에 대해 책임을 진다.

2) 사회복지사는 클라이언트의 종교, 인종, 성, 연령, 국적, 결혼상태, 성 취향, 경제적 지위, 정치적 신념, 정신, 신체적 장애, 기타 개인적 선호, 특징, 조건, 지위를 이유로 차별 대우를 하지 않는다.

3) 사회복지사는 전문가로서 성실하고 공정하게 업무를 수행하며, 이 과정에서 어떠한 부당한 압력에도 타협하지 않는다.

4) 사회복지사는 사회정의 실현과 클라이언트의 복지 증진에 헌신하며, 이를 위한 환경 조성을 국가와 사회에 요구해야 한다.

5) 사회복지사는 전문적 가치와 판단에 따라 업무를 수행함에 있어, 기관 내외로부터 부당한 간섭이나 압력을 받지

않는다.

6) 사회복지사는 자신의 이익을 위해 사회복지 전문직의 가치와 권위를 훼손해서는 안 된다.

7) 사회복지사는 한국사회복지사협회 등 전문가단체 활동에 적극 참여하여, 사회정의 실현과 사회복지사의 권익옹호를 위해 노력해야 한다.

2. 전문성 개발을 위한 노력

1) 사회복지사는 클라이언트에게 최상의 서비스를 제공하기 위해, 지식과 기술을 개발하는 데 최선을 다하며 이를 활용하고 전파할 책임이 있다.

2) 클라이언트를 대상으로 연구하는 사회복지사는 저들의 권리를 보장하기 위해, 자발적이고 고지된 동의를 얻어야 한다.

3) 연구과정에서 얻은 정보는 비밀보장의 원칙에서 다루어져야 하고, 이 과정에서 클라이언트는 신체적·정신적 불편이나 위험·위해 등으로부터 보호되어야 한다.

4) 사회복지사는 전문성을 개발하기 위해 노력하되, 이를 이유로 서비스의 제공을 소홀히 해서는 안 된다.

5) 사회복지사는 한국사회복지사협회 등이 실시하는 제반교육에 적극 참여하여야 한다.

3. 경제적 이득에 대한 태도

1) 사회복지사는 클라이언트의 지불능력에 상관없이 서비스

를 제공해야 하며, 이를 이유로 차별대우를 해서는 안 된다.

2) 사회복지사는 필요한 경우에 제공된 서비스에 대해, 공정하고 합리적으로 이용료를 책정해야 한다.

3) 사회복지사는 업무와 관련하여 정당하지 않은 방법으로 경제적 이득을 취하여서는 안 된다.

▣ 사회복지사의 클라이언트에 대한 윤리기준

1. 클라이언트와의 관계

1) 사회복지사는 클라이언트의 권익옹호를 최우선의 가치로 삼고 행동한다.

2) 사회복지사는 클라이언트에 대하여 인간으로서의 존엄성을 존중해야 하며, 전문적 기술과 능력을 최대한 발휘한다.

3) 사회복지사는 클라이언트가 자기결정권을 최대한 행사할 수 있도록 도와야 하며, 저들의 이익을 최대한 대변해야 한다.

4) 사회복지사는 클라이언트의 사생활을 존중하고 보호하며, 직무 수행과정에서 얻은 정보에 대해 철저하게 비밀을 유지해야 한다.

5) 사회복지사는 클라이언트가 받는 서비스의 범위와 내용에 대해, 정확하고 충분한 정보를 제공함으로써 알 권리를 인정하고 존중해야 한다.

6) 사회복지사는 문서·사진·컴퓨터 파일 등의 형태로 된 클라이언트의 정보에 대해 비밀보장의 한계, 정보를 얻어

야 하는 목적 및 활용에 대해 구체적으로 알려야 하며, 정보 공개 시에는 동의를 얻어야 한다.

7) 사회복지사는 개인적 이익을 위해 클라이언트와의 전문적 관계를 이용하여서는 안 된다.

8) 사회복지사는 어떠한 상황에서도 클라이언트와 부적절한 성적 관계를 가져서는 안 된다.

9) 사회복지사는 사회복지 증진을 위한 환경 조성에 클라이언트를 동반자로 인정하고 함께 일해야 한다.

2. 동료의 클라이언트와의 관계

1) 사회복지사는 적법하고도 적절한 논의 없이 동료 혹은, 다른 기관의 클라이언트와 전문적 관계를 맺어서는 안 된다.

2) 사회복지사는 긴급한 사정으로 인해 동료의 클라이언트를 맡게 된 경우, 자신의 의뢰인처럼 관심을 갖고 서비스를 제공한다.

▣ 사회복지사의 동료에 대한 윤리기준

1. 동료

1) 사회복지사는 존중과 신뢰로서 동료를 대하며, 전문가로서의 지위와 인격을 훼손하는 언행을 하지 않는다.

2) 사회복지사는 사회복지 전문직의 이익과 권익을 증진시키기 위해 동료와 협력해야 한다.

3) 사회복지사는 동료의 윤리적이고 전문적인 행위를 촉진시

ㅎ

켜야 하며, 이에 반하는 경우에는 제반 법률규정이나 윤리기준에 따라 대처해야 한다.

4) 사회복지사가 전문적인 판단과 실천이 미흡하여 문제를 야기하였을 때에는, 적절한 조치를 취하여 클라이언트의 이익을 보호해야 한다.

5) 사회복지사는 전문직 내 다른 구성원이 행한 비윤리적 행위에 대해, 제반 법률규정이나 윤리기준에 따라 조치를 취해야 한다.

6) 사회복지사는 동료 및 타 전문직 동료의 직무 가치와 내용을 인정·이해하며, 상호 간에 민주적인 직무관계를 이루도록 노력해야 한다.

2. 슈퍼바이저

1) 슈퍼바이저는 개인적인 이익의 추구를 위해 자신의 지위를 이용해서는 안 된다.

2) 슈퍼바이저는 전문적 기준에 의해 공정하게 책임을 수행하며, 사회복지사·수련생 및 실습생에 대한 평가는 저들과 공유해야 한다.

3) 사회복지사는 슈퍼바이저의 전문적 지도와 조언을 존중해야 하며, 슈퍼바이저는 사회복지사의 전문적 업무수행을 도와야 한다.

4) 슈퍼바이저는 사회복지사·수련생 및 실습생에 대해 인격적·성적으로 수치심을 주는 행위를 해서는 안 된다.

ㅎ

▣ 사회복지사의 사회에 대한 윤리기준

1) 사회복지사는 인권존중과 인간평등을 위해 헌신해야 하며, 사회적 약자를 옹호하고 대변하는 일을 주도해야 한다.

2) 사회복지사는 필요한 사회서비스를 개발하기 위한 사회정책의 수립·발전·입법·집행에 적극적으로 참여하고 지원해야 한다.

3) 사회복지사는 사회환경을 개선하고 사회정의를 증진시키기 위한 사회정책의 수립·발전·입법·집행을 요구하고 옹호해야 한다.

4) 사회복지사는 자신이 일하는 지역사회의 문제를 이해하고, 그것을 해결하는 일에 적극적으로 참여해야 한다.

▣ 사회복지사의 기관에 대한 윤리기준

1) 사회복지사는 기관의 정책과 사업 목표의 달성·서비스의 효율성과 효과성의 증진을 위해 노력함으로써, 클라이언트에게 이익이 되도록 해야 한다.

2) 사회복지사는 기관의 부당한 정책이나 요구에 대하여, 전문직의 가치와 지식을 근거로 이에 대응하고 즉시 사회복지윤리위원회에 보고해야 한다.

3) 사회복지사는 소속기관 활동에 적극 참여함으로써, 기관의 성장발전을 위해 노력해야 한다.

◉ 사회복지윤리위원회의 구성과 운영

1) 한국사회복지사협회는 사회복지윤리위원회를 구성하여, 사회복지윤리실천의 질적인 향상을 도모하여야 한다.
2) 사회복지윤리위원회는 윤리강령을 위배하거나 침해하는 행위를 접수받아, 공식적인 절차를 통해 대처하여야 한다.
3) 사회복지사는 한국사회복지사협회의 윤리적 권고와 결정을 존중하여야 한다.

◉ 사회복지사 선서

나는 모든 사람들이 인간다운 삶을 누릴 수 있도록,

인간존엄성과 사회정의의 신념을 바탕으로,

개인·가족·집단·조직·지역사회·전체사회와 함께한다.

나는 언제나 소외되고 고통받는 사람들의 편에 서서,

저들의 인권과 권익을 지키며, 사회의 불의와 부정을 거부하고,

개인이익보다 공공이익을 앞세운다.

나는 사회복지사 윤리강령을 준수함으로써,

도덕성과 책임성을 갖춘 사회복지사로 헌신한다.

나는 나의 자유의지에 따라 명예를 걸고 이를 엄숙하게 선서합니다.

참고문헌

김경빈(1994). 『청소년 약물남용의 사회경제적 영향연구』. 문화체육부.

김채원 외(1996). 『정신분열증』. 중앙문화진수출판사.

김혜련·신혜섭(2008). 『정신건강론』. 서울: 학지사.

기독간호대학산학협력단·광주동구노인종합복지관(2007). 『치매예방교실
　　운영을 위한 인지재활활동의 실제』. 광주: 미디어.

두산백과(2013)

박용순(2007). 『지역사회 복지론』. 학지사.

박지영(1998). 『알코올중독 노인의 특성에 관한 연구』.

보건복지부(1999). 『보건복지백서』.

서윤·강병연·박연희·서강훈·심미연·오복희·유명원·이원식
　　(2007). 『사회복지학의 이해』. 학지사.

양정남·최선령(2009). 『사회복지실천론』. 양서원.

원석조(2006). 『사회복지정책론』. 공동체.

이해영(2009). 『노인복지론』. 서울 : 창지사.

이영호(2008). 『정신건강론』. 공동체.

이윤로(2000). 『정신보건 사회복지론』. 학지사.

_____(2001). 『정신보건 사회복지론』. 학지사.

_____(2005). 『정신보건과 사회복지』. 창지사.

이인정·최해경(1998). 『인간행동과 사회환경』. 나남출판.

1급사회복지사 시험연구회(2008). 『1급사회복지사 기본서 사회복지

정책론』. 나눔의 집.

장인협(1999). 『사회복지실천론』. 서울대학교 출판부.

정순둘(2006). 『사례관리 실천의 이해』. 서울: 학지사.

정옥분(역)(1992). 『인간발달 Ⅱ-청년기, 성인기, 노인기』. 교육과학사.

조흥식·김진수·홍경준(2004). 『산업복지론』. 나남출판.

채구묵(2005). 『사회복지조사방법론』. 양서원.

한국임상사회사업학회(2004). 『노인복지론』. 양서원.

홍강의·이영식 역(1998). 『인간발달의 통합적 이해』. 이화여자대학
　　교 출판부.

홍봉선(2004). 『교정복지론』. 현학사.

Anthony, W. A., Cohen, M. Farkas, M. (1988). The chronically mentally ill case management, *Community Mental Health Journal*. 24(3).

Barker, R. L. (1987). *The social work dictionary*. Silver Spring, MA: NASW. 중앙사회복지연구회 역(1997). 서울: 이론과 실천.

Beck, A. T. (1976). *Cognitive therapy and the emotional disorders*. New York: International Universities Press.

Becvar, D. S., & Becvar, R. J. (1993). Family Therapy: *A systemic integration* (2nd ed.). Boston, MA: Allyn & Bacon.

Berg, I. K. & Miller, S. D. (1992). *Working with problem drinker-A solution focused approach*. 가족치료연구모임 역(1993). 해결중심적 단기 가족치료, 서울: 하나의학사.

Blumer, H. (1967). *Sociology and modern system theory*. NY: Prentice Hall.

Borden, W. (1992). Narrative perspectives in psycho-social intervention following adverse life events. *Social Work*.

Bowen, M. (1976). Theory in the practice of psychotherapy. In Guerin, P. J. (Ed.), *Family therapy: Theory and practice*. New York: Gardner.

Bowker, L. H. (1982). Corrections : The Science and the Art. New York: Macmillan Publishing Co.

Brown, & Levitt, J. (1979). A Methodology for Problem－system identification. *Social Casework*. 60.

Sheafor, B. W., Horejsi, C. R. & Horejsi, G. A. (1997). Techniques and Guidelines for Social Work Practice: Allyn & Bacon. 서울 대학교 사회복지실천연구회 역(1998). 서울: 나남출판.

Byrne, J. M. (1990). The Future of Intensive Probation Supervision and New Intermediate Sanctions. Crime & Delinquency. 36(1). Sage Pub.

Carter, E. & McGoldrick, M. (1980). The changing family life cycle: *A frame work for family therapy*. New York: Gardner Press.

Compton, B. R. & Galaway, B. (1999). *Social Work Processes*. 6th ed. Pacific Grove, CA: Brooks/Cole Publishing Company.

Cowger, C. D. (1992). Assesment of client strengths. In Saleeby, D. (1992). *The Strength perspectives on social work practice*. New York: Longman.

Darvil, G. & Munday, B. (1984). *Volunteers in the personal social services*. New York: Tavistock

Dorfman, R. A. (1991). *Paradigms of clinical social work*. 임상사회사업 연구회 역(1997). 임상사회사업기술론, 서울: 홍익재.

Egan, G. (1975). *The skilled helper*. Monterey, CA: Brooks/Cole Publishing Company.

Festinger, L. (1950). Informal social communication. *Psychological Review*. 57.

Flexner. A. (1915). Is social work profession? In *Proceedings of the national conference of charities and correction*. New York: National Conference of Charities and Correction.

Garvin, C. D. (1981). *Contemporary group work*. Englewood Cliffs, NJ: Prentice－Hall, Inc.

_____. (1981). *Contemporary group work*. 정진영 외 역(1988). 현대집단사회사업. 서울: 학문사.

Gerhart, U. C. (1983). Technological Advances. In Rosenblatt, A. & Waldfogel, D. (eds.). *Handbook of clinical social work*. San

Francisco: Jossey-Bass.

_____. (1990). *Caring for the chronic mentally ill.* Itasca, IL: Peacock

Germain, C. B. (1979). Ecology and social work. In Germain, C. (Ed.). Social work practice: *People and environments.* New York: Columbia University Press.

Germain, C. B. & Gitterman, A. (1980; 1996). *The life model of social work practice.* New York: Columbia Univ. Press

Glick, I. & Kessler, D. (1980). *Martial and Family Therapy.* New York: Grune and Stratton.

Goldenberg, I. & Goldenberg, H. (1980). *Family therapy: An overview.* Monterey, CA: Brooks/Cole Publishing Company, 장혁표・제석봉・김정택 역(1992). 가족치료. 서울: 중앙적성출판사.

Grinnell, R., & Kyte, N. (1974). Modifying the environment. *Social Work.* 19.

Guerin, P. J. (1976). Family therapy: Theory and Practice. New York: Gardner Press.

Hagedorn, H. et al. (1976). A working manual of simple program evaluation techniques for community mental health centers. Washington D. C.: U. S. Government Printing Office.

Hartman, A. & Laird, J. (1983). *Family centered social work practice.* New York: The Free Press.

Hepworth, D. H. & Larsen, J. A. (1990). *Direct social work practice: Theory and skills,* Belmont, CA: Wadsworth Publishing Company.

Hepworth, D. J., Rooney, R. H. & Larsen, J. A. (2002). *Direct social work practice: Theory and skills.* (6th ed.). Pacific Grove, CA: Brooks/Cole Publishing Co.

Jackson, D. D. (1965). Family rules: the martial quid pro quo. *Archives of General Psychiatry.* 12.

Jones, M. & Biesecker, J. (1980). Goal planning in children and youth services. Millersville, PA: Training Resources in Permanent Planning Projects.

Kadusin, A. (1983). *The social work interview.* New York: Columbia University Press. 문인숙 · 김만두 역(1995). 사회사업면접의 기법. 서울: 홍익재.

Karls, J. M. & Wandrei, K. E. (Eds.) (1994). *Person −in −environment system: The PIE classification system for social functioning problems.* Washington, D. C.: NASW Press.

Lee, J. (1994). *The empowerment approach to social work practice.* New York: Columbia University Press.

Lowenberg, F. M. & Dolgoff, R. (1996). *Ethical decisions for social work practice.* 서미경 · 김영란 · 박미은 역(2000). 사회복지실천윤리. 서울: 양서원.

Maguire, L. (2002). *Clinical social work: Beyond generalist practice with individuals, groups, and families.* Pacific Grove, CA: Brooks/Cole Publishing Co.

McMahon, M. (1996). *The general method of social work practice: A generalist perspective* (3rd ed.). Boston : Allyn and Bacon. 오창순 · 윤경아 · 김근식 역(2001). 사회복지실천론: 통합적 관점. 서울: 아시아미디어리서치.

Miller, H. (1968). Value Dilemmas in social casework. *Social Work.* 13(1).

Miller, J. G. (1978). *Living systems.* New York: McGraw-Hill.

Miller, S. D., & Berg, I. K. (1995). *The miracle method: A radically new approach to problem drinking.* New York: Norton.

Minahan, A. (1981). Introduction to special issues: Purposes and objectives of social work revisited. *Social Work.*

Minuchin, S. (1974). *Families & family therapy.* Cambridge, MA: Harvard University Press, 김종옥 역(1990). 가족과 가족치료, 서울: 법문사.

Moxley, D. P. (1989). *The practice of case management.* Beverly Hills,

CA: Sage. 김만두 역(1993). 사례관리 실천론. 서울: 홍익재.

National Association of Social Workers. (1971). Encyclopedia of social work. New York: NASW Press.

_____. (1973). Standards for social service manpower. Washington D. C.: NASW Press.

Neale, N. K. (1983). Private practice. in Rosenblatt, A. & Waldsfogel, D. (1995). (eds.). *Handbook of clinical social work*. San Francisco: Jossey-Bass.

Nichols, W. C. & Everlett, C. A. (1986). *Systemic family therapy: An integrative approach*. New York: Guilford Press.

Olmsted, M. (1959). *The small group*. New York: Random House.

Parloff, M. (1961). Therapist-patient relationships and outcome of psychotherapy. *Journal of Consulting Psychology*.

Perlman, H. H. (1957). *Social casework: A problem-solving process*. Chicago: the Univ. d Chicago Press.

Sarason, I., Levine, H., Basham, R. & Sarason, B. (1983). Assessing social support: The social support questionnaire, *Journal of Personality and Social Psychology*. 44.

Sarason, B. R., Sarason, I. G., & Pierce, G. R. (Eds.). (1990). *Social support: An interactional view*. New York: John Wiley & Sons.

Sarri, R. & Galinsky, M. (1974). A conceptual framework for group development, In Glasser, P., Sarri, R. & Vinter, R. (Eds.). *Individual change through small groups*. New York: Macmillan Publishing Co.

Schwartz, W. (1961). The social worker in the group. in *The Social Welfare Forum*. New York: Columbia University Press.

Skidmore, R. A., Thackeray, M. G., Farley O. W., Smith, L. L. & Boyle, (2000). *Introduction to social work*. (8th ed.). London: Allyn & Bacon.

Smith, D. H. (1981). *Participation in social and political activities*. San

Francisco: Jossey-Bass publisher.

Toseland, R. W., & Rivas, R. F. (1984; 1995). *An introduction to group work Practice*. Needham Heights, MA: Allyn & Bacon.

Trecker, H. (1972). *Social group work: Principles and practices*. New York: Association Press.

Turner, F. (1986). *Social work treatment: Interlocking theoretical approach*. (3rd ed.). New York: The Free Press.

Wilson, G. L. & Hanna, M. S. (1993). *Group in context*. New York: McGraw-Hill.

Working statement on the purpose of social work (1981). Social Work. 26(1).

Zastrow, C. (1995). *The practice of social work*. (5tf ed.). Pacific Grove, CA: Brooks/Cole Publishing Co.

색 인

서강훈 ─────

성균관대학교 사회복지대학원 사회복지학과 졸업
원광대학교 일반대학원 사회복지학과 졸업(사회복지학박사)
원광대·호남대·광주대학교 강사
동강대학교 겸임교수
조선이공대학교 전임교수(비정년계열)
전남사회복지발전연구원

『사회복지학의 이해』
『고령사회 실버타운이 해답이다』
『사회복지정책론』

개정판 사회복지사를 위한

사회복지
용어사전

초판발행 2013년 9월 6일
초판 3쇄 2019년 1월 11일

지은이 서강훈
펴낸이 채종준

펴낸곳 한국학술정보(주)
주소 경기도 파주시 회동길 230 (문발동)
전화 031 908 3181(대표)
팩스 031 908 3189
홈페이지 http://ebook.kstudy.com
E-mail 출판사업부 publish@kstudy.com
등록 제일산-115호(2000. 6. 19)

ISBN 978-89-268-4629-2 93330 (Paper Book)
      978-89-268-4630-8 95330 (e-Book)